FACULTÉ DE DROIT DE PARIS

THÈSE
POUR LE DOCTORAT

PAR

PAUL BIDART

AVOCAT.

DROIT ROMAIN :

DE LA CHOSE JUGÉE.

DROIT FRANÇAIS :

DE L'AUTORITÉ AU CIVIL DE LA CHOSE JUGÉE AU CRIMINEL.

PARIS

IMPRIMERIE DE E. DONNAUD,

RUE CASSETTE, 9.

1865

THÈSE

POUR

LE DOCTORAT

L'ACTE PUBLIC SUR LES MATIÈRES CI-APRÈS SERA SOUTENU

Le jeudi 22 juin 1865 à 9 heures et demie,

EN PRÉSENCE DE M. L'INSPECTEUR GÉNÉRAL GIRAUD,

PAR

Paul BIDART

avocat

DROIT ROMAIN :

DE LA CHOSE JUGÉE

DROIT FRANÇAIS :

DE L'AUTORITÉ AU CIVIL DE LA CHOSE JUGÉE AU CRIMINEL.

PRÉSIDENT : **M. GIRAUD,**

SUFFRAGANTS
{
MM. Demangeat,
de Valroger,
Duverger,
Gide,
}
Professeurs.

agrégé.

Le candidat répondra en outre aux questions qui lui seront adressées
sur les autres matières de l'enseignement.

PARIS

IMPRIMERIE DE E. DONNAUD

RUE CASSETTE, 9.

1865

A MON PĔRE, A MA MĔRE.

DROIT ROMAIN.

DE EXCEPTIONE REI JUDICATÆ.

(D. liv. XLIV, tit. 2.)

Pour fonder la grande et indispensable institution de l'autorité de la chose jugée, les Romains ont admis successivement, et à une certaine époque concurremment, deux principes tout différents. Sous l'empire des actions de la loi, tout droit déduit dans une instance est par cela seul consommé (1), toute nouvelle instance est, par ce moyen énergique et rigoureux, supprimée dans son principe. Sous la procédure formulaire, s'il s'agit d'un *judicium legitimum* portant sur une action *in personam* conçue *in jus*, la novation, l'extinction s'opère encore *ipso jure* : si l'une de ces conditions manque, une exception qui porte suivant les cas le nom d'*exceptio rei judicatæ*, ou celui d'*exceptio rei in judicium deductæ*, est établie par le préteur pour atteindre indirectement le même but. Ce n'est pas encore l'exception *rei jndicatæ* telle qu'elle est réglée et qu'elle fonctionne dans le titre

(1) Gaius, IV, § 108, 131, 180 et 181 ; Dig., 1. 13, *Instit. act.*

4

du Digeste qui fait l'objet de cette étude : dans cette première forme, que les Allemands appellent sa *fonction négative*, elle a pour condition d'application l'identité d'une action nouvelle avec une action déjà intentée, et présente ces deux caractères, qu'elle se fonde uniquement sur l'existence d'une *litis contestatio*, et non sur le contenu d'une sentence, et ensuite qu'elle n'a que le but et le résultat, purement négatifs, de former obstacle à une action, nullement d'établir un droit (1).

La rigueur de ce système, ses résultats souvent contraires à l'équité le discréditèrent et il se substitua peu à peu un autre principe, celui qui sert encore de base à notre droit français, la fiction de vérité. L'avénement de la procédure extraordinaire, si elle n'amena pas d'une manière directe et nécessaire l'abolition du vieux principe, contribua du moins à hâter sa disparition définitive; dans la compilation législative de Justinien, sauf quelques traces et surtout certaines formes de langage (2) qui se rattachent à l'ancien système, tout procède de la règle : *res judicata pro veritate habetur.* C'est donc là qu'il faut chercher les vrais principes sur les conditions de l'autorité de la chose jugée.

« Exceptio rei judicatæ obstat, quotiens inter easdem personas eadem quæstio revocatur (3). » Deux conditions sont nécessaires pour qu'on puisse opposer l'exception : l'identité de personnes et une même

---

(1) Gaïus, IV, § 123; De Savigny, t. VI, p. 273, *et pàssim.*
(2) L. 9, D., *De exc. rei jud.*
(3) Ulp. 1. 3 et 7; D., *De exc. rei jud.*

question. Mais toute question soumise au juge comprend nécessairement deux éléments : un droit qui fait l'objet de la prétention et une cause sur laquelle cette prétention se fonde. « Cum quæritur, hæc exceptio noceat necne? inspiciendum est... an idem jus, et an eadem causa petendi (1). » Nous sommes donc amené à rechercher séparément quand il y aura entre les deux instances successives : 1° identité d'objet, 2° identité de cause, 3° identité de personnes.

I.

DE L'IDENTITÉ D'OBJET.

Il y a *eadem res*, dit Paul, lorsque la seconde contestation porte sur le même corps certain (*idem corpus*), sur la même quantité (*eadem quantitas*) ou sur le même droit (*idem jus*) (L. 12, 13, 14 § 1, Dig., *De exc. rei judicatæ*). Etudions d'abord le cas où il s'agit d'un corps certain.

Si j'ai revendiqué une prairie, et qu'elle soit convertie en vignoble ou qu'une inondation l'ait transformée en lac, que la maison demandée en vain une première fois, ait changé de destination, que les larves soient devenues papillons, que le jus de la vigne ait fermenté, peu importent ces changements. « Idem corpus in hac exceptione, non utique omni » pristina qualitate vel quantitate servata, nulla » adjectione diminutioneve facta, sed pinguius pro » communi utilitate accipitur. » L, 14, § 1, *D. exc.*

____

(1) L. 12, 13, 14 pr. D., *De exc. rei jud.*

Et la L. 21, § 1, fait l'application de cette règle au cas où il s'agit d'un troupeau, qui, malgré la disparition de quelques têtes et l'adjonction de nouvelles, constituera toujours le même troupeau. Et si même le temps écoulé entre les deux instances était assez considérable pour que le troupeau fût complétement renouvelé, il faudrait encore donner la même décision. En effet, l'objet est toujours le même, puisque c'est une même *universitas rerum*, considérée abstraction faite des éléments transitoires qui la composent.

Ainsi la forme, l'étendue, la bonté, la quantité, la qualification du corps certain importent peu. Il faudra, pour autoriser une nouvelle demande, un changement dans la *substance* de l'objet, c'est-à-dire dans celle de ses qualités qui est la plus importante et qu'on a considérée en lui. Ainsi, dans l'exemple que nous venons de prendre, la qualité substantielle sera d'être un troupeau de tels ou tels bestiaux, par exemple de moutons, et tout changement qui laissera subsister un troupeau de moutons, laissera aussi intacte l'autorité de la chose jugée.

Mais il serait facile de l'éluder en demandant telle ou telle tête du troupeau, ou même, individuellement, toutes les têtes qui le composent. La suite de notre L. 21, § 1, dit que l'exception sera encore opposable, et cela par application d'une règle dont nous trouverons de nombreuses applications, et formulée aussi clairement que possible dans la L. 7 pr. de notre titre : *pars in toto est.*

Nous ne rechercherons pas si les jurisconsultes romains ont bien fait de transporter dans notre matière cette règle mathématique et la règle inverse :

non in parte totum. Cette controverse nous paraît close par les judicieuses observations de Marcadé.

Quoi qu'il en soit, la règle *pars in toto est* que nous étudierons d'abord, est formellement posée dans le *principium* de la loi 7 de notre titre, et est également applicable, qu'il s'agisse d'un corps certain, d'une quantité ou d'un droit. Ainsi, après avoir revendiqué un fonds, je ne pourrai introduire une nouvelle instance, bornée à une partie, soit indivise, soit divise de ce fonds. Si j'ai revendiqué deux fonds à la fois, je ne serai pas admis à revendiquer ensuite un des deux. La loi 21, § 1, nous a déjà présenté une application de la même règle : le § 2 nous en présente une autre, dans le cas où on réclame l'esclave Stichus après avoir réclamé Stichus et Pamphilus.

Mais que décider si après avoir échoué dans la revendication d'un fonds, on demande les arbres coupés sur ce fonds ; si après avoir échoué dans celle d'une maison on réclame les matériaux ou le terrain sur lequel elle était bâtie ; ou enfin si après avoir échoué dans la revendication d'un navire, on réclame les planches qui le composaient (1) ? La solution de ces difficultés et d'autres analogues est contenue dans la suite de la loi 7 dont nous nous occupons ; mais il semble à première vue que ce soit une énigme, et la sagacité

____

(1) Nous ferons observerr qu'il faut pour qu'il y ait lieu à l'application de notre exception, que les arbres, les matériaux, les planches soient revendiqués en vertu de la même cause que le terrain, la maison, le navire ; nous supposerons toujours, en étudiant une des trois identités, que les deux autres sont incontestées.

des interprètes en a donné des explications bien différentes.

Nous avons déjà vu qu'elle débute par poser la règle *pars in toto est*, et l'appliquer à quelques hypothèses simples et qui tombent évidemment sous son application. Puis elle passe à des hypothèses plus difficiles que voici : on a échoué dans la revendication d'un fonds, pourra-t-on revendiquer les arbres coupés sur ce fonds ? Dans celle d'une maison, pourra-t-on en réclamer•le terrain ou les matériaux ? Dans celle enfin d'un navire, pourra-t-on en réclamer les planches ? Dans tous ces cas, même solution que plus haut, l'exception est opposable (1).

Le § 1 commence ainsi : « Si ancillam prægnantem petiero, *et* post litem contestatam conceperit et pepererit, mox partum ejus petam. » Comment comprendre ceci ? et quelle est au juste cette hypothèse ? Nous reviendrons plus loin sur ce point, et proposerons une légère variante qu'il nous paraît difficile de ne pas admettre. Quoi qu'il en soit, Ulpien ne donne pas de solution : c'est, dit-il, une question difficile. Puis il trace la règle qu'on doit suivre dans cette matière, et dit qu'en conséquence de cette règle, l'exception est opposable dans presque toutes les hypothèses qu'il vient d'énumérer.

Mais vient immédiatement le § 2, où Ulpien revient sur le cas dont il a déjà parlé, des matériaux d'une maison, et sur cette considération que les matériaux d'une maison n'appartiennent pas nécessairement et

(1) Traduction appuyée sur l'analogie qu'indiquent ces mots : *item si quis*.....

absolument au propriétaire de la maison, il décide
que l'exception n'est pas opposable, décision contraire à celle donnée plus haut dans le *principium* (1).

Au § 3, il revient sur les questions déjà posées,
des fruits d'un fonds et du part d'une esclave, et
donne brièvement les raisons qui peuvent être invoquées dans l'un et dans l'autre sens. Ces fruits, ce
part n'existaient pas lors de la première demande
(raison de refuser l'exception); mais, ajoute-t-il, ils
proviennent de la chose, objet de la première demande (raison d'accorder l'exception). Il semblerait,
à lire la phrase, que c'est cette dernière raison qui
l'emporte dans l'esprit du jurisconsulte ; et on est
surpris de voir qu'il décide que l'exception n'est pas
opposable : ce qui est encore contraire aux décisions
du *principium*, du moins pour les fruits ; car pour le
part la question n'avait pas encore été résolue.

La suite du § 3 suppose que dans la première instance on a tenu compte, par une estimation, des fruits
ou du part : pas de difficulté dans ce cas, une seconde
demande serait non recevable.

Le § 4 énumère les conditions générales de l'autorité de la chose jugée, telles que nous les connaissons
déjà, et décide qu'après avoir revendiqué une hérédité, on ne peut revendiquer les objets particuliers
qui en dépendent, et réciproquement qu'après avoir
revendiqué les objets particuliers on ne peut revendiquer l'hérédité : décision qui n'est qu'une application pure et simple des principes posés plus haut
dans le *principium* et que nous pouvons assimiler

(1) Même traduction.

complétement aux premières hypothèses qui y sont résolues.

Le § 5 n'est au fond qu'une application de ces mêmes principes au cas où, au lieu de revendiquer un objet particulier dépendant de l'hérédité, on poursuit le recouvrement d'une créance qui en dépend, et *vice versa*. La raison de décider est évidemment identique dans le cas des §§ 4 et 5.

On voit maintenant les difficultés que présente cette loi : celle qui frappe d'abord est la contradiction entre les décisions de la fin du *principium* et celles des §§ 2 et 3.

Nous n'admettons pas sur ce point la conciliation de Doneau, qui pense qu'Ulpien n'a donné les décisions du *principium* qu'à titre d'exemple et pour indiquer les cas où on peut trouver l'application de la règle *pars in toto*, puis s'est avisé ensuite qu'on pouvait quelquefois restreindre l'application de cette règle (dans le cas d'une partie de l'objet qui n'existe pas encore) et n'a donné qu'alors (dans les §§ 2 et 3) ses décisions définitives et raisonnées. La concision des jurisconsultes est trop constante, on trouve dans le Digeste trop de règles sans aucune espèce d'exemple, pour qu'on puisse prêter à Ulpien une pareille inadvertance. L'explication de Doneau nous paraîtra encore plus invraisemblable, si nous réfléchissons que nous avons dans nos textes non pas les élucubrations d'un auteur qui disserte ou les amplifications d'un avocat qui plaide, mais bien le résultat condensé des méditations d'un juge, nous pourrions même dire d'un législateur.

Nous rejetterons également la conciliation de Pothier, appuyée sur une distinction qui ne nous semble pas suffisamment justifiée. D'après lui Ulpien, dans le *principium*, suppose qu'on revendique les matériaux d'une maison qui est encore debout, tandis que dans le § 2 il suppose qu'après avoir prétendu être propriétaire de la maison, je revendique ensuite spécialement les matériaux provenant de sa démolition. Il est bien vrai qu'il peut arriver qu'on soit propriétaire d'une maison sans l'être de ses matériaux ou d'un vaisseau construit avec les planches d'autrui. Il est bien vrai aussi que la fin du § 2 vise formellement le cas où les matériaux sont détachés (*separata*); mais il nous paraît impossible de croire qu'une distinction de cette importance ne soit indiquée par aucune de ces oppositions dont les jurisconsultes sont si prodigues. Et encore ce ne serait plus, dans ce cas, la non-identité d'objet qui rendrait recevable la seconde instance; il y aurait non-identité de cause, puisque dans la première instance on aurait agi comme propriétaire de la maison, et dans la seconde comme propriétaire des matériaux.

Un troisième système a été soutenu devant la Faculté. On a dit que les §§ 2 et 3 contenaient des exceptions à la règle *pars in toto*, basées sur la non-identité de cause, dans les deux litiges. Il peut se faire, dit-on, que j'aie acquis séparément la propriété des fruits futurs, des enfants à naître (L. 12, § 18, Dig. *De capt.*; l. 73 Dig. *De leg.*), et dès lors je dois être écouté si je la réclame en vertu de cette cause spéciale d'acquisition, et non pas en vertu du droit de propriété qui m'a été dénié sur le fonds ou sur l'esclave mère.

Mais l'ensemble du texte, où il est toujours parlé

de *eadem res, idem petere*, et où rien absolument ne nous avertirait d'un sujet si différent, repousse cette explication et nous ajouterons que dans cette hypo-thèse le § 3 tout entier est inexplicable, puisque les raisons qui y sont déduites se rapportent évidemment à une identité d'objet.

A toutes ces solutions nous préférons de beaucoup celle de M. de Savigny qui aplanit complétement les difficultés du commencement de notre texte, en modifiant simplement la classification des paragra-phes à laquelle nous ne sommes pas tenus de mon-trer le même respect qu'au texte, attendu qu'elle est uniquement l'œuvre des éditeurs du Digeste. Ajou-tons qu'à l'époque où elle remonte, celle de la renais-sance du droit romain, avant les travaux des glossa-teurs ou du moins en même temps que les premiers, le Digeste, moins exploré, présentait encore bien plus d'obscurités qu'aujourd'hui.

M. de Savigny fait commencer le § 1ᵉʳ aux mots : *Item si quis fundum petierit*, et alors ce mot *item*, qui indique une affinité plus ou moins grande entre les propositions qu'il unit, n'indique plus, comme dans notre traduction de tout à l'heure, la même so-lution, mais simplement une analogie entre les ques-tions qui viennent d'être résolues et celles qui sui-vent. Ceci admis, nous allons voir que les idées du jurisconsulte s'enchaînent tout naturellement.

Nous comptons cinq hypothèses particulièrement difficiles : la première se présente quand on revendi-que les arbres coupés sur un fonds antérieurement re-vendiqué; la seconde quand après avoir échoué dans la revendication d'une maison, on en réclame le ter-

rain ; la troisième quand on en revendique les matériaux ; la quatrième a trait aux planches d'un navire,
et la cinquième au part d'une esclave, postérieur à la
litis contestatio.

On voit tout d'abord que ces cinq hypothèses présentent ce caractère commun que les objets de la seconde demande n'existaient pas encore au moment
de la première, ou que (ce qui revient au même) ils
n'existaient alors que dans des circonstances modificatives de leur substance. Ainsi on a d'abord revendiqué un terrain, et ce terrain comprenait bien
certainement tous ses accessoires (*omnem suam causam*), et par conséquent les arbres qui faisaient corps
avec lui. Mais après cette demande voilà qu'on coupe
ces arbres et qu'ils prennent ainsi une existence
propre et indépendante.

J'ai revendiqué une maison, et voici qu'elle se
trouve détruite. Le fait de cette destruction va modifier les rapports qui subordonnaient auparavant
la propriété de la maison à celle du terrain (Inst.
lib. II, t. 1, §§ 29 et 30).

D'autre part, les matériaux qui, lorsque par leur
réunion ils formaient la maison, étaient en quelque
sorte absorbés par elle (Inst. lib. II, t. 1, § 29), vont
recouvrer leur existence propre, et rentrer dans le
patrimoine de leur précédent propriétaire, dont ils
étaient sortis par une sorte d'expropriation.

Précisons maintenant la difficulté : elle vient de
ce qu'il est difficile de juger si l'objet de la seconde
demande a été réellement compris dans la première.
En effet, tantôt l'objet des secondes demandes a bien
été compris, matériellement compris dans la pre-

mière, ce qui amènerait l'application de la règle *pars in toto* et la recevabilité de l'exception ; mais il n'y a pas été compris tel qu'il se présente lors de la seconde, ayant dans l'intervalle subi un changement modificatif de sa substance. Tantôt le doute naît de ce que l'objet de la seconde demande, n'existant pas encore au moment de la première, n'a pu avoir que son germe compris dans l'objet de la première.

Ces difficultés n'échappent pas à Ulpien qui après avoir posé la question pour les cinq hypothèses ensemble, la renvoie plus loin en déclarant ses doutes : *magnæ quæstionis est.* Puis il pose la règle qu'on doit suivre pour la résoudre : c'est qu'il faut voir si la chose réclamée du second juge à déjà été réclamée du premier. En appliquant cette règle, il décide que dans presque toutes les hypothèses de cette nature, l'exception est opposable : solution générale qu'on devra adopter toutes les fois que le jurisconsulte n'y aura pas fait d'exception expresse.

Parlons maintenant avec quelques détails de la cinquième hypothèse. Nous nous vu qu'Ulpien la posait ainsi : *Si prægnantem ancillam petiero, et post litem contestatam conceperit et pepererit.* Il nous paraît impossible de maintenir ce texte tel qu'on vient de la lire ; car pourquoi Ulpien aurait-il supposé que l'esclave, enceinte au moment de la *litis contestatio*, eût accouché, puis aurait conçu et accouché une seconde fois ? Pourquoi poser pour le second enfant, la question qui se présentait tout naturellement pour le premier ? Le moment de la conception nous paraît ici complétement indifférent, la nature des choses d'abord et les principes du droit romain voulant qu'en général (1), on ne tienne compte des enfants, surtout en condition servile, que quand ils sont nés. Nous admettons donc qu'on doit lire *aut* au lieu de *et*, ce qui donne, au lieu d'une seule hypothèse, deux hypothèses mises sur le même rang par le jurisconsulte.

On a voulu expliquer la proposition dont nous nous occupons, sans changer le texte, en disant que l'esclave au moment de la *litis contestatio*, n'était pas réellement enceinte, mais que le demandeur la pensant enceinte, l'avait revendiquée comme telle. Mais qu'importe la grossesse de l'esclave à la question de savoir à qui elle appartient? Qu'importe l'opinion du revendiquant sur ce point? D'ailleurs comment a-t-il exprimé son opinion? Il faudrait qu'il y eût une adjonction à l'*intentio* si connue de la formule *in rem, si paret Stichum hominem Lucii Agerii esse*, et cette adjonction serait vraiment absurde.

Mais, dit-on, cette opinion, il ne l'a pas exprimée; aussi le jurisconsulte, suivant le principe de la loi 27 de notre titre, n'en tient aucun compte et passe outre. Mais il faut admettre, dans cette opinion, d'abord qu'Ulpien s'est exprimé d'une façon complétement énigmatique, ensuite qu'il a laissé de côté, sans aucune raison, le cas où la femme est enceinte au moment de la *litis contestatio*, enfin qu'il a introduit dans l'hypothèse un élément absolument inutile. Cette dernière conséquence nous paraît aussi invraisemblable que les autres, attendu qu'il s'agit ici non

---

(1) Il y a exception pour le cas où l'intérêt de l'enfant est d'être réputé né; mais, dans notre espèce, l'enfant n'a aucun intérêt; et cette exception, comme contraire à l'ordre naturel, doit être renfermée dans les plus strictes limites.

d'une de ces hypothèses bizarres comme le hasard en amène toutes formées au forum, mais d'une hypothèse que le jurisconsulte se fait à lui-même. Aussi persistons-nous à croire cette légère modification indispensable.

En reprenant la suite de notre texte, nous arrivons au § 2, qui s'annonce tout d'abord comme une exception à la règle qui vient d'être posée. Il s'occupe de la question de savoir si les matériaux provenant de la démolition d'une maison peuvent être revendiqués par celui qui a en vain revendiqué la maison. Le jurisconsulte décide qu'il n'y a pas identité d'objet, et la raison qu'il en donne, c'est que le propriétaire de la maison n'est pas nécessairement propriétaire des matériaux qui la forment. Pour nous cette décision ne nous surprend nullement. En effet, si après avoir revendiqué la maison je revendique un pavillon qui en dépend, ou une de ses ailes, il est clair que la règle *pars in toto* sera applicable, puisqu'en revendiquant successivement toutes les ailes et les fondations, je pourrais arriver à détruire complétement le premier jugement (1). Mais si après la démolition de la maison je revendique les matériaux gisant sur le sol, ce seront là des objets mobiliers (2) libres de tout rapport avec un objet immobilier qui a disparu, l'édifice pris en masse.

Et nous ne croyons pas nécessaire, pour la justifier, d'admettre que la non-recevabilité de l'exception

______

(1) Inst. lib. II, t. I, § 29; Dig. 43-8, L. 7; 41-1, L. 7, § 11; 41-3, L. 23, § 2.

(2) Doneau (liv. XXII, tit. V, § 9).

tient ici à un changement de cause dans les deux actions. Le texte répugne à cette explication et pose bien clairement la question sur l'identité d'objet.

Mais, dit-on, en fait n'arrivera-t-il pas toujours qu'il y aura *alia causa?* et dès lors la question d'identité d'objet ne sera-t-elle pas sans intérêt? Dans la première action n'aura-t-on pas toujours invoqué une cause d'acquisition de la maison, et dans la seconde une autre cause d'acquisition des matériaux? Oui, sans doute, cela arrivera le plus souvent; mais il pourra se faire aussi que l'identité de cause existant, il y ait lieu de discuter l'identité d'objet. Ainsi, dans ma première demande, je me serais prétendu propriétaire de la maison en m'appuyant précisément sur ce que je suis propriétaire des matériaux. J'échouerai dans cette prétention, parce que les jurisconsultes romains, peut-être par suite de leur préoccupation constante *ne urbs ruinis deformetur*, ont cru que celui qui avait bâti la maison la conserverait plutôt que le propriétaire des matériaux employés, et ont préféré le constructeur. Mais voici que, la maison démolie, je revendique mes matériaux (1) : le raisonnement d'Ulpien trouvera alors place, et sa décision, encore qu'elle puisse prêter à controverse, nous paraît juste.

Disons de suite, pour en finir avec cette hypothèse, qu'en ne faisant pas d'exception pour le cas où je revendique, non plus les matériaux, mais le terrain

---

(1) Si par l'action *de tigno juncto* j'avais été indemnisé de leur perte, j'aurais cessé d'en être propriétaire, et aucune action ne me resterait.

de la maison, Ulpien l'a laissée sous l'empire de la solution générale qu'il a donnée et qui autorise l'exception *rei judicatœ*. En effet, le sol appartient toujours au propriétaire de la maison (Inst. lib. II, t. I, § 29 et 30), ou plutôt la maison appartient toujours au propriétaire du sol ; ce n'est même que par leur incorporation au sol que les matériaux échappent à leur propriétaire pour former un objet nouveau que la loi attribue au propriétaire du sol. Il y a donc là deux choses connexes, indissolublement unies qui ne peuvent faire l'objet de deux décisions successives.

Même solution pour l'hypothèse du navire. Il n'y a plus à distinguer ici si le navire est ou non entier, car le propriétaire des planches a dans tous les cas, l'action *ad exhibendum* pour se les faire représenter, et arriver à la revendication (L. 6 et 7, § 2, Dig. *Ad exhib.*). Elles ne sont pas tellement transformées par leur emploi qu'elles ne restent, pendant ou après, toujours dans le même patrimoine. Le jugement sur la propriété du vaisseau a donc statué sur la propriété des planches, et l'exception serait opposable.

Arrivons au § 3. Il fait encore une exception à la décision générale, et cela pour l'hypothèse du part, dont nous avons parlé ci-dessus, et pour celle *de fructibus*, dit le texte. Ces mots renvoient à l'hypothèse posée plus haut *arbores excisas ex eo fundo*, et comprennent en outre tous les cas où il s'agit de fruits postérieurs à la première demande, de quelque nature qu'ils soient. Dans tous les cas, en effet, la difficulté est la même, et Ulpien la résume parfaitement en quelques mots. D'une part, il s'agit de

choses qui n'existaient pas encore lors de la première
demande, sur lesquelles par conséquent le juge n'a
pu statuer, ce qui conduirait à refuser l'exception ;
d'autre part, ces choses proviennent d'autres sur lesquelles le juge a statué : sans en être précisément des
parties intégrantes, elles en ont été séparées et elles
s'y rattachent par un lien d'origine qui paraîtrait
autoriser l'emploi de l'exception. Quelque forte que
soit chacune de ces raisons, il faut choisir entre elles
et faire prévaloir l'une sur l'autre. Ulpien préfère la
première et décide, non sans hésiter, que l'exception
n'est pas opposable. Nous avons déjà fait observer
que la structure de la phrase semblerait faire pres-
sentir une décision contraire. Mais ce n'est là qu'un
défaut de rédaction, peu sensible en latin et qui ne
paraît choquant qu'à cause de l'extrême précision de
notre langue.

La décision d'Ulpien se comprend du reste parfaitement bien en droit romain, eu égard à cette
logique rigoureuse qui dirigeait toujours les jurisconsultes. Plus préoccupés d'y obéir que d'éviter des
difficultés et des procès, ils ont dû être vivement
frappés de cette idée qu'un objet qui n'existe pas
encore ne peut être déduit en justice.

On voit que nous n'adoptons pas ces tempéra-
ments qu'on a proposés, d'après lesquels on devrait
supposer un changement de cause dans notre dernière hypothèse. Qu'on relise notre texte, on y verra
toujours une même idée en jeu, l'identité d'objet.
Il est puéril de supposer que, tout en rapportant
ses raisonnements à cette idée, Ulpien ait eu en vue
dans sa solution, des éléments tout à fait différents.

Nous le répétons : une de trois identités manquant,
il n'y a plus lieu de discuter les autres, et en dis-
cutant ici l'identité d'objet, Ulpien suppose évidemment les identités de cause et de personnes. Sa décision peut être critiquée, mais ce n'est pas une raison
pour voir dans le texte autre chose que ce qu'il est
facile d'y constater.

Ce qui nous confirme dans cette opinion, c'est
l'exception qu'Ulpien y apporte. Il dit que si dans
la première demande il a été tenu compte des fruits
ou du part, l'exception sera opposable. Comment
dire plus clairement que si hors ce cas elle n'est pas
opposable, c'est que l'objet de la seconde était
resté en dehors de la première ? C'est donc toujours
l'identité d'objet qui préoccupe le jurisconsulte.

Il n'est pas difficile de comprendre comment à
une époque où toutes les condamnations étaient pécuniaires, on pouvait estimer l'objet du litige plus
ou moins cher, en vue des fruits futurs qu'il paraissait devoir produire.

Nous mentionnerons un système, proposé par
M. de Savigny, qui consiste à lire ainsi notre passage :
*Hæc enim etsi quidem non erant in rebus humanis,
sed ex ea re....., ut ista exceptio noceat.* Le sens est
alors celui-ci : bien que ces choses n'existassent pas
encore, cependant, comme elles proviennent de la
chose déjà demandée, il faut décider que l'exception est opposable. Ajouter un mot, retrancher une
négation, voilà de graves changements, auxquels on
ne doit recourir qu'en cas d'absolue nécessité.

On a voulu mettre ainsi le § 3 en harmonie avec
la décision du § 1ᵉʳ *in his fere omnibus....* Il est

assez singulier, dit-on, qu'après avoir dit que dans presque tous les cas, l'exception est opposable, on vienne, en les étudiant un à un, décider toujours le contraire. Mais on peut expliquer cette bizarrerie en disant, comme nous l'avons fait, que la solution du § 1er *in fine* est une solution générale, applicable non-seulement aux cinq hypothèses qui précèdent, mais à toutes celles de même nature qui peuvent se présenter, et qu'en comptant les décisions contraires qui viennent ensuite, on n'en trouve que trois.

D'ailleurs il faut remarquer qu'avec cette variante la fin du § 3 nous paraît tout à fait inexplicable.

Le reste de la loi 7 ne présente pas de difficulté : nous en avons donné l'analyse ci-dessus.

La règle inverse : *non in parte totum* n'a pas été, que nous sachions, expressément formulée : mais elle ressort assez clairement de quelques textes, et notamment de la loi 20 de notre titre. Elle suppose que le légataire de toute l'argenterie, ignorant l'étendue de son legs, a d'abord réclamé de l'héritier les tables seules. Pomponius décide qu'il pourra ensuite réclamer le reste de son legs sans avoir à craindre d'exception. Nous ne sommes plus en effet sous l'empire de ce système rigoureux qui n'admettait, pour quelque cause que ce soit, qu'une seule et unique *deductio in jus* ; et dans notre espèce comment pourrait-on dire qu'il a été statué sur un point (le reste de l'argenterie) que le demandeur n'a pas réclamé, que le défendeur n'a pas refusé, et que le juge par conséquent a complétement ignoré ?

De même, le testateur ayant attribué son argenterie à un légataire, et cette prétention ayant fait l'objet d'un jugement, si postérieurement on découvre un codicille qui attribue les habits à ce même légataire, l'héritier pourra-t-il opposer l'exception de chose jugée? Vous auriez dû, lui dira-t-il, réclamer en une seule instance tout ce que vous prétendiez à titre de legs : la justice a statué et vous n'avez plus rien à réclamer. Non, répond le jurisconsulte, le jugement n'a pas statué sur la prétention du legs des habits, puisque ni le juge ni les plaideurs n'y ont pensé, *neque litigatores, neque judex de alio, quam de argento actum intelligant.*

S'il s'agit d'une quantité, d'une somme de cent sesterces, par exemple, et que j'en aie d'abord demandé et obtenu cinquante, pourrai-je ensuite demander les cinquante autres? Oui, sans doute, pourvu que j'aie pris soin d'empêcher, par une prescription, la novation totale de mon droit, et l'utilité de cette prescription ne se comprendrait pas s'il en était autrement: Oui, à plus forte raison, sous l'empire de la procédure extraordinaire, où cette prescription est toujours sous-entendue.

Ces décisions sont assurément infiniment raisonnables et dignes de ces grands jurisconsultes qui ont substitué la raison et l'humanité au formalisme de la barbarie. Mais nous ferons remarquer que ces mêmes principes conduisent quelquefois, à ne pas appliquer la règle : *in parte non totum*, comme il est facile de le voir notamment dans la loi 26 pr. de notre titre. En effet nous trouvons dans cette loi qu'après avoir réclamé sans succès le droit d'élever ma maison de dix pieds, je ne pourrai pas, sans avoir à craindre l'exception *rei judicatœ*, prétendre avoir le droit de l'exhausser de vingt pieds, ou de dix autres pieds. A première vue, cette loi paraît décisive pour repousser la règle : *non in parte totum :* en effet, même droit, qui est la servitude *altius tollendi :* dix pieds dans la première instance, vingt pieds, c'est-à-dire le double, dans la seconde ; et l'exception est opposable : la demande de la partie empêche donc la demande du tout ! Oui, ce serait concluant s'il s'agissait de la moitié, puis du tout, sur le sol, en ligne horizontale. Mais la raison qui décide le jurisconsulte est ici toute de fait: *cum aliter superior pars jure haberi non possit, quam si inferior quoque jure habeatur.* La première sentence, en me refusant le droit d'élever ma maison de dix pieds, a décidé qu'il devait y avoir, là même où je demandais à bâtir, un vide de pareille hauteur. A moins donc de bâtir dans le vide, comment dès lors élever mes constructions? Je suis condamné par la première sentence à les laisser telles qu'elles se trouvent (1).

Pour revenir aux quantités, si nous supposons, dans l'espèce ci-dessus visée, que la première sentence m'ait refusé les cent sesterces que je demandais, pourrai-je ensuite, pour la même cause et à la même personne, en demander deux cents? Non pas, et cela pour une raison différente sous l'empire des deux systèmes qui se sont succédé à Rome sur l'au-

---

(1) *Quid* si j'avais triomphé dans la première instance ? La raison donnée par le jurisconsulte ne s'appliquant pas à cette hypothèse, nous pensons que l'exception ne serait pas opposable.

torité de la chose jugée, celui de la consommation de l'action et celui de la fiction de vérité. Sous le premier, le droit aura été complétement nové et consommé, la cause première aura été supprimée. Sous le second, le juge, ayant pouvoir de condamner à moins que ne portent les conclusions de demandeur, aura, en refusant les cent sesterces demandées, dénié toute somme, quelque minime qu'elle soit.

Nous dirons quelques mots de la fin du § 3 de la loi 21 de notre titre qu'on nous permettra de séparer du commencement de ce célèbre paragraphe. Voici quelle est l'espèce prévue : « Sed si usumfructum, » cum meus esset, vindicavi ; deinde proprietatem » nactus, iterum de usufructu experiar, potest dici » alia res esse : quoniam postquam nactus sum » proprietatem fundi, desinit meus esse prior usus- » fructus, et jure proprietatis quasi ex nova causa » meus esse cœpit. » Bartole, Doneau et Cujas veulent qu'on distingue l'usufruit *causal*, inhérent au droit de propriété, et l'usufruit *formel*, ou celui qu'on a à titre de servitude sur le fonds d'autrui et traduisent ainsi : Si j'ai demandé l'usufruit (formel) sur un fonds, puis qu'après en avoir acquis la propriété, je réclame une seconde fois l'usufruit (causal), il n'y a pas entre les deux demandes identité d'objet, parce que lorsque je suis devenu propriétaire du fonds, mon premier usufruit a cessé et je suis devenu usufruitier du fonds par nouvelle cause ; c'est-à-dire : mon usufruit formel s'est éteint parce que *nemini res sua servit*, et j'ai acquis, comme propriétaire, l'usufruit causal.

Cette interprétation est aujourd'hui généralement

repoussée. On fait remarquer que jamais dans aucun texte le mot *ususfructus* ne signifie l'usufruit causal, et qu'il y désigne constamment la servitude d'usufruit ; que l'invraisemblance de l'explication s'augmente encore de ce que le mot *ususfructus* aurait successivement les deux sens, sans que rien avertît de ce changement ; qu'enfin, s'il en était ainsi, la décision du jurisconsulte serait souverainement illogique, puisque l'usufruit causal, inséparable du droit de propriété et ne pouvant pas plus exister sans y être joint, que la propriété ne pourrait exister sans lui, ne saurait faire l'objet d'une demande judiciaire.

Voici la solution que nous adoptons : j'ai réclamé, par l'action confessoire, un usufruit sur votre fonds ; j'échoue, puis j'achète de vous ce même fonds, et je vous le revends *deducto usufructu*. Lorsque je réclamerai cet usufruit que je me suis réservé, pourrai-je être repoussé par l'exception *rei judicatæ ?* Le jurisconsulte décide que non, et avec grande raison ; mais il nous est impossible de croire que ce soit, comme il le dit, par suite d'une non-identité d'objet : n'est-ce pas en effet le même droit, l'usufruit, demandé sur le même fonds ? Mais c'est la cause qui est changée, comme du reste le jurisconsulte le dit à à la fin de son raisonnement, et plus exactement à notre avis, *quasi ex nova causâ rursus meus esse cœpit*. Nous voyons simplement ici l'application de cette règle qu'on peut revendiquer deux fois *eamdem rem* en s'appuyant dans la seconde demande sur une cause d'acquisition postérieure à la première. (L. 11, § 4, *De exc. rei judic.*)

Nous passons maintenant aux cas où il s'agit

bien du même objet, mais où on demande sur cet objet successivement des droits différents. Évidemment l'exception ne sera pas opposable, mais il peut se présenter des difficultés.

Ainsi on est très-divisé sur l'explication de la L. 11, § 6, de notre titre, aux termes de laquelle, après avoir demandé la servitude *iter* on peut encore demander la servitude *actus* par ce motif qu'il n'y a pas entre les deux demandes identité d'objet.

La difficulté vient de ce que les Instituts (livre II, tit. iii), définissant les trois servitudes de passage, *iter*, *actus* et *via*, nous disent que celui qui a *actus*, ou le droit de passer avec un troupeau ou un char, a en même temps *iter*, c'est-à-dire le droit de passer seul. Il semble dès lors que ce serait ici le lieu d'appliquer le même principe que nous avons vu appliquer ci-dessus à propos de la servitude *altius non tollendi*, et de dire que la sentence qui a jugé qu'on n'avait pas le droit de passer seul, a jugé par cela même qu'on n'avait pas davantage celui de passer avec des bestiaux ou avec un char. Dès lors, en autorisant la seconde instance, on se trouve dans cette alternative, si elle réussit : ou donner *actus* avec *iter*, mais alors l'effet du premier jugement sera annihilé; ou donner *actus* sans *iter*, mais cela est-il possible en présence du passage précité des Instituts ?

Nous pensons que cela n'est pas impossible, car on conçoit très-bien qu'on ait le droit de faire passer un troupeau ou un char sans avoir celui de passer seul, et il n'existe pas entre ces deux droits des rapports nécessaires de tout à partie.

Le second jugement pourra très-bien accorder *ac-*

tus sans contredire le premier, à cette condition qu'on l'entende en ce sens que le titulaire de la servitude aura le droit de faire passer un troupeau, mais non celui de passer seul, qui a été définitivement et irrévocablement dénié par le premier jugement.

Or la loi 4, § 1, *Si servitus vindicetur* prouve clairement qu'on peut avoir *actus sine itinere;* et l'antinomie qu'on pourrait relever entre cette loi et les Instituts se lève quand on considère que l'étendue et le mode des diverses servitudes étaient naturellement laissés à la convention souveraine des parties, et ce n'est qu'à défaut de conventions portant sur ces points, que la loi les fixait elle-même (1); mais nous ne croyons pas qu'elle prohibât toute convention contraire.

Nous pouvons donc considérer *iter* et *actus* comme des démembrements distincts du droit de propriété, droits de nature différente, qui n'ont que ce point de commun, que quand on a stipulé ou quand on a légué *actus*, la loi suppose qu'on a entendu stipuler ou léguer en même temps *iter*, accessoire naturel, mais non essentiel d'*actus*. Dès lors, quelle que soit la solution donnée à la seconde demande, elle ne contredira pas la première sentence qui tout d'abord, en refusant *iter*, a séparé ce droit d'*actus* et a statué définitivement sur ce premier droit.

Que si nous supposons la première demande sur *actus* et la seconde sur *iter*, nous devons, pour être conséquent avec l'explication que nous venons de

____

(1) L. 13, § 2, *De serv. præd. rust.*

donner, décider que l'exception serait opposable,
puisque, à notre avis, *iter*, à moins de convention contraire, est accessoire à *actus*, et aurait été refusé par le
jugement qui a refusé *actus*.

Mais on pourrait éviter ce résultat au moyen d'une
exceptio præjudicialis.

Toutes les fois qu'il s'agira de droits différents sur
une chose, l'exception ne sera pas opposable. Ainsi,
après avoir demandé l'usufruit sur votre fonds, je
puis demander successivement sur le même fonds et
en vertu du même titre, *iter*, *actus*, une servitude *non
altius tollendi*, la servitude *stillicidii recipiendi*, etc.,
et parcourir ainsi tous les droits possibles, qui ne
rentrent dans aucun de ceux antérieurement demandés, comme l'usage dans l'usufruit, ou qui n'ont pas
été implicitement refusés avec un autre, comme nous
avons vu arriver à propos de la servitude *altius non
tollendi*.

Nous ne faisons qu'une exception à ce principe,
et elle concerne le droit de propriété. Nous pensons
qu'après avoir revendiqué la pleine propriété d'un
fonds, je ne pourrai pas (pourvu bien entendu qu'il
y ait identité de cause et de personnes) demander
l'usufruit, l'usage, une servitude quelconque sur ce
même fonds, ni même la nue propriété.

Nous avons un texte formel qui consacre cette
théorie quant à l'usufruit; c'est le commencement du
§ 3 de la L. 21, dont nous avons déjà vu la fin : « Si
» fundum meum esse petiero, deinde postea usumfruc-
» tum ejusdem fundi petam, qui ex illa causa, ex qua
» fundus meus erat, meus sit, exceptio mihi obstabit;
» quia, qui fundum habet, usumfructum suum vindi-

» care non potest. » La plupart des interprètes pensent qu'il s'agit ici de l'usufruit inhérent à la propriété, (*causalis*, c'est-à-dire *causæ suæ junctus*) : dès lors, la pleine propriété étant la réunion de trois éléments, *uti, frui, abuti*, qui comprennent toute servitude possible et la nue propriété, le jugement qui a refusé le tout empêche de revendiquer ensuite quoi que ce soit, contenu dans ces trois attributs. D'après cette explication, nous avons ici une application de la règle *pars in toto*, et notre principe se trouve fermement établi. Mais nous avons déjà donné plus haut les raisons qui nous empêchent d'admettre qu'il s'agisse ici de l'usufruit *causalis*.

Voici comment nous entendons ce texte : j'ai d'abord demandé la pleine propriété de votre fonds, et j'ai échoué ; il s'agit, je suppose, d'un legs à moi fait par la personne dont vous êtes héritier, et conçu en termes ambigus : puis, en vertu de ce même legs, que j'explique alors autrement, je borne mes prétentions et vous réclame l'usufruit de ce même fonds : pourquoi l'exception *rei judicatæ* m'en empêchera-t-elle ? « Parce que, » dit le jurisconsulte, « le propriétaire d'un fonds n'en peut revendiquer l'usufruit. » Les deux qualités de propriétaire et de titulaire d'une servitude quelconque sont incompatibles, *quia nemini res sua servit.* Or, s'il a été jugé que je n'étais pas propriétaire, j'ai cependant prétendu l'être, et cela suffit pour élever entre mes deux demandes une contradiction totale et rendre mes prétentions inconciliables.

Il en serait de même si je demandais, au lieu de l'usufruit, tout autre droit réel démembrement de la propriété, et il y aurait toute raison, soit qu'on adopte l'une ou l'autre des explications que nous venons de donner, pour accorder de-même l'exception *rei judicatæ*.

Mais *quid* si ayant commencé par réclamer le droit réel, usufruit ou servitude quelconque, je revendique ensuite la pleine propriété ? Nous croyons que, en supposant bien entendu que ce soit en vertu du même titre et contre le même possesseur, l'exception sera opposable. Car, par ma demande même de la servitude, je fais abandon de toute prétention à la propriété, car je ne puis affirmer avoir un droit de servitude sur un fonds sans affirmer en même temps que je n'en suis pas propriétaire (1).

Qu'on ne s'étonne pas de la rigueur de ces décisions. Car d'abord il faut supposer, pour qu'il y ait lieu de les appliquer, des circonstances bien bizarres et bien peu de circonspection chez celui qui s'est trompé aussi grossièrement sur la nature de son droit. Puis les jurisconsultes romains ne s'émouvaient pas beaucoup de ce reproche de rigueur, et chez un peuple amoureux des procès au point d'en faire quelque chose de sacré, comme on l'a dit souvent, ils étaient fort disposés à se montrer impitoyables pour les ignorants, les imprudents ou les négligents. Faut-il enfin rappeler que toute la théorie

_____

(1) La loi, 17, Dig. *De exc. præsc. et præj.*, semble dire précisément le contraire : mais il faut expliquer cette loi en en faisant la suite de la loi 16, et dire, par conséquent, que dans cette espèce, le droit de passer étant réclamé sur le fonds Sempronien et la propriété sur le fonds Titien, ce texte est tout à fait étranger à notre question

de la chose jugée n'est qu'une suite de sacrifices à l'intérêt général, d'intérêts privés même respectables ?

Il faudrait décider autrement s'il s'agissait de la possession et de la propriété demandées successivement. Jamais alors l'exception ne serait opposable. La loi 14, § 3, *De exc. rei jud.*, décide formellement qu'après avoir demandé la possession par l'interdit, on peut ensuite intenter l'action *in rem*. Le juge a en effet à résoudre dans les deux instances des questions toutes différentes. Dans l'interdit il s'agit de savoir qui, en fait, se comporte comme propriétaire du fonds litigieux : dans l'action *in rem*, qui, en droit, en est propriétaire. Dès lors, pas de contradiction possible. Et les deux questions sont tellement distinctes que le procès sur la propriété était souvent précédé d'un procès préliminaire sur la possession. (Gaïus, comm. IV, 166 et s.)

Les Romains, poussant cette idée jusque dans ses dernières conséquences, permettaient de revenir à la question de possession après avoir échoué sur la question de propriété. Ainsi je revendique le fonds Cornélien contre Titius ; je ne produis pas de preuve assez complète, et il est jugé que je ne suis pas propriétaire ; je pourrai ensuite, par l'interdit *uti possidetis*, faire juger que Titius doit me remettre la possession de ce fonds, et cela aura de graves conséquences, puisque Titius, étant obligé d'intenter contre moi l'action *in rem*, ne pourra peut-être pas plus que moi prouver sa propriété.

Ulpien donne deux raisons de cette décision : la première, que nous connaissons déjà, c'est que *nihil*

habet commune proprietas cum possessione; la seconde, c'est qu'à la différence de ce qui arrive en
droit français, *non videtur possessioni renuntiasse, qui
rem vindicavit.* L. 12, § 1, *De adq. vel amit. poss.*
Nous ne pouvons sur ce dernier point, partager l'o-
pinion d'Ulpien, trouvant que la renonciation à la
voie du possessoire, présumée par le droit français,
est parfaitement justifiée, et que le système contraire
peut présenter des ressources à la chicane.

II

DE L'IDENTITÉ DE CAUSE.

Il faut d'abord se garder de confondre la cause de
l'action avec les écrits, témoignages et aveux que
chacune des parties peut produire à l'appui de ses
allégations. « Nec jam interest, qua ratione quis
» eam causam actionis competere sibi existimasset;
» perinde ac si quis, posteaquam contra eum judi-
» catum esset, nova instrumenta causæ suæ reppe-
» risset. » Neratius, L. 27, *De exc. rei judicatæ.*
Les jugements, en effet, n'auraient eu qu'une autorité complétement illusoire, si le moindre changement dans la manière de soutenir la cause pouvait
en autoriser la reproduction : il est d'ailleurs naturel de supposer que chacune des parties n'a rien
omis de ce qui pouvait la faire triompher, et que le
juge n'a prononcé que lorsqu'il s'est cru suffisamment éclairé. Il se peut sans doute que cette pré-

somption, vraie en général, lèse quelquefois l'équité
en tel ou tel cas particulier ; mais c'est là un des sacrifices que l'intérêt privé des parties condamnées à
tort est forcé, et légitimement forcé, de faire à l'intérêt public de la société.

Nous disons en droit français que le changement de *moyens* importe peu, qu'il ne faut s'attacher qu'à la *cause*, et cela suffit à quelques auteurs,
bien que, comme l'a très-bien démontré M. Marcadé
avec sa vigoureuse logique, la cause ne soit qu'un des
moyens, et les moyens véritables de causes (Marc.,
t. V, p. 273). Les jurisconsultes romains l'avaient si
bien compris qu'ils n'avaient qu'un seul mot pour
désigner ce que nous désignons par deux, et disaient
toujours *causa*. Mais il fallait, pour que l'action
fût vraiment nouvelle, que le changement ait porté
sur la *proxima causa, causa proxima actionis*,
L. 27, déjà citée. Si je demande en justice la rescision d'un engagement dont je suis tenu envers
vous, prétendant qu'il y a eu erreur sur l'objet stipulé par vous, promis par moi, et qu'à l'appui de
cette prétention je produise notre correspondance,
nous pouvons distinguer très-nettement les divers
rapports de ces éléments. Notre correspondance fera
partie des *instrumenta*, puisqu'elle ne sert qu'à
établir l'erreur, qui pourrait être établie de toute
autre manière, sans que cela changeât rien au résultat final, à l'objet de l'action. L'erreur sera véritablement une *causa*, puisque, pour arriver à ma
fin, il faut nécessairement que je m'appuie sur elle,
et que si je succombe dans ma preuve de l'erreur, je
succomberai par là nécessairement dans ma préten-

tion tout entière. Mais sera-ce la *causa proxima* ? Non pas, car pour arriver à la rescision, il faut encore que je passe par un intermédiaire, qui sera le vice de consentement, produit de l'erreur. Cette question : le vice de consentement est-il suffisant pour entraîner la rescision de l'engagement ? étant celle sur laquelle a statué le juge, nous devrons permettre l'exception de la chose jugée toutes les fois que, dans une nouvelle instance, il se trouverait appelé à statuer sur la même question. Si donc le même demandeur prétendait ensuite obtenir la rescision du même engagement en prouvant un dol, il ne serait pas recevable, parce que la *causa proxima* serait toujours la même. Il faudrait, pour qu'il fût recevable, qu'il s'appuyât sur un défaut de forme de la stipulation, par exemple. Nous croyons pouvoir rendre notre idée, en disant qu'il faut considérer la cause immédiate, le dernier degré par lequel on passe avant d'arriver à l'objet de la demande, qui pourrait être considéré comme commençant une autre série d'*objets* successifs, le premier immédiat, les autres médiats. D'où il suit que, selon le point de cette chaîne où nous placerons la question soumise au juge, nous aurons, au delà la *res*, et en deçà la *causa proxima*. Et une fois que, dans une autre demande, nous retrouverons ces deux éléments, tous les autres fussent-ils changés, nous serons dans la condition de l'*exceptio rei judicatæ*. La loi 11, § 4, de notre titre exprime notre idée en disant : *Eamdem causam facit etiam origo petitionis ;* *origo*, c'est-à-dire la base, le fondement, le pourquoi, en un mot, le fait générateur de la demande.

Si nous parcourons les textes qui font l'application de ces règles, nous trouvons la loi 2, C., *De liberali causa*. « Si hos, quos servos tuos esse dicis, liberi » esse a diversa parte dicuntur, de statu eorum more » solito quæri oportet, nec enim res judicata qua de » proprietate eorum pronunciatum est, opponi causæ • liberali potest. » Je revendique des esclaves et j'échoue, puis je me porte leur *assertor libertatis*. Il faut supposer, malgré le sens un peu obscur du premier membre de la phrase, que telle est l'hypothèse, puisque autrement l'empereur écarterait l'exception *rei judicatæ* par un tout autre motif plus péremptoire. L'objet, la question étant la même, le *causa proxima* seule diffère, puisque dans la première demande, c'était mon droit de propriété sur eux, et j'agissais, *quia mei essent*, et dans la seconde c'est la qualité de *liberi* revendiquée par moi pour les esclaves. Loi 25, § 1er, Dig. *De liber. causa*.

La L. 31, Dig. *De excep. rei judic.*, suppose qu'après avoir revendiqué une chose et avoir échoué, on la demande par condiction. Il est clair que l'exception *rei judicatæ* ne sera pas opposable. La *causa* est tout autre : on a prétendu d'abord avoir un droit de propriété sur la chose, *si paret rem Auli Agerii esse*, et on s'est appuyé sur ce droit pour prétendre à la remise de la chose ou au payement de son estimation, à la remise des fruits ou d'indemnité, etc.; dans la seconde on s'appuie sur une prétendue obligation dont le défendeur serait tenu envers le demandeur, *si paret rem dare oportere*. On reconnaît précisément par cette seconde demande l'autorité de la première sentence, puisque le défendeur ne pourrait trans-

férer la propriété s'il ne l'avait pas, et que le demandeur en demandant qu'on lui transfère la propriété, reconnaît qu'il ne l'a pas.

La loi 25 *in fine*, Dig., *eod. tit.*, décide, par les
mêmes motifs, qu'une première demande *in personam*, ne fait pas obstacle à une seconde demande
conçue *in rem*.

Notre règle s'applique sans difficulté lorsqu'après
une demande *in personam*, on intente une seconde
demande *in personam*. Il est facile de voir si le
causa proxima est ou non la même, car quand on
prétend que telle personne est tenue de telle obligation, il faut nécessairement indiquer comment
cette obligation prétendue a pris naissance. Comment
puis-je réclamer de vous le fonds Cornélien si je ne
précise par quel contrat, dans quelle circonstance
vous vous êtes engagé à me le livrer, si c'est par stipulation, par vente, par échange, par pacte de donation? Il est donc de l'essence des actions *in personam*
d'être fondées sur une *causa proxima* particulière et
définie. Si donc après avoir réclamé de vous que vous
me transfériez la propriété du fonds Cornélien, en
me fondant sur ce que vous me l'avez vendu, et
avoir échoué, je vous demande une seconde fois la
même chose, il y aura, ou non, *nova causa*, selon
que je fonderai cette nouvelle demande sur la même
cause de vente, ou sur une autre vente, sur une
donation ou un échange.

Mais si nous supposons deux actions successives,
toutes deux *in rem*, nous rencontrerons une difficulté, spéciale au droit romain, provenant de ce
que la *causa* prochaine de la demande est toujours le

droit réel, propriété, usufruit ou servitude, réclamé
par le demandeur : tout ce qu'on peut y ajouter
pour le prouver ne constitue que des *causæ remotæ* ;
en sorte que la seconde action *in rem*, toutes les
fois qu'il se rencontrerait identité d'objet et de personnes, ne serait jamais recevable. Le fondement
immédiat de l'action, disait Accurse (G. glose sur la
L. 27), c'est *quia res sua est*. Et nous trouvons dans
notre texte, loi 14, § 2. « Actiones in personam
» ab actionibus in rem hoc differunt quod : cum
» eadem res ab eodem mihi debeatur, singulas obli-
» gationes singulæ causæ sequuntur, nec ulla earum
» alterius petitione vitiatur ; at cum in rem ago non
» expressa causa ex qua rem meam esse dico, om-
» nes causæ una petitione adprebenhuntur. Neque
» enim amplius quam semel res mea esse potest,
» sæpius autem deberi potest. »

Or, en droit romain, tous les actes de procédure
et même souvent le jugement étant simplement
oraux, il y avait après quelque temps impossibilité
de fait à déterminer la *causa* de l'action. Aussi avait-
on considéré que le demandeur, dans la première action, avait fait porter ou avait dû faire porter le débat sur tous les points susceptibles de lui être favorables, et que dès lors le juge avait statué d'une
manière définitive sur toutes les prétentions, de quelque source qu'elles émanassent, qu'il pouvait avoir
à la propriété de l'objet litigieux. Cette décision,
très-logique, pourrait être taxée de rigueur, puisqu'il
peut arriver ainsi qu'on soit empêché de plaider sur
un fait qui n'avait été touché ni par le débat ni par la
sentence du juge ; mais nous savons d'une part

que les jurisconsultes romains étaient très-peu accessibles à la pitié pour les ignorants, les négligents et les maladroits ; que du reste les mœurs
du peuple romain à leur époque leur permettaient
d'appliquer rigoureusement la maxime *jura vigilanti -
bus prosunt*, et d'autre part que toute la théorie de
l'autorité de la chose jugée repose uniquement sur
le sacrifice de quelques intérêts privés à l'intérêt
public. Aussi ce que nous venons d'écrire est-il universellement admis ; la controverse ne commence
que sur une des exceptions à apporter à la règle.

Une première exception, que les lois 11, § 4 et 5;
14, § 1, et 25 pr., établissent d'une façon irréfutable,
s'applique au cas où depuis la première sentence il
est intervenu une nouvelle cause. C'est ce que les
commentateurs appellent *causa superveniens* ou
causa adjecta tempore (Doneau). Puisqu'en effet la
première sentence n'a pu statuer que pour le temps où
elle s'est produite, on ne saurait en inférer qu'elle
pût empêcher de nouveaux faits de surgir; il n'y
a aucun des dangers que l'autorité de la chose jugée
a pour but de prévenir, à savoir la contrariété de
jugements et la reproduction indéfinie des mêmes
débats. Nous n'avons pas besoin d'ajouter qu'il est
indifférent que cette *causa* survenue depuis, soit ou
non analogue à la première, et que quand même
on aurait agi d'abord *ex empto*, on pourrait encore
agir *ex empto*, en alléguant une seconde vente postérieure à la première sentence.

La loi 14, § 1, suppose qu'usufruitier pour partie
seulement, j'ai demandé l'usufruit de toute une chose;
j'échoue, puis mon cousufruitier étant venu à décéder,

par exemple, son usufruit accroît au mien. Pourrai-je intenter une nouvelle action? Le jurisconsulte (Paul) décide que je le pourrai. Les deux conditions d'identité de personne et d'objet se rencontrent bien dans l'espèce, mais nous y trouvons une cause qui n'existait pas lors de la première sentence. Et cela, dit le jurisconsulte, *quia ususfructus non portioni, sed homini adcrescit* parce que l'usufruit accroît à l'homme et non à la partie. Ceci nous est expliqué par la loi 33, § 1, *De usufructu*, qui dit que dans certains cas, et par exception au principe posé dans la loi 4, *De usufructu*, l'usufruit ne doit pas être traité comme une partie de la propriété : que si on a demandé une partie du fonds, on ne pourra plus, après avoir échoué, demander une autre partie du même fonds qui s'y est jointe depuis la sentence par voie d'accroissement, et cela parce que la portion de fonds qui est venue s'y joindre en a toujours fait en quelque sorte partie; c'est, dit Papinien, comme une alluvion; *portioni adcrescit;* dès lors la cause d'acquisition de la partie demandée est aussi la cause d'acquisition de la partie accrue, et cette cause unique est antérieure et a été souverainement jugée par la sentence, absolument et dans toutes ses conséquences. Que si au contraire c'est une part d'usufruit qu'on a demandée et qu'on demande une autre part d'usufruit acquise par un accroissement survenu postérieurement à la sentence, on ne peut pas dire que ce soit une moitié d'usufruit qui soit venue se joindre à l'autre moitié, par suite de la cause d'acquisition de la première moitié, puisque ce sont là des qualités inhérentes à la personne. J'ai demandé l'usufruit pour moitié seulement du fonds Cornélien, l'usufruit pour l'autre moitié appartenant dans ma pensée à Titius, et il a été jugé que j'étais sans droit pour y prétendre ; mais cela veut-il dire que, l'usufruit de Titius éteint, je sois sans droit pour succéder à cet usufruit partiel ? Nullement, et l'extinction de l'usufruit de Titius, en amenant l'accroissement, constitue une *causa superveniens* qui m'autorise à faire juger de nouveau ma prétention.

La loi 11, § 4, décide en termes formels que si après avoir échoué dans la revendication d'un fonds ou d'un esclave, je le revendique en me fondant sur une cause d'acquisition postérieure à la sentence, l'exception *rei judicatæ* ne sera pas opposable. sPui elle suppose que cette cause nouvelle arrive par *post-liminium ;* et donne une solution contraire, ce qui est du reste parfaitement conforme à tous les effets du *postliminium.* Si l'esclave que j'avais revendiqué est tombé aux mains de l'ennemi, il échappe par là, il est vrai, à toute propriété, et s'il est repris sur l'ennemi, je pourrais prétendre qu'en rentrant à Rome il est rentré dans mes biens et qu'il y a là *nova causa.* Mais on répond que le *postliminium* a précisément pour objet d'effacer complétement tout temps intermédiaire, et que l'esclave est censé n'être jamais sorti, ni de l'empire, ni des biens de son propriétaire — La fin de la loi suppose un legs conditionnel : si avant l'événement de la condition, j'ai demandé la chose léguée *adquisito dominio,* c'est-à-dire parce que j'en aurais *acquis* le domaine, je pourrai la demander en vertu du legs lorsque la condition sera réalisée. C'est l'application pure et simple du principe.

L. 9 pr. J'intente contre vous une pétition d'hérédité, et il se trouve que vous ne possédez rien de
l'hérédité demandée : quelle que soit la décision du
juge sur le bien fondé de ma pétition, le résultat
immédiat sera toujours le même, puisque le défendeur ne saurait être condamné à restituer que ce
qu'il possède : mais que plus tard le même défendeur
vienne à posséder quelque chose de l'hérédité :
pourrai-je l'actionner sans avoir à redouter l'exception *rei judicatæ*. Ulpien répond que je le pourrai :
cette décision peut paraître singulière, car il nous
semble rencontrer là les trois identités, la cause est
bien la même. Oui, du côté du demandeur, mais il y
a *alia causa* du côté du défendeur. Ou plutôt lors
de la première demande il n'existait aucune *causa*
du côté du défendeur, et cette cause étant survenue
depuis, il en résulte que c'est la première fois que la
question est posée. Il y a en effet, dans les actions
réelles, un élément nécessaire de plus que dans les
actions personnelles, c'est la possession chez le défendeur : lorsqu'il s'agit de faire valoir mes droits,
la première question est celle de savoir qui je dois
actionner ; dans les actions personnelles, je dois naturellement actionner celui que je prétends être
obligé envers moi : le défendeur est désigné *ab initio*,
et ne peut changer, sans mon concours que par la
mort qui lui substitue ses héritiers. Le créancier
donc qui actionne un autre que le débiteur *nihil
agit*, et au contraire dès qu'il l'actionne, *recte petit*.
Mais dans les actions réelles, le défendeur n'est désigné au demandeur que parce qu'il possède, et la
possession est un fait qui peut changer d'un moment

à l'autre. Il y a donc deux *causæ* dans toute-action,
l'une chez le demandeur et l'autre chez le défendeur : la nature des actions personnelles est telle que
dès que l'action est valablement intentée, elles se
trouvent réunies ; mais dans les actions réelles elles
peuvent se trouver séparées ; et de même que, les
possesseurs de ma chose venant à changer, je puis
valablement les actionner successivement ; de même
si celui qui ne la possédait pas vient à la posséder,
je pourrai renouveler mon action contre lui ; parce
que, nous le répétons, ce sera la première fois qu'il
y aura *eadem quæstio inter easdem personas*. Ulpien
L. 9, pr. et 18, et Gaïus, L. 17, sont conformes sur
ce point et donnent la même solution, que le juge ait
examiné ou non la prétention du demandeur. Il
peut se faire, en effet, que le demandeur oppose tout
d'abord qu'il ne possède pas, qu'il a cessé, sans dol,
de posséder, et un de ces points vérifié, il est inutile
d'aller plus loin ; ou bien le juge peut n'examiner la
question de la possession du défendeur qu'après
celle du bien fondé de la demande ; mais peu importe
la sentence sur ce point : car l'instance n'ayant pas
été régulièrement engagée, je veux dire n'ayant pas
été soutenue par un contradicteur légitime, ni l'une
ni l'autre des parties ne peut se prévaloir de ce qui
aurait été jugé en sa faveur.

Il est bien vrai que le résultat sera le même dans
les deux hypothèses ; mais nous croyons qu'on l'ob-
tiendra au moyen de procédés différents. Dans la
première ; *adversarius quia nihil possidebat, absolutus
est*, il n'y a pas à proprement parler de *res judicata*,
l'exception *rei judicatæ* sera simplement déniée au

défendeur. Mais dans la seconde hypothèse, *judica-tum est hereditatem meam esse*, comme la prétention aura été examinée, le défendeur ayant droit à l'exception *rei judicatæ*, le demandeur devra avoir recours à la réplique *si secundum me judicatum non est*, et on arrivera ainsi au même résultat.

La L. 11, § 1, dit qu'il n'y a pas vraiment changement de *causa*, lorsque ce changement ne s'est produit que dans l'opinion du demandeur. J'ai revendiqué une chose dont je croyais avoir hérité et j'ai échoué ; je ne pourrai plus ensuite la revendiquer sous prétexte que je ne pense plus en avoir hérité, mais bien l'avoir reçue par donation.

La L. 11, § 5, sur une hypothèse analogue, donne la même solution. On comprend en effet sans peine qu'on ne saurait s'en référer à des simples allégations, qui quelquefois pourront être véridiques, mais qui pourront aussi ne pas l'être, et que chacun inventerait au gré de ses intérêts. Nous avons déjà fait remarquer que la procédure romaine étant tout orale, il ne restait aucune trace propre à indiquer quelles avaient été les véritables prétentions du demandeur en matière réelle : la sentence même, qui souvent n'était pas écrite, n'était jamais motivée. Il était donc nécessaire, sous peine d'enlever toute autorité à la chose jugée, d'établir cette présomption qu'on était censé avoir déduit toutes ses causes d'acquisition dans la première demande, et de ne pas permettre la preuve contraire.

Mais pouvait-on lors de la première demande, faire en quelque sorte ses réserves ? Pouvait-on déclarer agir en vertu de telle ou telle cause, afin qu'après avoir échoué on pût agir en vertu d'une autre ? Cela nous amène à la seconde exception que nous avons annoncée et qui est vivement contro-versée.

Nous avons vu plus haut dans la L. 14, § 2, *cum in rem ago non expressa causa, ex qua rem meam esse dico, omnes causæ una petitione apprehenduntur*. D'où les anciens interprètes (Doneau et Pothier) avaient conclu que si on avait soin d'*exprimer* la cause en vertu de laquelle on entendait agir, on conservait le droit d'agir pour toute autre cause ; on circonscrivait ainsi le débat sur la cause indiquée, le demandeur s'obligeant à ne pas invoquer d'autre cause d'acqui-sition que celle indiquée, mais conservant par contre la faculté d'agir pour une autre. Théorie éminemment pratique et équitable, sans le secours de laquelle le demandeur aurait souvent compromis ses droits les plus légitimes.

Cette opinion est confirmée par le rapprochement des §§ 1 et 2 de la loi 11. Dans le premier Celsus, dont l'opinion est adoptée par Ulpien, suppose qu'on revendique un esclave, que le demandeur croit l'avoir acquis par tradition, et qu'en réalité il l'ait acquis par succession : il décide que l'exception de chose jugée sera opposable. Dans le § 2 il suppose qu'on a reven-diqué un fonds *eo quod Titius sibi tradiderit*, et qu'a-près avoir échoué on le revendique *ex alia causa*. Et voici la solution : *causa adjecta non debet summoveri exceptione*. Le sens de ces deux paragraphes nous paraît bien clair ; car en cherchant dans les circon-stances le motif de ces décisions opposées, nous som-mes convaincu qu'il ne peut se trouver que dans ces mots du § 2, *causa adjecta*, opposés à ceux du § 1ᵉʳ, *si hominem petiero..... existimavi..... cum esset*. Dans le § 1, il s'agit simplement de l'opinion du revendiquant : il pense que c'est par tradition qu'il a acquis la chose, et en fait il est bien propriétaire, mais par succession : du reste, il demande purement et simplement ; *hominem petiero*. Au contraire (*si quis autem*), dans le § 2 il demande le fonds *eo quod Titius eum sibi tradiderit ;* mais cette fois ce n'est plus simplement dans son esprit qu'il assigne cette cause à sa propriété ; *causa adjecta*, il l'indique par une *adjonction* à la formule, et dès lors il pourra renouveler son action en indiquant une autre cause. Ainsi s'explique ce texte naturellement et sans efforts.

On a contesté l'explication de ces deux textes. Dans la loi 14, § 2, quelques interprètes traduisent *cum in rem ago non expressa causa*, par la cause de ma propriété *ne pouvant pas* être exprimée. Ce serait alors là, non pas une circonstance de l'espèce posée par le jurisconsulte, mais la raison de décider elle-même. Nous pensons que la contexture du texte s'oppose à cette interprétation, puisque la raison de décider se trouve après la décision : *neque enim.....* et que d'ordinaire les jurisconsultes romains sont trop avares de motifs pour en avoir donné deux sans faire remarquer ce luxe ; que d'un autre côté c'est forcer le sens de *non expressa*, que de le traduire par *ne pouvant pas être* exprimée.

Dans ce même système, on explique dans les §§ 1 et 5 de la loi 11 ci-dessus, *causa adjecta* par une cause *étant venue s'ajouter*, c.-à-d. *étant survenue* depuis ; et alors les deux paragraphes ne seraient que des répétitions de la règle que nous avons vue ci-dessus pour la *causa superveniens*.

On fait remarquer à l'appui de ces interprétations que la formule de l'action *in rem*, portant simplement dans son *intentio* : *Si paret hominem Stichum Auli Agerii esse*, ne se prête à aucune adjonction : tout ce qu'on pourrait y ajouter pour déterminer une origine spéciale de la propriété la dénaturerait gravement; c'était sous l'empire de cette procédure qu'écrivaient Paul et Ulpien, et si une innovation aussi grave avait été introduite, comment n'en verrions-nous pas de traces dans les nombreux fragments de formules *in rem* qui nous sont restés?

Mais nous répondrons que ce n'était pas dans l'*intentio* que cette mention spéciale trouvait sa place. Quelques auteurs ont cependant prétendu que cela n'était pas impossible, et donnent (De Fresquet, II, 438) pour argument la formule de l'action publicienne. Cette formule qui a été conservée par Gaïus (IV, § 36) a, en effet, pour *intentio* : *Si quem hominem Aulus Agerius emit ei traditus est, anno possedisset, tum si eum hominem de quo agitur, ejus ex jure Quiritium esse oporteret*. On voit qu'une cause spéciale de l'acquisition de la propriété, à savoir la tradition suivie d'une possession supposée avoir duré un an, se trouve mentionnée dans l'*intentio*. Nous pensons toutefois, en présence des nombreux exemples d'*intentio* que nous trouvons dans les textes, sans aucune adjonction, que c'était plutôt une de ces *præscriptiones* dans l'intérêt du demandeur dont Gaïus nous parle (IV, 131-133) en forme d'énumération, et la lacune du manuscrit après le n° 133, comm. IV, destiné à la *præscriptio : si in ea re præjudicium hereditati non fiat,* nous permet de penser que ce sujet avait été traité par Gaïus. L'omission dans les Instituts de Justinien s'expliquerait par la désuétude de la procédure formulaire à l'époque de cet empereur.

La possibilité et même l'usage fréquent d'adjonctions semblables est du reste prouvée par la loi 1, §2, Dig., *De rei vind.*, qui s'occupe de la revendication des personnes qu'on a, *non in dominio*, mais *in potestate*. Après avoir dit d'abord qu'on ne peut employer la *vindicatio*, qu'il faut avoir recours à un *præjudicium*, un interdit ou une *cognitio extraordinaria*, Pomponins et Ulpien reviennent sur ce qu'ils ont dit tout d'abord, et décident qu'on peut les revendiquer, mais *adjecta causa*.

Le § 52 des *Vaticana Fragmenta* dit que dans la revendication d'un usufruit constitué *ad certum tempus*, il faut agir *cum adjectione temporis*, et qu'au contraire les causes ordinaires d'extinction de l'usufruit n'ont pas besoin d'être ajoutées ; il suffit de *vindicare pure*.

Nous maintenons donc l'explication que nous avons donnée ci-dessus des L. 14, § 2 et 11, § 1 et 2. Mais nous n'irons pas jusqu'à dire, comme on l'a prétendu, qu'après une *vindicatio pura*, on ne puisse invoquer dans une seconde demande la cause survenue postérieurement au premier litige. Il est bien vrai que les termes de la loi 14, § 2, *cum in rem ago non expressa causa... omnes causæ*, sont aussi généraux que possible, Mais il n'en faut pas moins les entendre avec le tempérament qu'y apporte le bon sens, et se rappeler qu'un jugement, quel qu'il soit,

ne peut jamais statuer que pour le temps où il se produit. De ce qu'on a échoué dans une demande, il ne
résulte pas une incapacité d'acquérir plus tard le
droit qu'on a demandé. Il n'est du reste pas besoin
d'insister sur ce point.

Tout ce qui précède a trait aux actions réelles, la
règle de la *causa superveniens* s'applique également
aux actions personnelles. Mais il faut en écarter l'application dans tous les cas où, avant la constitution
de Zénon, il y a extinction absolue du droit par suite
de plus-petition.

Un des inconvénients du système de la consommation de l'action était que l'action repoussée par une
exception simplement dilatoire, ne pouvait plus
être renouvelée. Il n'en est plus ainsi du temps des
jurisconsultes. La loi 2 de notre titre, tirée des ouvrages d'Ulpien, suppose que le créancier d'un testateur attaque l'héritier institué. Il se trouve que le
testateur a omis un fils qui peut par conséquent d'un
moment à l'autre demander la possession de biens
contra tabulas. Dans cette position, l'héritier institué
pourra se défendre par une exception ainsi conçue :
*at si non in ea causa sint tabulæ testamenti, ut contra
eas bonorum possessio dari possit.* Exception purement dilatoire, puisqu'après le délai d'un an (Inst.
L. III, t. 9, § 8) accordé au fils pour demander la possession *contra tabulas*, la position du fils et de l'institué se trouve définitivement fixée, et le créancier
saura lequel est son débiteur. Dans l'espèce, le fils
laisse passer l'année et se trouve définitivement exclu
de l'hérédité (Inst. L. III, t. IX, § 9). Le créancier
pourra-t-il agir de nouveau contre l'institué? Pas de

difficulté s'il s'agit d'un *judicium imperio continens*, car alors il renouvellera son action, et repoussera l'exception *rei judicatæ* par la réplique *si secundum me judicatum non est*. Mais s'il s'agit d'un *judicium legitimum*, le droit étant éteint par son exercice même, il n'y a de ressource pour le créancier que dans une *restitutio*, que le jurisconsulte lui accorde.

Nous remarquerons que cette loi 2 est confirmée par la loi 15, *De obl. et act.*, mais contredite par la loi 49, § 1, *Ad S. C. Trebellianum*. Cujas les concilié en disant que cette dernière ne s'applique qu'au cas spécial où les créanciers ont lieu de craindre de perdre le bénéfice de leur action, parce qu'elle ne serait que temporaire; et en effet le pr. de la même L. 49, dont le § 1 n'est que la continuation, suppose qu'il y a lieu de craindre que *dies actionis exeat*.

III

DE L'IDENTITÉ DE PERSONNES.

Le principe se trouve clairement posé dans les L. 1, *De exc. rei jud.*; L. 16, D., *Qui pot. in pignor.*; L. 63, D., *De re jud.*; L. 10, D., *De exc. præsc. et præj.*; L. 2, C., *Quibus res jud.*, et partout à peu près dans ces termes de la dernière citée : *Res inter alios judicatæ neque emolumentum his afferre qui judicio non interfuerunt neque præjudicium solent irrogare.*

Quand il est question de mêmes personnes, il ne s'agit pas de l'identité physique. Le principe ainsi posé serait évidemment très-insuffisant, puisqu'après une génération l'autorité de toute chose jugée serait réduite à néant. D'un autre côté il serait en même temps trop large, puisqu'on pourrait se trouver déchu de ses droits propres par la circonstance toute fortuite par laquelle on se serait trouvé représenter une autre personne en justice.

Il s'agit de l'identité juridique des personnes, et c'est ce qu'exprime notre L. 14 pr. en disant qu'il faut *eadem conditio personarum*, la même *qualité*, c'est-à-dire que les deux instances aient été soutenues par des individualités, peut-être distinctes, mais qui aient joué le même rôle, en agissant soit en leur propre nom, soit en celui d'autrui. Ainsi, bien que le plus souvent celui qui agit en justice agisse en son propre nom, il arrive parfois qu'il agit en celui de telle ou telle autre personne, véritable intéressée dans le litige, et alors l'exception de chose jugée, opposable à cette dernière, ne le sera pas à la personne qu'on aura vue figurer dans le procès. D'autre part en jouant notre propre rôle, nous jouons toujours aussi nécessairement celui de certaines personnes qui sont, par la nature de leurs droits qu'elles tiennent de nous, censées ne faire qu'un avec nous.

Nous attachant d'abord à ce dernier point de vue, nous allons rechercher quelles sont ces personnes dont nous exerçons les droits en même temps que les nôtres, en un mot nos ayant cause. Nous laissons de côté le cas, tout simple, où les deux instances sont entre les mêmes personnes, agissant en leur propre nom.

Nous verrons ensuite le cas où nous représentons une autre personne en vertu d'un mandat conven-

tionnel ou légal, et ensuite celui où c'est simplement
en vertu d'un quasi-contrat de gestion d'affaires.

§ 4. — Des ayant cause.

Dans un sens très-général, l'ayant cause d'une
personne est celui qui tient ses droits de cette personne, qui est dite alors son *auteur*. Une règle de droit
naturel dit que la circonstance que ces droits ont
passé d'une personne à une autre ne peut ni les
augmenter ni les diminuer. D'où la conséquence
que la chose jugée pour ou contre l'auteur doit conserver son autorité pour ou contre l'ayant cause. De
plus, comme les transmissions de droits sont très-
fréquentes et souvent volontaires, sans cette représentation des ayant cause par leur auteur, l'autorité de la chose jugée serait complétement illusoire.

Au nombre des ayant cause sont d'abord les héritiers, tant testamentaires que légitimes, et à l'infini.
Continuateurs de la personne du défunt et prenant
en toutes choses la position qu'il a laissée, tant pas-
sivement qu'activement, ils ne peuvent demeurer
étrangers au quasi-contrat judiciaire, fondement de
l'autorité des jugements.

Ainsi tout héritier peut invoquer les jugements
rendus au profit de son auteur et doit subir ceux rendus contre lui sans pouvoir obtenir un nouveau débat
sur les points jugés pour ou contre son auteur.

Mais il faut remarquer que ses obligations, à cet
égard comme à tous autres, absolues s'il est héritier
purement et simplement, sont limitées au quantum

dès forces de la succession, s'il a eu soin de profiter du bénéfice de séparation de biens ou d'abstention avant Justinien, d'inventaire après Justinien. Mais c'est simplement dans ces cas, son obligation personnelle d'exécuter les jugements qui est limitée, parce qu'il ne prend pas pleinement et absolument la place du défunt : il n'en est pas moins tenu de les accepter et de ne pas renouveler des débats épuisés.

Il faut assimiler à l'héritier les autres successeurs universels : les possesseurs de biens, l'adrogeant, l'adjudicataire des biens *libertatum servandarum causa*, et avant Justinien, le *bonorum emptor* et celui qui est devenu propriétaire en vertu du sénatusconsulte Claudien. Tous doivent respecter la chose jugée, soit pour, soit contre leur auteur; mais dans ce dernier cas ils peuvent, comme l'héritier sous bénéfice d'inventaire, limiter leur exécution aux biens de leur auteur.

Les mêmes raisons entraînent la même décision pour tout successeur particulier, pour tout cessionnaire d'un droit réel qui le reçoit tel que l'avait son auteur, affecté des mêmes conditions contractuelles ou judiciaires. *Exceptio rei judicatæ nocebit ei qui in dominium successit ejus qui judicio expertus est.* L. 28, *De exc. rei judic.*

Mais pour que le successeur particulier succède ainsi à l'obligation dont était tenu son auteur de respecter la chose jugée, il faut nécessairement que cette obligation existe au moment de la substitution de personnes. Il n'est donc tenu que des jugements rendus contre son auteur avant qu'il ne lui ait succédé. L. 11, § 9 et 10, *De exc. rei judic.*; L. 3, *De pig. et hyp.*, L. 14, § 4, *De aqua et aq. pluv.*

Ainsi vous et moi sommes héritiers de Titius, et il se trouve dans l'hérédité un fonds qui était commun entre Titius et Sempronius. Vous jugez à propos d'actionner Sempronius, prétendant que le fonds tout entier appartenait à Titius, et vous échouez ; si lorsque j'aurai acheté la part de Sempronius, vous demandez par l'action *familiæ erciscundæ*, dirigée contre moi votre cohéritier, que le champ soit partagé comme provenant tout entier de Titius, vous serez repoussé par l'exception de chose jugée, parce que j'ai été subrogé par Sempronius mon vendeur dans tous ses droits. L. 11, § 3, *De exc. rei. judic.*

Ainsi encore si j'ai eu procès avec mon voisin pour des ouvrages destinés à la conduite des eaux pluviales, la décision portée sur les ouvrages déjà existants au moment de la litiscontestation devra avoir autorité pour ou contre l'acheteur de mon fonds ou de celui de mon voisin. (L. 11, § 9, *De exc. rei judic.*; L. 14, § 4, *De aqua et aq. pluv.*)

Il en serait évidemment de même pour un acquéreur à titre gratuit.

Si nous renversons l'hypothèse et supposons le premier procès soutenu par le successeur, il pourra arriver que la même question soit agitée ensuite entre le même tiers et l'auteur ; car s'il s'agit d'une chose *mancipi* qui a été vendue sans les formalités quiritaires, le *nudum jus quiritium* resté entre les mains du vendeur suffit pour lui donner l'action en revendication, et il pourrait revendiquer le fonds contre celui qui en aurait évincé son acheteur. Il peut encore arriver que le fonds soit revenu d'une façon quelconque (pourvu bien entendu que ce ne soit pas par une nouvelle vente) en la possession du vendeur, et soit alors revendiqué par un tiers qui l'a déjà revendiqué contre l'acheteur. Quelle que soit l'hypothèse spéciale et quelle qu'ait été l'issue de la première demande, la décision du jurisconsulte est la même : l'exception n'est pas opposable, parce que le vendeur ne peut être considéré comme l'ayant cause de son acheteur. L. 9, § 2, et 10. *De exc. rei judic.*

Le débiteur qui hypothèque sa chose transmet à son créancier un droit réel, distinct du sien, mais dont la validité dépend essentiellement de son droit de propriété ou de créance. Les jugements qui statueront sur l'une ou l'autre de ces questions pourront-ils profiter au créancier ou devront-ils être subis par lui ? En d'autres termes, le créancier hypothécaire est-il l'ayant cause du débiteur ?

D'abord la distinction que nous venons de voir fondée sur le rapport de temps entre le jugement et la constitution du droit réel, est ici applicable. La loi 11, § 10, *De exc. rei judic.*, est formelle sur ce point. Titius a revendiqué une chose contre vous, et a échoué ; Séius, créancier de Titius ayant hypothèque sur cette même chose, intente contre vous l'action pignératitienne. Cette action sera-t-elle recevable ? Il faut distinguer à quelle époque remonte la constitution de l'hypothèque de Séius.

Si elle n'a eu lieu qu'après la première sentence, le créancier hypothécaire, ne pouvant avoir plus de droits que son auteur, devra subir les jugements qui ont modifié le droit générateur du sien, et l'exception de chose jugée lui sera opposable : de même qu'il pourra l'invoquer si elle lui est favorable. Ce point est parfaitement certain. Voir la loi 3, § 1, *De pig. et hyp.*, Dig.

Mais si son hypothèque a été constituée avant la sentence, il s'est trouvé à cette époque deux droits parfaitement distincts, dont l'un n'a pu être compromis par l'impéritie, la négligence ou la mauvaise foi peut-être du débiteur. Aussi Ulpien décide-t-il que l'exception n'est pas opposable au créancier.

Il est bien entendu du reste que dans ce dernier cas le créancier devra prouver, pour ne pas échouer dans son action, *rem in bonis eo tempore quo pignus contrahebatur, debitoris fuisse.* Termes de la formule hypothécaire, tirés de la L. 3, *principio, De pig. et hyp.*, Dig.

Cette dernière loi vient confirmer la solution déjà donné. Un débiteur a succombé en revendiquant une chose qu'il n'a pu prouver être sienne : le créancier ayant hypothèque sur cette chose n'en pourra pas moins évincer le même possesseur par l'action servienne, s'il parvient à prouver que le débiteur l'avait *in bonis* au moment de la convention d'hypothèque. De même, ajoute Papinien, il y aura encore ouverture à l'action servienne dans une hérédité dans la pétition de laquelle le débiteur à échoué.

Mais il paraît difficile de concilier ces deux textes avec la L. 29, § 1, *De exc. rei judic.* Cette dernière en effet décide que l'exception *rei judicatæ* ne sera pas opposable au créancier, si ces deux conditions concourent, que l'hypothèque remonte au delà de la sentence contre le débiteur, et que ce dernier ait soutenu le procès sans avertir le créancier, *non admonito creditore causam egerit.*

La loi 63, Dig., *De re judicata,* est aussi en opposition avec les deux lois précitées, 3 pr., Dig., *Depig. et hyp.,* et § 11, 10, D., *De exc. rei judic.* Elle décide que pour que l'exception ne soit pas opposable au créancier, il faut non-seulement que l'hypothèque soit antérieure, mais encore que ce soit à l'insu du créancier que le débiteur ait plaidé. Ainsi, d'après la L. 29, § 1, *De exc. rei jndic.,* il faut, pour que le créancier soit lié au procès, qu'il en ait été averti par le débiteur, que celui-ci l'ait mis en quelque sorte en demeure ; d'après la L. 63, Dig., *De pig. et hyp.,* il suffit que le créancier ait eu connaissance du litige de quelque manière que ce soit : *Scientibus sententia...... obest.* Et la raison que donne le jurisconsulte de cette dernière décision, c'est que si celui qui est le défendeur naturel dans une instance, laisse un autre intéressé la soutenir, il est censé lui avoir donné mandat à cet effet.

La conciliation de ces textes ne nous paraît pas douteuse : les interprètes s'accordent à dire que les L. 11, § 10, *De exc. rei judic.,* et 3 pr., *De pig. et hyp.* énoncent le principe, la règle générale d'après laquelle le créancier gagiste n'est pas l'ayant cause du débiteur. Les deux autres, se plaçant à un autre point de vue, se demandent s'il ne peut pas arriver que le créancier ait été représenté dans le premier litige, non plus comme ayant cause, mais comme mandant. Il y aura mandat tacite, d'après la L. 29, § 1, *De exc.* si le créancier a été prévenu par son débiteur, et

même, d'après la L. 63, *Depig.*, si le créancier a connu
le procès par n'importe quelle voie.

Nous ne voyons même pas de contradiction entre
ces deux dernières décisions. L'une, il est vrai, est
plus large que l'autre et la comprend; mais nous
pensons que le jurisconsulte, en décidant que le
créancier averti par le débiteur, peut être repoussé par
l'exception, a statué sur l'espèce qui lui était soumise
et n'a pas par cela même nié le mandat tacite du
créancier averti par une autre voie.

Ajoutons que le mandat, tacitement donné par le
créancier hypothécaire à son débiteur de soutenir le
procès, ne pourrait être invoqué contre le créancier
qui prouverait l'entente frauduleuse de son débiteur
avec son adversaire. L. 5, C., *De pig. et hyp.*

§ 2. — Des mandataires conventionnels ou légaux, et des personnes représentées en vertu d'un quasi-contrat de gestion d'affaires.

Dans les actes judiciaires, comme dans les contrats, le mandant est tenu des faits accomplis par
son mandataire dans la limite des pouvoirs qu'il lui
a confiés. *Exceptio rei judicatœ*, dit la L. 4, D., *De exc.
rei judic.*, *tacite continet omnes personas quœ rem in
judicium deducere solent.*

La faculté de se faire représenter en justice par
autrui a été bien diverse aux différentes époques du
droit romain. Dans le droit primitif cette substitution
de personnes était interdite, sauf deux cas où elle
était tout à fait indispensable, *pro populo et libertatis*

causa (1). Hors ces deux cas, chacun devait agir lui-même : règle absolue et rigoureuse, bien en rapport avec le système des actions de la loi.

Mais les progrès de la civilisation et les besoins croissants de la pratique firent admettre, sous le système formulaire, que le maître de l'action était valablement représenté par un *cognitor*, constitué par lui devant le magistrat au moyen de paroles solennelles et en présence de l'adversaire (Gaïus, Comm. IV, § 83.) Ces formalités, souvent impossibles à réunir, n'étaient pas nécessaires pour constituer un *procurator*, simple mandataire constitué *solo consensu* et même par un absent. Mais la sentence rendue pour ou contre ce *procurator* n'avait pas l'autorité de la chose jugée pour ou contre le maître du litige, puisque, en principe général, le mandataire n'oblige que lui-même, sauf son recours contre son mandant. De là un double danger : si le *procurator* avait triomphé, le mandant pouvait craindre une nouvelle action; s'il avait perdu, le maître pouvait renouveler l'action. L'adversaire évitait la dernière conséquence en exigeant du *procurator* les cautions *judicatum solvi* ou *ratam rem dominum habiturum*. Encore n'avait-il alors qu'une garantie purement personnelle qui pouvait être ou devenir illusoire par suite de l'insolvabilité du *procurator*.

Dès lors tous les efforts des jurisconsultes tendirent à rapprocher de plus en plus le *procurator* du *cognitor*, de façon à réunir les avantages des deux

____

(1) D'après Justinien, il y avait deux autres exceptions, *pro tutela et ex lege Hostilia* (Inst. lib. IV, tit. x, pr.).

institutions. On assimila d'abord au *cognitor* le *pro-curator præsentis*, c'est-à-dire présenté au magistrat par le maître lui-même, puis ensuite tout *procurator* constitué *apud acta*. (Fragmenta Vaticana, § 317.) Sous Justinien on en est arrivé à donner à tout *pro-curator* les mêmes pouvoirs qu'au *cognitor*, et Tribo-nien a soin de substituer dans les Pandectes le pre-mier nom au dernier tombé en désuétude.

La loi 11, § 7, *De exc. rei judic.*, qui nous donne l'énumération des personnes qui représentent en jus-tice le maître du litige, ne contient donc plus le nom du *cognitor*. Elle mentionne le *procurator*, le tuteur, le curateur, et l'*actor municipum*.

Remarquons que les tuteurs et curateurs étaient dans l'origine assimilés aux simples procureurs et devaient fournir comme eux la caution *ratam rem...* et qu'avec cette caution un simple gérant d'affaires pouvait prendre l'initiative d'une action appartenant à autrui.

Le maître ratifiait-il la gestion d'affaires, l'action *judicati* et l'exception *rei judicatæ* étaient données contre lui. Refusait-il de ratifier, le gérant était responsable envers l'adversaire, mais le maître n'était nullement tenu et pouvait recommencer le procès. Il pouvait même le recommencer par l'intermédiaire de ce même gérant devenu son mandataire, et l'identité de personnes n'était pas reconnue entre les deux liti-ges, parce que dans le premier le gérant a agi en son propre nom, n'ayant pas mission d'agir pour le maître et que dans le second c'est le maître qui agit par son ministère. L. 25, § 2, *De exc. rei judic.*

La loi 11, § 7, *De exc.*, ajoute que du côté du défendeur, il y a une personne de plus qui a le pouvoir de le représenter en justice ; c'est le *defensor*, c'est-à-dire celui qui, sans mandat, se charge de défendre à une action intentée contre un absent. Quelques personnes le regardent comme un simple gérant d'affaires, astreint à la caution *ratam rem*....., et n'ayant qu'un pouvoir subordonné à la ratification du maître. Nous ne croyons pas que son rôle fût si humble, et nous voyons en lui un véritable représentant de la personne du maître, comme était l'ancien *cognitor*. Son institution était destinée à corriger la rigueur de l'ancienne procédure contre les absents. On sait en effet que les Romains, ignorant toutes nos formes de procédure par défaut et d'opposition, ne connaissaient qu'un seul moyen pour forcer un défendeur à comparaître : c'était d'envoyer le demandeur en possession de ses biens, sauf plus tard, si le défendeur comparaissait enfin, à les lui rendre. Mais on comprend combien cette dépossession était coûteuse et même dangereuse pour un homme qui en définitive pouvait avoir été empêché de comparaître par quelque force majeure. Un gérant d'affaires pouvait bien se présenter pour empêcher l'envoi en possession ; mais, en raison de son caractère même, il était peu probable que le demandeur consentît à agir contre lui sans exiger la caution *de rato* et pour donner cette caution, il fallait un gérant d'affaires bien dévoué. Aussi décida-t-on que la sentence contre le *defensor* produirait son effet pour ou contre le défaillant. Sans doute il était fâcheux pour ce dernier d'être obligé d'accepter la sentence rendue contre une personne en qui il n'aurait pas placé sa confiance. Mais d'une part il est hors de doute qu'en cas de collusion de la part du *defensor* il y eût eu *restitutio in integrum*, et d'autre part, cela valait toujours mieux pour lui que de voir, pour une demande peut-être minime, peut-être sans aucun fondement, tout son patrimoine entre les mains de son adversaire.

La procédure de Justinien contre les absents (L. 73, Dig., *De judiciis*) offre encore d'assez grands dangers pour l'absent pour que cette institution *du defensor* se soit maintenue.

Parmi les mandataires légaux se trouve le fils de famille, qui a un mandat général et en quelque sorte continu pour faire tout ce qui peut améliorer la condition de son père. Par conséquent, si on a revendiqué contre lui un esclave et s'il a triomphé, le même demandeur ne pourra plus revendiquer le même esclave contre le père, et on reconnaîtra entre les deux litiges l'identité de personnes. L. 11, § 8, *De exc. rei judic.*

Une instance soutenue contre un des cohéritiers ne produit l'exception *rei judicatæ* ni pour ni contre les autres cohéritiers. L. 22, *De exc. rei judic.* Ils n'ont en effet aucun mandat pour se représenter les uns les autres, et bien que les moyens de soutenir la prétention élevée par eux ou contre eux, soient, en fait, généralement les mêmes, cependant il serait inique d'empêcher l'un d'eux de faire usage d'un nouveau moyen que, plus clairvoyant que les autres, il aurait découvert, ou de présenter à sa manière ceux qui lui sont communs avec les autres. La raison de douter est que le droit à son origine était un droit

unique entre les mains de l'auteur commun ; mais
il s'est fractionné et a formé, en se fixant sur la tête
des cohéritiers, autant de droits distincts. L. 29 pr.,
Dig. *De exc. rei judic.* ; L. 2, *C.*, *Quibus res judic.*

Nous avons montré comment, après avoir agi au
nom d'autrui, on pouvait, sans avoir à craindre l'exception, agir en son propre nom. Ainsi le tuteur,
après avoir revendiqué en cette qualité, pourra revendiquer le même objet en son propre nom contre
le même possesseur. Il en serait de même, à plus forte
raison, de l'avocat qui aurait prêté le ministère de sa
parole au revendiquant. (L. 54, Dig., *De rei vind.*)
Cependant, en ce qui concerne ce dernier, la L. 32,
Dig., *De inoff. test.*, paraît, au premier abord, contenir une décision contraire : d'après cette dernière
loi, en effet, l'avocat qui, exhérédé par le testament
de son père, parle pour réclamer un legs fait par ce
testament, perd le droit d'intenter la *querela inoffi-
ciosi testamenti*.

Mais ce n'est pas par application des principes de
la chose jugée ; c'est simplement parce qu'en soute-
nant le droit d'un légataire, il reconnaît la validité
du testament, c'est un aveu qu'il passe *in jure*, et
un aveu fait en connaissance de cause, puisqu'il ne
saurait ignorer le testament sur lequel il fonde la
demande de son client.

Si nous ne prenons plus cette hypothèse spéciale,
mais celle d'une revendication quelconque, l'aveu
tacite de l'avocat n'entraînera sa déchéance que s'il
l'a fait en connaissance de cause, et il pourra arriver
qu'il n'ait eu connaissance de son propre droit
qu'après le litige. C'est la distinction que fait la loi

ci-dessus citée, 54, Dig., *De rei vind. Si postea co-
gnoverit rem ad se pertinere.*

Il n'y a pas lieu d'appliquer cette distinction au
tuteur, et on ne peut jamais lui opposer cet aveu
tacite, parce qu'il n'a pas été libre de ne pas agir, et
que l'accomplissement de son devoir ne doit pas être
tourné contre lui.

Pour rentrer dans notre sujet, nous ferons remarquer que les jurisconsultes admettaient assez facilement un mandat tacite donné par une personne à
une autre de soutenir un litige qui les intéressait
toutes deux. La loi 63 Dig., *De re judicata*, fort importante en cette matière, pose en principe que toutes
les fois que le défendeur naturel à une instance la
laisse volontairement soutenir par celui qui vient
après lui dans l'ordre des intérêts, il est censé lui
avoir donné mandat d'agir en son nom, de sorte que
la sentence à intervenir aura son effet pour et contre
les deux intéressés. Et elle applique cette décision à
plusieurs espèces : celle que nous connaissons déjà
du créancier hypothécaire qui laisse son débiteur
plaider sur la propriété de l'immeuble hypothéqué ;
celle du mari qui laisse son beau-père ou sa femme
plaider sur la propriété de l'immeuble dotal, et celle
de l'acheteur qui laisse plaider son vendeur sur la
propriété de la chose vendue. Mais pourquoi admettre dans ces cas le mandat tacite, et ne pas l'admettre
au cas de plusieurs cohéritiers ? Si l'un d'eux a connu
l'instance dirigée par ou contre son cohéritier, pourquoi ne pas supposer aussi qu'il l'a approuvé dans
sa demande ou dans sa défense ? C'est qu'il n'a pas
le pouvoir d'y intervenir et ne manifeste pas suffi-

samment son approbation par son silence, et qu'au contraire, le créancier hypothécaire, le mari et l'acheteur ont droit d'être entendus dans l'instance dont l'issue peut leur être préjudiciable.

En examinant attentivement la position respective du créancier hypothécaire et de son débiteur, du mari et de son beau-père, de l'acheteur et de son vendeur, on voit que leurs intérêts sont solidaires, en ce sens que si les derniers sont frappés, les premiers le sont nécessairement aussi, et n'ont de recours pour être rendus indemnes, qu'une action personnelle contre leurs auteurs. Et ceci nous conduit à de sérieuses difficultés qui se présentent lorsque, les personnes étant différentes, l'objet des litiges est un droit indivisible.

Supposons en effet un fils exhérédé sans juste cause dans le testament paternel qui institue deux héritiers. Il intente la *querela* contre les deux, triomphe d'un côté et succombe de l'autre. On n'aurait pu s'en tenir à la première instance, et étendre la même solution au second héritier, puisque, comme nous l'avons vu, les cohéritiers ont des droits complétement distincts les uns des autres. Mais, dirons-nous qu'il faut exécuter les deux sentences à la fois, et partager l'hérédité entre le fils et l'héritier qui a triomphé? Ce sera une violation manifeste de la règle si chère aux jurisconsultes romains, qu'on ne peut tester pour partie. Il y aura donc lieu de choisir entre ce principe et cet autre *res inter alios judicata.* Dans cette position, les jurisconsultes ont sacrifié le premier au second, et décidé que chaque sentence serait respectivement exécutée. L. 15, § 2, et L. 24, D., *De inoff. test.*

Cette décision se comprend, parce que, dans la réalité des choses, rien ne s'oppose à ce qu'une hérédité soit réglée en partie par la loi, en partie par un testament. Mais dans certains cas une impossibilité matérielle s'opposera à ce qu'une sentence rendue entre certaines personnes soit réputée non avenue à l'égard de toute autre.

Ainsi un testateur, par un fidéicommis, charge ses deux héritiers de donner la liberté à un esclave. L. 29, Dig., *De exc. rei judic*. L'esclave agit contre l'un d'eux pour faire reconnaître l'obligation où l'héritier se trouve de l'affranchir, et triomphe. Mais voici qu'avant que la sentence ne soit exécutée, l'autre héritier le revendique. Devra-t-il être écouté ? Oui, évidemment, puisque la chose jugée contre un cohéritier ne peut avoir aucune autorité contre l'autre. Et, d'un autre côté, on ne peut pas dire au second cohéritier qu'il revendique un homme en possession de la liberté, puisque l'affranchissement n'est pas encore intervenu.

Ainsi, ni les principes de la chose jugée, ni les principes protecteurs de la possession de la liberté ne nous permettent de refuser d'entendre le cohéritier, et pourtant cette nouvelle instance peut nous amener à une position sans issue. Que ferons-nous, en effet, si le second héritier triomphe ? L'esclave devra être affranchi pour moitié, puisqu'il a un droit acquis au bénéfice de la première sentence, et le second cohéritier aura droit à la moitié de sa liberté. Mais la liberté et la servitude étant toutes deux indivisibles, la position de l'esclave serait quelque chose d'incompréhensible et, comme on dit en mathématiques, d'imaginaire.

Il est donc nécessaire de faire fléchir les principes de la chose jugée. L'humanité des jurisconsultes devait le décider ainsi : la première sentence du préteur, le préteur fidéicommissaire, sera maintenue. (L. précitée et L. 30, Dig., *De lib. causa.*) Le second cohéritier sera en quelque sorte exproprié de ses droits sur l'esclave, qui se convertiront en droit à une indemnité. Et il entrera dans le devoir du juge de veiller à ce que l'esclave qui aurait succombé vis-à-vis d'un de ses copropriétaires, et qui parviendrait néanmoins à la liberté, lui paye une indemnité pécuniaire convenable.

Il en serait de même si l'un des deux cohéritiers institués, plaidant avec l'héritier ab intestat, avait succombé. Nous avons vu que, dans ce cas, il pouvait y avoir, contrairement aux principes, deux hérédités, l'une légitime, l'autre testamentaire, et l'héritier légitime n'étant obligé à aucun legs, il y aurait lieu de lui faire payer par l'affranchi, maintenu en liberté, une indemnité pécuniaire. L. 29 pr., D., *De exc. rei judic.*

De même que les cohéritiers entre eux, de même aussi les légataires ne sont ni ayant cause, ni mandataires les uns des autres. Leurs droits étant distincts, la demande de l'un peut être fondée, et celle d'un autre ne l'être pas. Aussi n'y a-t-il entre les instances successives ni d'identité d'objet, ni identité de personnes, et l'exception n'est jamais opposable, quand bien même la demande du légataire premier agissant aurait été repoussée par une raison commune à tous les autres, par exemple, la non-validité du testament. C'est ce que décide formellement la L. 1, D., *Dec<xc. rei. judic.*, dans une espèce où, la demande d'un légataire ayant été repoussée parce que le testament était *ruptum, irritum, aut non justum,* il y a lieu d'écouter la demande d'un esclave, légataire de la liberté.

Mais il faudra décider autrement si nous supposons que la première instance ait été perdue par l'héritier institué, et qu'un légataire agisse ensuite. Une institution d'héritier valable et produisant effet étant la condition nécessaire d'un testament, *caput et funda- mentum testamenti,* il suit que l'héritier, en défendant et en perdant sa cause, défend et perd celle de tous les légataires. Nous retrouvons ici des intérêts solidaires et connexes. L'héritier pouvant anéantir tous les legs par une simple répudiation, il n'est pas extraordinaire qu'il puisse les compromettre en plaidant. Si donc, dans une instance engagée contre lui, l'héritier ab intestat fait juger le testament *ruptum, irritum, in- justum* ou *inofficiosum,* les légataires de ce même tes- tament devront accepter ces décisions.

Et ils ne seront pas admis à plaider de nouveau, qu'ils aient connu ou non l'instance soutenue par l'héritier. Car ce n'est plus ici, comme plus haut, un mandat tacite qu'ils sont censés avoir donné à l'héri- tier ; c'est un mandat légal qui est attribué à l'héri- tier de plaider en leur nom.

L'intérêt propre de l'héritier est pour les légataires la meilleure garantie de la loyale et bonne exécution de ce mandat. On leur réserve de plus certaines ga- ranties, nécessaires en raison de tout mandat forcé.

Ainsi, il faut premièrement qu'il y ait jugement ; une transaction ne les obligerait pas, non plus qu'un

jugement rendu par collusion entre les parties. L. 50,
§1, D., *De legatis*; L. 17, § 1, *De inoff. test.* Ils peuvent
intervenir dans l'instance, appeler de la sentence, L. 5,
§ 1, et L. 14, § 1 *De appell.*, *et relat.*, D. Enfin ils pourraient recommencer l'instance, si elle n'avait pas été
contradictoire. L. 17, § 1, Dig., *De inoff. test.*; L. 29
pr., Dig., *eod. tit.*

La sentence rendue contre l'*heres scriptus* peut lui
être opposée par d'autres que son adversaire. La L. 6,
§ 1, *De inoff. test.*, suppose que la *querela* a été intentée par un autre que par l'héritier ab intestat; et que
l'*heres scriptus*, ayant négligé d'opposer cette fin de
non-recevoir, ait succombé. L'hérédité devra être par
lui restituée à son adversaire; puis le véritable héritier ab intestat ayant dirigé contre ce dernier une
action en pétition d'hérédité, la lui enlèvera et la gar-
dera définitivement. Si alors l'*heres scriptus* revient
à la charge contre ce troisième, pourra-t-il obtenir un
nouveau débat avec lui? Non; et la raison qu'en
donne Ulpien, c'est que, une fois qu'il a succombé,
il n'est plus question d'hérédité testamentaire; il n'y
a plus qu'à régler la succession ab intestat, à laquelle
il est parfaitement étranger. Celui qui a plaidé n'a été
qu'un gérant d'affaires, et le maître, c'est-à-dire le
veritable héritier ab intestat, ratifie sa gestion précisément par la pétition d'hérédité qu'il intente contre lui.

Ce qui prouve qu'il y a ici simple gestion d'affaire,
c'est que le véritable héritier ab intestat ne serait
nullement, dans le cas où l'*heres scriptus* aurait triomphé, obligé d'accepter la sentence, et pourrait, en
son propre nom, renouveler l'instance contre lui.

DROIT FRANÇAIS.

AVANT-PROPOS

La loi pénale a été violée par un fait qui a en même temps lésé les intérêts légitimes d'un particuculier; deux comptes se sont ouverts à la fois contre l'auteur de ce fait; une double réparation est nécessaire; d'une part, la société a le droit et le devoir de sévir contre le délit pour empêcher qu'il ne se reproduise à l'avenir, et de veiller en cela à sa propre conservation; d'autre part, comme tutrice naturelle et nécessaire des intérêts privés, elle doit aussi mettre la puissance publique en œuvre pour assurer la réparation, au moins pécuniaire, du mal souffert par un innocent.

De la nature différente de ces deux actions résultent des différences profondes dans leur exercice : elles ne sont pas confiées aux mêmes personnes : elles sont instruites chacune dans des formes particulières, elles sont appréciées par des juridictions différentes, d'après des principes propres à chacune d'elles; de plus, elles ne peuvent être exercées en même temps; en cas de concours, l'action publique doit passer la première.

1

De leur origine commune il résulte que tout en s'occupant de la réparation due à la société, la juridiction criminelle, sans sortir de sa mission, se trouve souvent amenée à résoudre des questions dont la solution importe en même temps à l'action civile.

Le juge civil, mis ensuite en présence de ces mêmes questions, peut-il se livrer à un examen personnel, exprimer sa conviction et contredire peut-être par là les solutions antérieures? Doit-il au contraire s'incliner devant la décision criminelle, faire sienne l'appréciation par elle donnée des points litigieux communs? Et dans cette dernière opinion, quand les deux décisions pourront-elles se concilier? Quand y aura-t-il contradiction et par suite usurpation du juge civil, abus de pouvoir dans sa décision?

Ces rapports si compliqués, ces nuances si délicates, ces difficultés parfois insolubles vont faire l'objet d'une étude pour laquelle nous réclamons toute l'indulgence possible.

CHAPITRE I.

DE L'AUTORITÉ, AU CIVIL, DE LA CHOSE JUGÉE AU CRIMINEL.

La question qui se présente la première, et qui domine toutes les autres, est celle de savoir si on doit accorder l'autorité de la chose jugée aux décisions criminelles et faire respecter la solution par elle donnée des points litigieux comme vérité absolue par les juges civils. Considérable par l'importance des questions accessoires qu'elle renferme, la controverse dure encore entre les criminalistes et ne paraît pas près de s'éteindre : la jurisprudence tend à assurer l'autorité de la chose jugée au criminel sur le civil, mais avec tant de distinctions et d'hésitation qu'elle ne peut être considérée comme ayant clos la discussion.

Des volumes entiers ont été écrits sur cette seule question : nous nous contenterons de poser la question et de résumer le plus succinctement possible les arguments produits de part et d'autre. Il s'agit d'une demande en réparation civile, ouverte à tout particulier lésé par un acte illitite (art. 1382 Code civil). Si la demande se présente de prime abord, libre de tout antécédent judiciaire, devant le juge civil, il est clair qu'il a le droit d'apprécier souverainement l'acte qui lui est déféré; non-seulement sous le rapport du dommage qu'il a pu causer au particulier demandeur, ce qui rentre complétement dans ses attributions de juge civil, mais encore au point de vue de son immoralité plus ou moins grande, ce qui rigoureusement excède sa compétence et rentre dans celle du juge criminel. Car on ne peut dire d'avance le caractère que les débats imprimeront au fait illicite. Voilà un homme qui, conduisant sa voiture, en a blessé un autre; et le blessé demande à être indemnisé. Le juge aura tout d'abord à voir si ce n'est pas là un de ces accidents inévitables, un de ces cas de force majeure dont personne ne peut être responsable; c'est au défendeur à en fournir la preuve, et s'il y parvient il n'y aura, en l'absence de tout acte illicite, aucune réparation civile. Mais si ce cas de force majeure n'est pas prouvé, il y aura nécessairement faute. Ainsi, sans qu'on puisse relever à la charge du défendeur telle ou telle grave imprudence, il avait, lors de l'accident, des chevaux trop fringants, un cocher trop faible, une voiture trop lourde, des harnais trop larges, etc., etc. Une fois que l'accident n'est pas arrivé par force majeure, son auteur n'est jamais complétement irréprochable, et il a à sa charge une ou plusieurs de ces fautes légères qui n'engagent que sa responsabilité pécuniaire. C'est là la faute de l'art. 1382, le quasi-délit, le délit civil; c'est une affaire purement privée, à débattre entre particuliers, et par-devant le juge civil.

Mais il peut arriver qu'en cherchant à former sa conviction sur la question de force majeure ou de faute civile, le juge trouve autre chose que ce qu'il cherchait. Ainsi il sera prouvé que la voiture n'était pas éclairée, contrairement aux règlements de police; que le cocher était un enfant hors d'état de maintenir des chevaux, ou qu'il était ivre; ou que les chevaux étaient indomptés; et il y aura délit, aux termes des art. 319 et 320 Code pénal. Ou bien il peut résulter des débats qu'il n'y a pas eu, comme on le croyait d'abord, un simple accident, que l'occasion a été combinée et cherchée par l'auteur du fait en haine de la victime, ce qui constituerait un crime.

Sans doute les dommages-intérêts n'en sont pas moins dus : mais on peut trouver extraordinaire que la connaissance du délit découvert ne soit pas renvoyée à la juridiction instituée précisément pour en connaître : le juge civil, arrivé dans ses investigations à un fait excédant sa compétence, devrait rigoureusement être désaisi. Il paraîtrait y avoir lieu de renvoyer, soit devant le tribunal de simple police, de police correctionnelle, devant le Cour d'assises, ou tout au moins devant une juridiction d'instruction, de peur de constater un fait délictueux resté impuni.

On n'a pas jugé qu'il dût en être ainsi; on a considéré que l'hypothèse contraire se produisait devant la juridiction criminelle, qu'il était peu de délits qui ne supposassent résolue une question purement civile; que notamment tout vol supposait résolue la question de propriété de l'objet volé; et qu'obliger chacune des deux juridictions à renvoyer devant l'autre sur la prétention parfois la moins fondée, serait constituer un va et vient continuel des plus préjudiciables à la bonne administration de la justice et offrir à la mauvaise foi des détours et des délais sans fin. Aussi est-il incontesté dans la doctrine et la jurisprudence que si la question criminelle se présente au juge civil comme accessoire d'une autre soumise à sa juridiction, il n'est pas incapable de la résoudre et de tirer même de sa solution toutes les conséquences qui résulteraient d'une décision criminelle.

Nous citerons, comme une confirmation éclatante de ce système, un arrêt de la Cour de Douai, du 22 janvier 1859, rendu dans les circonstances suivantes. Un ouvrier avait été blessé dans l'usine où il travaillait, par suite d'une mauvaise disposition de machines, imputable au fabricant. Il fut soigné dans les premiers temps aux frais de son patron, rentra même quelque temps dans l'usine, s'abstint de toute plainte et demande de dommages-intérêts, et ce ne fut que plus de trois ans après l'accident qu'il demanda à être indemnisé du préjudice considérable qu'il avait éprouvé. Il le fut en première instance; mais, en appel, le fabricant opposa une fin de non-recevoir, fondée sur ce que l'imprudence commise par lui-même était assez grave pour constituer un délit aux termes de l'art. 320 du Code pénal, et que par conséquent l'action civile en résultant était prescrite. (Art. 2 et 638 C. inst. crim.) Le second point ne faisait pas difficulté, la Cour de Douai déclara qu'en effet il y avait eu délit, et ne put admettre

l'ouvrier à la preuve du dommage par lui éprouvé.
(Jur. de la Cour imp. de Douai, t. XVII, p. 19. —
C. cass. 7 juillet 1856 (P. 1857, p. 360.)

La difficulté commence si nous supposons qu'avant
l'instance civile il y avait eu déjà une instance
et une décision criminelle sur les mêmes faits délictueux sur lesquels s'appuie la demande en réparation
civile, ou, ce qui revient au même, si, après l'instance
civile, mais avant le jugement, l'introduction d'une
instance criminelle est venue tout suspendre, conformément à l'art. 3 C. instr. crim. Par exemple, pour
reprendre l'exemple cité plus haut, il existe un jugement correctionnel, non frappé d'opposition ni
d'appel, qui a condamné le propriétaire de la voiture
à des peines correctionnelles pour blessures faites par
imprudence ou inobservation des règlements. Le
juge civil pourra sans doute refuser toute indemnité
en disant qu'aucun dommage appréciable n'a été
causé à la victime de cette imprudence; mais pourra-t-il en refuser en niant cette imprudence même,
parce que, par exemple, l'accident serait dû à
la faute de la victime? Conservera-t-il son omnipotence dans l'appréciation de tous les faits illicites à
lui soumis, et devra-t-il juger uniquement selon sa
conscience? Ou bien devra-t-il s'incliner devant la
décision criminelle, et la prendre pour base de la
sienne propre? En d'autres termes, l'autorité de la
chose jugée s'étendra-t-elle du criminel sur le civil?

La règle générale est l'indépendance du juge; ce
n'est que par exception qu'il doit consulter et se borner à appliquer une décision antérieure; c'est donc
à ceux qui admettent l'autorité de la sentence cri-

minelle à l'établir, et le doute devra être interprété contre eux. Ils se fondent sur les textes suivants :

1° L'art. 1351 du Code civil ;

2° Les art. 252 et 198 du Code civil, 359 et 463 C. inst. crim. ;

3° Les art. 3 du C. inst. crim.; 327 et 235 du Code civil, 182 du Code forestier, et le caractère de question préjudicielle qu'ils imprimeraient à l'action publique. ;

4° Ils insistent surtout sur les résultats déplorables de la doctrine opposée. Examinons succesivement chacun de ces arguments.

I. Art. 1351 C. civil. Les trois identités exigées par cet article se rencontrent-elles dans notre espèce? On l'affirme, et Merlin a entrepris de le démontrer pour chacune d'elles. L'identité de personnes, a-t-on dit, ne peut être contestée, puisque d'un côté c'est une seule et même personne, l'auteur du délit, dans les deux instances, et que de l'autre le particulier lésé qui figure dans la seconde, a été représenté dans la première par le ministère public. Celui-ci en effet poursuit les crimes et délits au nom de la société tout entière, et chaque citoyen doit être réputé son ayant cause. Lorsque devant le tribunal correctionnel, le prévenu a été appelé à se défendre de l'imprudence à lui imputée, il a trouvé devant lui le ministère public, son « contradicteur légal » ou si l'on aime mieux, agissant en vertu d'un mandat donné par tous les intéressés. Donc, ajoute-t-on, personne n'est admis à soutenir que ce qui a été jugé pour ou contre le ministère public n'est pas jugé pour ou contre lui-même, sans qu'il y ait lieu de distinguer s'il y a eu ou non constitution de partie civile .

Mais on répond que le ministère public est bien mandataire de tous sans exception, mais non pas mandataire général, *per omnia* ; qu'il est mandataire spécial pour la répression des crimes et délits, sans aucune espèce de pouvoir pour ce qui touche aux intérêts privés. L'exercice de ces derniers reste entièrement aux intéressés ; le ministère public ne saurait rien obtenir pour eux, lorsqu'ils gardent le silence ; comment pourrait-il .dès lors comprometttre en quelque façon leurs droits? On trouvera même plus loin, p. 58, un arrêt qui a jugé avec beaucoup de raison que le ministère public, poursuivant la condamnation aux frais du procès n'est que le mandataire, l'agent particulier du Trésor public, et a parfaitement exprimé la distinction que nous venons d'indiquer.

« Le ministère public, dit Toullier, t. X, n° 247,
» ne peut avoir aucun mandat pour agir dans le nom
» de la partie lésée par un délit; il ne peut exer-
» cer ses droits ou des droits semblables; il n'a
» aucun intérêt dans la demande d'une somme d'ar-
» gent pour réparation du dommage particulier causé
» par un délit.

» D'un autre côté, la partie lésée n'a pas d'intérêt
» dans l'application de la peine requise par le mi-
» nistère public pour la punition du délit. La loi lui
» défend de demander l'application de cette peine,
» comme elle défend au ministère public de requé-
» rir la réparation du dommage souffert par un par-
» ticulier.

» Ainsi le ministère public n'agissant et ne pou-
» vant agir pour la personne lésée par un délit ni
» dans l'action publique ni dans l'action privée, il
» est évident qu'il ne peut la représenter dans le pro-
» cès criminel. Etrange représentant que celui qui
» n'a point, et qui ne peut pas même recevoir le
» mandat du représenté, ni prendre de conclusions
» pour lui! » Il est certain que tant que le ministère
public reste dans ses fonctions ordinaires, et que
nous ne faisons pas intervenir l'idée d'un mandat spécial, d'une attribution exceptionnelle, son rôle et
celui de la partie lésée restent distincts et qu'on ne
saurait par conséquent admettre aucune représentation de la seconde par le premier.

L'identité de cause est-elle plus certaine? L'une et
l'autre action prennent leur source dans le même
fait matériel; c'est en effet incontestablement l'accident survenu qui a produit en même temps ces deux
actions en réparation, l'une pour le compte de la
société, l'autre pour celui de la victime. Ce fait
unique est, il est vrai, considéré dans les deux instances à des points de vue tout à fait différents : le
juge criminel a constaté le trouble que tout délit
peut, par cela seul qu'il est délit, jeter dans la société,
et a sévi pour en empêcher la reproduction dans
l'avenir : le juge civil considère s'il y a eu dommage
causé par une faute quelconque, mais l'action de
l'une et de l'autre juridiction sollicitée par un même
fait matériel procèdent de la même cause; celle-ci
réunit deux caractères, dont l'un, le caractère délictueux, engendre l'action publique, et l'autre, le
caractère simplement dommageable, engendre l'ac-

tion privée: ils se distinguent bien l'un de l'autre; il peut très-bien se faire que l'un de ces éléments soit jugé ne pas exister et que l'autre ne soit pas contesté; mais leur réunion dans un même fait, dont la négation les anéantirait tous deux, fait que nous admettons l'identité de cause entre les deux instances.

Du reste cela nous importe peu ; car il nous paraît évident que l'identité d'objet ne peut même être soutenue. On a prétendu qu'il s'agissait toujours dans les deux instances de la réparation du délit commis. Mais la réparation demandée d'un côté et d'autre est tellement différente, que pour soutenir l'identité d'objet il faut avoir recours à des artifices de langage bien subtils. Il nous semble impossible de voir le même objet dans deux instances, dont l'une aura toujours pour but de me faire donner de l'argent à un particulier que j'ai lésé, et dont l'autre peut me faire infliger des peines corporelles, fort graves peut-être.

Enfin, les trois identités se rencontreraient dans notre espèce, que nous répugnerions encore à appliquer l'art. 1351. C'est en effet une disposition du Code civil, applicable aux intérêts civils seulement, et nous le croyons précisément en raison de la sévérité des conditions auxquelles il subordonne l'autorité de la chose jugée. Car toutes les fois que les deux jugements émaneront de juridictions aussi dissemblables que la juridiction criminelle et la juridiction civile, il y aura nécessairement défaut d'une au moins des trois identités, et il n'a pu entrer dans la pensée du législateur d'édicter une règle sans application possible. Aucun texte ne peut nous faire penser qu'elle s'applique en dehors des instances purement civiles; au contraire, l'art. 360 C. inst. crim. qui, lui, suppose au contraire deux instances criminelles, est la preuve que le législateur a cru impossible, après une instance criminelle, d'exiger les trois identités; car dans ces matières d'intérêt général où il fallait être plus difficile qu'ailleurs sur les conditions de l'autorité de la chose jugée, il n'exige qu'une identité, l'identité de cause : le même fait.

Ainsi et pour deux raisons péremptoires, nous écartons du débat l'art. 1351, ne croyant pas qu'on puisse s'appuyer sur lui pour contester l'indépendance absolue du juge civil.

II. Nous écarterons également du débat l'art. 232 du C. civil, d'après lequel la condamnation de l'un des époux à une peine infamante est pour l'autre époux une cause de divorce. Si le législateur avait rattaché la cause de divorce à telle ou telle action honteuse commise par l'un des époux, on pourrait se demander si la condamnation criminelle forme au civil preuve suffisante qu'elle ait été commise, et la question de l'autorité du jugement criminel sur le civil se présenterait. Mais il n'a eu en vue qu'un fait qui ne comporte pas de discussion, le fait de la condamnation. Que la sentence soit juste ou injuste, elle n'en existe pas moins, et il ne reste au juge civil qu'à en appliquer la conséquence. Il est bien vrai qu'en définitive le juge civil subit l'effet de la sentence criminelle, mais ce n'est qu'indirectement et en passant par l'intermédiaire de l'état d'indignité créé par la sentence.

L'art. 463 C. inst. crim. porte que « lorsque des
» actes authentiques auront été déclarés faux en tout
» ou en partie, la cour où le tribunal qui aura connu
» du faux ordonnera qu'ils soient rétablis, rayés ou
» réformés, et du tout il sera dressé procès-verbal. »
Il semble résulter de là que l'autorité de la décision
criminelle est absolue et opposable à tous, puisqu'on
met les actes qu'elle a jugés faux dans un état matériel tel qu'ils ne pourront servir à personne, du
moins dans leur état primitif. Mais M. Faustin-Hélie,
t. III, n° 202, fait observer, « 1° que cette disposition
» ne s'applique qu'aux actes authentiques, parce
» que le seul but du législateur a été qu'on ne pût
» délivrer expédition de ces actes après qu'un arrêt
» les aurait déclarés entachés de faux ; 2° que l'ar-
» ticle ne porte point que les actes seront *lacérés*,
» ou *supprimés*, mais qu'ils seront *rayés*, *réta-
» blis* ou *réformés*....... C'est une mesure conserva-
» toire, destinée à prévenir les effets du faux, sans
» nuire aux droits des parties. Si les parties étaient
» présentes, ce n'est pas la radiation seulement,
» c'est la lacération ou la supression de l'acte qui
» serait prescrite ; l'art. 241 du C. de pr. civ. con-
». tient un exemple formel de cette distinction. »
Nous discuterons plus loin cette question qui est bien
obscure ; pour le moment, constatons que nous ne
pouvons tirer de l'article aucune lumière.

L'art. 359 C. inst. crim. semble décider la question ;
car il permet à l'accusé de demander des dommages-
intérêts contre son dénonciateur, en cas d'acquittement, et la première pensée qui vient à l'esprit est
que dans ce débat subsidiaire, il ne sera pas permis

de remettre en question l'innocence de l'acquitté et
que la discussion portera uniquement sur la bonne
ou mauvaise foi du dénonciateur. Pourtant l'article
ne s'explique pas expressément sur ce point, et
M. Faustin-Hélie, *loc. cit.*, le conteste formellement,
disant que « l'article ne porte point que cette con-
» damnation pourra être portée sans que celui-ci soit
» appelé à *discuter les faits* et à se défendre. »

Aux termes de l'art. 198 C. civ., « lorsque la
» preuve d'une célébration légale du mariage se
» trouve acquise par le résultat d'une procédure cri-
» minelle, l'inscription du jugement sur le registre
» de l'état civil assure au mariage, à compter du jour
» de la célébration, tous les effets civils, etc. »
Cela serait décisif, s'il était certain qu'il s'agît là de
tout jugement criminel, et non pas seulement de
celui dans lequel les parties intéressées se sont constituées parties civiles. Si cette distinction n'est pas
exprimée dans le texte cité, elle n'est pas non plus
expressément repoussée. Faustin-Hélie, *loc. cit.*

Nous n'insistons pas sur ces textes, parce qu'ils
prêtent eux-mêmes à controverse et n'ont rien de
formel. Il y aura lieu, au contraire, de les éclairer
par les principes que nous aurons puisés ailleurs, et
nous chercherons une base plus solide à la discussion.

III. Art. 3 du Code d'inst. crim. Aux termes de
cet article, l'exercice de l'action civile, intentée séparément devant la juridiction civile, « est suspendu
» tant qu'il n'a pas été prononcé définitivement sur
» l'action publique intentée avant ou pendant la
» poursuite de l'action civile. » Or, dans quel but
ce sursis est-il imposé par la loi ? Suivant les parti-

sans de l'autorité de la chose jugée au criminel sur le civil, cette disposition suppose nécessairement cette autorité ; la juridiction civile serait obligée de surseoir afin d'éviter tout conflit entre les deux juridictions, toute chance de décisions contradictoires ; ils font observer que c'est là la première interprétation qui se présente à l'esprit, et que si en général, comme on l'a dit souvent, cette interprétation est la meilleure, cela est surtout vrai pour les dispositions criminelles, qui doivent être claires et accessibles à tous.

M. Faustin-Hélie conteste cette interprétation. Selon lui la disposition de l'art. 3 s'explique sans admettre l'autorité de la décision criminelle à intervenir. « La loi a voulu, » dit-il, « que les lumières plus » abondantes qui pourraient jaillir de l'instruction » criminelle pussent servir à éclairer l'instance ci- » vile, elle a voulu que les deux juridictions ne pus- » sent juger à l'insu l'une de l'autre et tomber in- » volontairement dans des sentences contradictoires; » elle a voulu peut-être encore prévenir l'influence » que le jugement civil aurait pu exercer sur la ju- » ridiction criminelle. »

Sans doute l'importance de l'intérêt social qui est en jeu devant la juridiction criminelle commande une plus grande attention et une recherche plus soigneuse de la vérité; sans doute aussi aucune dépense n'est épargnée pour prouver devant elle des faits qui devant la juridiction civile seraient souvent laissés dans l'ombre, à cause de la modicité de l'intérêt pécuniaire engagé. Mais nous ne pensons pas que ce soit cette considération qui ait guidé le législateur.

Dans l'instance civile, la preuve est à la charge du demandeur, et s'il ne veut ou ne peut prouver clairement le bien fondé de sa demande, il succombera. Et si le jugement criminel devait rester sans influence sur le civil, nous ne voyons pas pourquoi la loi aurait imposé ce sursis nécessaire. En effet, de deux choses l'une ; ou bien le demandeur est en mesure de faire sa preuve, le juge civil est suffisamment éclairé, et alors le sursis est inutile et même préjudiciable au demandeur, forcé d'attendre peut-être bien longtemps le payement de l'indemnité. Ou bien, en raison de la pauvreté, de l'incapacité du particulier lésé, il est à désirer qu'il ait le ministère public pour auxiliaire dans une partie de la lutte qu'il soutient contre un adversaire puissant et habile : ce n'est que dans ce cas que le sursis pourrait présenter l'utilité que lui assigne M. Faustin-Hélie. Mais le secours imaginé par le législateur serait bien faible et favoriserait bien peu le particulier lésé, s'il devait, après le jugement criminel, discuter une seconde fois la même question devant le juge civil. Sa position ne sera vraiment rendue meilleure par le sursis, que si sa preuve est toute faite, une fois pour toutes, devant le juge criminel ; ce n'est que dans ces conditions qu'il aura vraiment une compensation au retard de l'indemnité, et nous ne trouvons pas dans ce premier motif une raison suffisante pour expliquer l'art. 3.

« La loi, » dit-on en second lieu, « a voulu que les » deux juridictions ne pussent juger à l'insu l'une de » l'autre et tomber involontairement dans des sen-» tences contradictoires. » Sans doute il est bon qu'il n'en soit pas ainsi : il entre dans les convenan-ces sociales que les deux juridictions qui ont à juger une même question, soient averties; le défendeur ne doit pas être contraint de répondre sur le même fait de deux côtés à la fois: ce serait une chose bien fâcheuse qu'une contradiction involontaire entre deux organes de la vérité judiciaire.

Mais le remède qu'apporterait au mal un simple sursis est-il bien suffisant? Et si la contradiction involontaire était la seule à laquelle le législateur eût pensé en écrivant l'art. 3, ne nous semblerait-il pas s'être arrêté à moitié de sa tâche? Sans doute sa disposition serait encore bonne, mais pourquoi limiter arbitrairement son étendue, et lui prêter une timidité singulière? La contradiction volontaire est aussi fâcheuse que la contradiction involontaire; bien plus, l'effet produit sur le public sera encore plus funeste dans le premier cas ; car si deux sentences judiciaires, qui par accident se sont trouvées contradictoires, sont de nature à diminuer le respect dont il faut entourer la justice, comment pourrait-il ne pas disparaître entièrement lorsqu'on verrait deux juridictions se mettre ouvertement en lutte? Et dans tout ce qui touche à la justice criminelle, il faut tenir grand compte de l'opinion publique, puisqu'agir sur cette opinion est précisément un des grands buts de l'établissement des peines.

Le troisième motif (prévenir l'influence que le jugement civil aurait pu avoir sur la juridiction criminelle), assigné à l'art. 3, a été proposé par l'éminent Boitard. D'après lui, si la loi veut que l'instance civile soit suspendue, c'est parce que si l'action civile continuait à marcher, si le tribunal civil rendait une décision, cette décision pourrait exercer une influence morale sur les juges ou jurés saisis de l'action criminelle. Il est clair qu'il ne peut être ici question d'une influence légale ni même légitime et raisonnable ; car si la solution de la question pénale peut avoir influence sur la question de dommages-intérets, c'est que, une fois qu'il y a délit criminel, il y a toujours nécessairement délit civil ; mais la réciproque n'est pas vraie ; les dommages-intérêts accordés par le juge civil ne supposent qu'un délit civil, et la question pénale ne pouvant être ni vidée ni posée par le juge civil, il n'y a pas lieu de surseoir à sa décision de peur qu'elle n'affecte l'indépendance du juge criminel ; il n'y aurait du moins pas lieu si chaque juridiction se rendait toujours un compte bien exact de sa mission ; mais Boitard a bien raison de compter avec la faiblesse humaine, et nous reconnaissons qu'il pourra se produire, surtout chez des magistrats temporaires comme les jurés, un de ces préjugés sans raison qu'il est parfois bien difficile de combattre. Mais deux raisons nous paraissent diminuer beaucoup le danger : la première, c'est qu'envoyer un homme en prison, aux travaux forcés, à l'échafand, sera toujours chose fort différente que de lui faire donner de l'argent à un autre à qui il en a fait perdre ; il y a entre ces deux choses une différence qui sera toujours sentie, et de tout le monde ; et même pour l'amende (que du reste les tribunaux ont seuls à infliger), c'est-à-dire pour faire donner de l'argent à l'État qui n'en a pas besoin et n'a éprouvé aucun dommage, on y regardera de plus près que

pour faire réparer le mal éprouvé par un particulier.
La seconde raison, c'est qu'il est naturel et instinctif
à tout homme qu'on appelle à juger une question
de croire à la liberté de son appréciation, et il existe
même beaucoup d'esprits ainsi faits qu'au lieu de se
laisser influencer par une décision antérieure, ils
seront portés à la critiquer. Ainsi réduit, le danger
signalé par Boitard n'est pas certainement assez
sérieux pour que le but de l'art. 3 ait été de
l'éviter.

La disposition de cet art. 3 nous semble donc
difficile à justifier sans admettre l'autorité contestée,
et nous arrivons ici au principal argument des partisans de cette autorité. Il consiste à prétendre que
l'action publique est préjudicielle à l'action privée,
ce qui, une fois admis, résout notre question, parce
qu'il est évidemment de l'essence même des actions
préjudicielles d'avoir autorité sur l'instance dont elles
dépendent. Pour démontrer ce caractère de préjudicialité, on rapproche de notre espèce ce qui se passe
lorsque c'est, à l'inverse, une question de droit civil
qui se présente devant le tribunal criminel. Il s'agit,
par exemple, d'une coupe de bois qu'on prétend
avoir été indûment faite dans une forêt, et le prévenu se défend en alléguant qu'il est propriétaire de la
portion de forêt dans laquelle la coupe a été faite :
ce prévenu peut être un voisin, un adjudicataire d'une
partie de la forêt, et il peut y avoir des questions
très-délicates a trancher : le juge criminel va se trouver dessaisi, et devra renvoyer devant le juge compétent pour connaître de cette question préjudicielle.
Et lorsqu'elle aura été résolue par qui de droit, le

juge criminel ne pourra plus que s'incliner devant la décision du juge civil, et condamner ou absoudre en conséquence. Si donc cela n'est contesté par personne, pourquoi, lorsque c'est la juridiction civile qui est dessaisie provisoirement par la position d'une question pénale, ne serait-elle pas de même liée par la décision de la juridiction criminelle, qui est, elle aussi, souveraine dans la sphère qui lui est dévolue? Il y a entre les deux cas une analogie frappante qui conduit à attribuer à toute question préjudicielle une vérité absolue, imposée aux juges de la question primitive et principale, que le renvoi ait lieu de l'une ou de l'autre juridiction, et qui, une fois admise, trancherait la question que nous étudions en ce moment.

Mais la théorie des questions civiles, préjudicielles à un jugement criminel, est loin d'être bien établie; presque tous les délits supposent vidée une question ressortissant des tribunaux civils, et notamment tous ceux qui consistent dans des atteintes à la propriété supposent nécessairement l'attribution de la propriété à un autre qu'au prévenu; et, d'un autre côté, celui-ci doit pouvoir invoquer pour sa défense toutes les exceptions qu'il lui convient. Si donc toute exception de droit civil, par lui invoquée, devait aboutir au renvoi devant le tribunal civil, il en résulterait des lenteurs interminables dans la punition des délits. Ainsi, de même que nous avons vu plus haut, p. 5, que le juge civil n'était pas absolument incompétent pour appliquer les conséquences d'un délit qui se présente à lui, de même le juge criminel peut souvent résoudre les questions de droit civil, accessoires à une question pénale; il y a lieu de déterminer dans quels cas la question civile soulevée devant lui est simplement accessoire et rentre dans sa compétence, et dans quels autres elle est de telle nature qu'elle doive le dessaisir et former une vraie question préjudicielle.

La limite est arbitraire et assez difficile à tracer; la difficulté se complique encore par la diversité des moyens de preuve admis devant l'une ou l'autre juridiction : il faut éviter qu'on ne prenne quelquefois la voie criminelle pour faire décider accessoirement une question civile par la preuve testimoniale; et encore par cette considération que dans les juridictions criminelles le partage est interprété en faveur de l'accusé, disposition qu'on ne comprendrait pas dans une contestation civile.

Les seuls documents législatifs sur ces sortes de questions sont les art. 327 du Code civil et 182 du Code forestier, et l'expression de question préjudicielle ne se trouve même que dans le dernier. Ce n'est que dans les cas, assez rares, où se trouve soulevée une question d'état, de propriété immobilière, ou quelques autres toutes spéciales, comme en matière de contributions indirectes (L. 28 vent. an XII, tit. V, art. 88), que le juge criminel se trouve incompétent et que, par suite, comme on dit, le civil tient le criminel en état. Sur le caractère de ces renvois, sur le mode de preuve admissible en tel et tel cas, nous trouvons des réflexions très-justes dans une note que la Cour de cassation a cru devoir publier, pour servir de guide à la jurisprudence, et exprimant l'opinion commune de tous les membres qui la composaient et celle de Merlin. Dans cette note, qui porte

la date du 12 novembre 1813, nous trouvons af-
firmées les maximes suivantes :

« Il ne peut être prononcé que par les tribunaux
» civils sur l'existence, la validité et l'exécution des
» contrats dont la violation ne peut entraîner que
» des condamnations civiles. »

« Les tribunaux criminels peuvent et doivent con-
» naître des contrats dont la violation rentre dans
» l'application de l'art. 408 du Code pénal (louage,
» dépôt, mandat, nantissement, etc.),...........
» ...... il est de principe que tout juge compétent
» pour statuer sur un procès dont il est saisi, l'est,
» par là même, pour statuer sur les questions qui
» s'élèvent incidemment dans ce procès, quoique
» d'ailleurs ces questions fussent hors de sa compé-
» tence, si elles lui étaient proposées principa-
» lement; L. 3 Code *De judiciis. Quoties quæstio*
» *status bonorum disceptationi occurrit nihil prohibet,*
» *quominus apud eum, qui alioquin super causa status*
» *cognoscere non possit, disceptatio terminetur;* L. 1
» Code *De ord. cognit. Pertinet enim ad officium*
» *judicis qui de hæreditate cognoscit, universam inci-*
» *dentem quæstionem, quæ in judicium devocatur*
» *examinare, quoniam non de ea, sed de hæreditate*
» *pronuntiat.* Il faut une disposition formelle de la
» loi pour ne pas faire application de ce principe; la
» preuve du délit ne pouvant pas être séparée de
» celle de la convention, la compétence sur le délit
» qui forme l'action principale entraîne nécessai-
» rement la compétence sur le contrat dont la déné-
» gation n'est que l'exception à cette action. » Puis
la note passe en revue les différentes espèces qui

peuvent se présenter (1). Quoique fort longue, elle
est aujourd'hui, eu égard aux progrès survenus dans
la doctrine et la jurisprudence, vraiment incomplète;
les principes seuls n'ont pas vieilli.

Ainsi, dans l'opinion de la Cour, lorsqu'il y a
renvoi de la question préjudicielle, c'est une exception à l'ordre normal des juridictions qui veut que
le juge d'une action soit compétent pour tout ce qui
s'y rattache accessoirement; mais comme ce principe
n'est lui-même qu'une exception à l'ordre plus général qui distribue les affaires de diverse nature aux différentes juridictions, l'exception à l'exception constitue en réalité un retour à la règle générale. Ce qui
importe à notre sujet, c'est de remarquer la manière
dont la question est posée : une question est préjudicielle dès que sa solution doit nécessairement précé-
der celle de la question principale (*præ, judicare*); en
principe, le juge de cette dernière reste ompétenct;
mais, par exception, il doit surseoir et renvoyer
dans certaines hypothèses dont le caractère commun
n'est pas bien déterminé, sur le nombre et l'étendue
desquelles la controverse se donne large carrière.

Si maintenant nous renversons l'hypothèse, supposant la question principale, primitive devant le
juge civil, les mêmes maximes seront applicables;
mais les controverses n'auront plus raison d'être,
car il existe un texte qui décide formellement que
par cela seul que l'action publique est intentée par
qui de droit, il y a toujours lieu à surseoir : l'exception qui dans le csa précédent ne comprenait guère
que les questions d'état et de propriété immobilière

(1) Elle est rapportée tout entière par Mangin (t. I, *in fine*).

est dans celui-ci beaucoup plus large, et comprend toutes les actions publiques qui peuvent être intentées; il est donc clair, dit-on, que la juridiction criminelle, dessaisie par la position d'une question d'état ou de propriété immobilière, et la juridiction civile, dessaisie par une action publique quelconque, sont dans la même position; une même expression s'applique à toutes deux, l'une des juridictions *tient* l'autre *en état* : l'assimilation est parfaite, et si on ne doute pas que la juridiction criminelle ne soit liée par la décision de la question préjudicielle civile, on ne saurait comprendre que la juridiction civile, de son côté, ne fût pas liée par la décision de la question préjudicielle criminelle.

Nous nous appuyons sur ces considérations pour repousser la distinction qu'un illustre criminaliste a voulu établir entre les deux questions préjudicielles que nous rapprochons. « Il nous semble, dit-il, qu'on
» fait ici la plus étrange confusion. On confond un
» simple sursis avec une action préjudicielle. L'ar-
» ticle 3 suspend l'exercice de l'action civile, mais
» il ne dépouille sous aucun rapport la juridiction
» qui en est saisie : celle-ci demeure compétente
» pour statuer sur tous les faits qui sont la base de
» l'action. La question préjudicielle, au contraire,
» quand elle est renvoyée par la juridiction répres-
» sive devant les tribunaux civils, dépouille cette
» juridiction du jugement de cette question; c'est
» un élément du délit qu'il ne lui appartient pas
» d'apprécier; il faut qu'elle accepte comme chose
» jugée l'appréciation qui en est faite par le juge
» compétent. La juridiction criminelle est incom-

» pétente pour statuer sur une question ; elle est
» donc contrainte de recourir aux juges compétents
» et de reconnaître force à leur jugement. Mais la
» juridiction civile est compétente pour statuer sur
» la question des dommages-intérêts ; elle n'est
» donc point contrainte d'accepter la décision du
» juge criminel sur un élément quelconque de cette
» question. Toutes les deux sont momentanément
» dessaisies, et là est l'unique rapport de leur situa-
» tion ; mais le juge civil ne fait que surseoir à son
» jugement sans aliéner aucune de ses attributions ;
» le juge criminel, au contraire, surseoit pour ren-
» voyer à un autre juge la décision d'une portion
» des questions qui lui sont soumises. » A notre avis,
le législateur a voulu et a dû nécessairement vouloir
tenir la balance égale entre les deux juridictions ;
chacune est souveraine dans sa sphère d'action, et
de plus, une fois saisie d'une question qui y est com-
prise, elle est juge souveraine aussi de toutes les
questions accessoires qui s'y rattachent, même de
celles qui rentrent dans le domaine de l'autre, sauf
pourtant certains cas où elles sont obligées de se
renvoyer l'une à l'autre la solution d'une question
incidente. La première pensée qui vient à l'esprit
est que celle qui est dessaisie ne l'est que par suite
de son incompétence. Faut-il croire pourtant que la
juridiction criminelle seule soit incompétente sur la
question renvoyée, et que la juridiction civile,
plus favorisée, soit dessaisie, en pleine compétence,
pour certains motifs qu'il est difficile de trouver ?
C'est une pure allégation dénuée de preuves ; une
équivoque seule lui donne naissance, résultant de ce

que la juridiction criminelle *renvoie* et que la juridiction civile *surseoit*. Mais cette différence dans les
termes vient de la nature des choses : le tribunal
criminel, rencontrant une question d'état ou de
propriété immobilière, ne peut pas se borner à surseoir; il faut bien, pour arriver à une solution, qu'il
renvoie devant le tribunal civil pour le saisir : au contraire, le tribunal civil, quand il se trouve dessaisi,
ne l'est précisément que parce que l'autre juridiction
est saisie; il n'y a donc plus lieu à aucun *renvoi*, il
n'y a lieu qu'à un *sursis*. Cette différence dans les
termes ne correspond donc à aucune différence dans
la compétence.

Et même s'il y a quelque différence dans l'étendue
de la compétence d'une des juridictions à travers le
domaine de l'autre, il nous semble que la juridiction
criminelle a été l'objet de la préférence du législateur.
Les formes plus protectrices, la solennité du débat,
l'attention publique surexcitée présentent des garanties telles que ce n'est que dans *deux cas* assez rares
que son omnipotence s'arrête, tandis que la juridiction civile doit *dans tous les cas* s'effacer devant le
débat public. On comprend que le nombre des cas
de sursis soit plus ou moins grand ; nous ne compre-
nons pas de différence, une fois que le sursis a été
ordonné par le législateur, dans la source d'où il
émane, et par suite dans le dessaisissement du juge
qui surseoit : il ne peut avoir pour cause que l'incompétence, et le dessaisissement, étant complet de sa
nature, ne présente pas de degrés.

On a contesté sous un autre rapport l'analogie des
deux situations rapprochées, en disant qu'une ana-

lyse scrupuleuse montrait dans ce terme, question préjudicielle, deux sens distincts : que tantôt il signifiait *action incidente, sans laquelle la question principale ne saurait être résolue ;* et tantôt *action incidente, qui doit, à cause de certaines considérations d'importance ou d'urgence, être jugée avant la question principale, mais qui n'est pas indispensable à cette dernière.* Lorsqu'en effet le renvoi se fait du criminel au civil, la question civile d'état ou de propriété immobilière est préjudicielle à celle du délit, c'est-à-dire *à juger avant*, par cette raison que résolue dans certain sens, elle ne laissera plus subsister le délit. Je suis prévenu d'avoir fait une coupe de bois sur le terrain voisin du mien. Je me défends en revendiquant la propriété du terrain ; la question sera préjudicielle, parce que si je suis reconnu propriétaire, le délit s'évanouira. Voilà, dit-on, la véritable action préjudicielle. Mais si c'est au contraire dans une instance civile en dommages-intérêts que le défendeur vient à être prévenu du délit de blessures par imprudence, la question ne sera pas véritablement préjudicielle, parce que si l'action publique est jugée mal fondée, cela ne voudra pas dire que l'action privée doive être rejetée, puisque les faits peuvent sans contradiction être jugés ne pas constituer un délit criminel et constituer un délit civil, et que si elle est admise, les dommages-intérêts pourront, de l'aveu de tous, être déniés faute de dommage éprouvé. Ce n'est donc pas, a-t-on dit, par égard à l'action principale que la loi a voulu qu'elle fût jugée avant l'autre ; cela s'explique par l'intérêt général qui s'attache à la solution de l'action publique, à l'urgence de cette solution.

On peut répondre que dans le premier cas il n'y avait pas non plus, par cela seul que ma prétention à la propriété était repoussée, solution définitive de la question pénale, puisque je pouvais ensuite être acquitté parce que le délit ne serait pas constant, qu'il n'y aurait pas intention criminelle, etc. C'est au contraire une analogie de plus entre les deux questions préjudicielles, qu'elles ne peuvent prétendre aucune influence que si elles sont résolues affirmativement. L'une (du criminel au civil) n'est qu'une exception à l'action principale; donc, si elle est reconnue bien fondée, celle-ci en est affectée, et dans notre hypothèse elle est complétement annulée; si elle est jugée mal-fondée, ce n'est que le rejet d'une exception, et comme il y a à toute action un nombre illimité d'exceptions, le droit d'invoquer les autres reste entier.

L'autre (du civil au criminel) constitue un des moyens que le demandeur a de prouver la faute de l'adversaire : si le délit est reconnu, sa preuve est faite, et il ne lui reste plus qu'à établir le dommage ; s'il est nié, il lui reste encore la ressource de prouver une faute autre qu'un délit.

La pensée du législateur se révèle manifestement dans les motifs allégués à l'appui d'une exception au principe de ce même art. 3. L'action civile peut être poursuivie en même temps et devant les mêmes juges que l'action publique, elle peut aussi l'être séparément, et alors l'exercice en est suspendu jusqu'à la décision criminelle définitive, *le criminel tient le civil en état :* voilà des propositions certaines et générales ; s'il s'agit d'actions en réclamation d'état qui sont

presque toujours connexes à un crime ou délit (1),
par une double dérogation, la juridiction civile est
seule et exclusivement compétente sur l'action civile,
et l'instance criminelle ne peut commencer qu'après
la solution définitive de l'action civile : *le civil tient
le criminel en état* (2). Or il a été positivement déclaré
que le but du législateur était d'éviter « ces moyens
» indirects, ces plaintes frauduleuses, ces actions
» criminelles qui n'étaient pas intentées de bonne
» foi, et qui n'avaient d'autre but que d'éluder les
» règles du droit civil. » (Bigot-Préameneu.) L'ancienne pratique avait abusé de la recevabilité de la
preuve testimoniale devant la juridiction crimnelle
pour tourner par un détour la prohibition d'établir
la filiation par témoins sans un commencement de
preuve par écrit. On a relevé bien souvent l'erreur
des rédacteurs du Code qui n'ont vu à cet abus que le
remède radical qu'ils y ont apporté. Il est faux que la
preuve testimoniale soit, en tous cas et nécessairement, admissible devant la juridiction criminelle, ce
n'est pas une règle essentielle et à laquelle ne puisse
déroger la toute-puissance du législateur.

Mais le danger, l'inconvénient pratique ne peuvent
se présenter que si on admet l'autorité sur le civil de
la décision criminelle. Que si ce qui est vérité au
criminel pouvait être erreur au civil, si le juge civil
n'était pas lié, qu'importe qu'on ait établi au criminel
telle ou telle filiation ? Qu'importe qu'on en ait admis
la preuve testimoniale sans commencement de preuve

____

(1) Art. 345 C. pén.
(2) Art. 326, 327 C. civ.; 1, 3, 4 C: inst. crim.; 239, 240 C. pr.

par écrit ? La juridiction civile, si le législateur l'avait crue indépendante, aurait pu déclarer insuffisante ou même inadmissible devant elle la preuve déjà faite ; et il n'y aurait eu besoin d'aucune perturbation dans l'ordre des juridictions (1).

Si les excès et sévices allégués par un des époux à l'appui d'une demande en divorce, aujourd'hui en séparation de corps, deviennent l'objet d'une poursuite criminelle contre l'époux défendeur, l'instance civile demeure suspendue, et lorsqu'elle est reprise après la décision criminelle définitive, il n'est permis d'en tirer aucune fin de non-recevoir ou exception préjudicielle *contre l'époux demandeur* (art. 235). C'est l'application pure et simple de l'art. 3 C. inst. crim., et on y peut remarquer même ce mot : préjudiciel, si rare dans nos codes. Mais dans quel sens faut-il entendre la disposition expresse qui défend de s'appuyer sur un acquittement criminel pour déclarer non recevable l'instance en séparation de corps ? Serait-ce l'application d'une règle générale qui laisserait au juge civil toute liberté de laisser de côté la décision criminelle ? Ou bien ne serait-ce qu'une disposition spéciale, exceptionnelle, dérogeant à un principe contraire ? La seconde explication paraît infiniment plus probable, en présence de la limitation qui y est immédiatement apportée : ce n'est que *contre l'époux demandeur* qu'il est défendu d'invoquer la décision criminelle. Peut-être dira-t-on que c'est parce qu'au demandeur seul peut être opposée une fin de non-recevoir : mais il ne faut pas voir la

______

(1) Voir M. Demolombe (t. V, n° 267 et suiv.).

seule question d'admissibilité de l'instance. Le non-acquittement ne peut être contraire qu'aux prétentions du demandeur, il serait bien bizarre que le législateur ait passé sous silence la possibilité d'une condamnation qui leur serait favorable. La raison de la dérogation a du reste été donnée; c'est qu'il peut y avoir assez de faits pour motiver la séparation de corps, et pas assez pour une condamnation criminelle : en d'autres termes, il peut y avoir délit civil, sans qu'il y ait délit criminel, et le jugement qui statue sur ce dernier, quelque générale que soit son autorité, ne peut jamais avoir que sa valeur et sa signification propres.

Ainsi le jugement de condamnation devra, d'après notre art. 235 même, avoir au civil cette autorité que les faits reconnus, constants ne pourront plus être déniés par l'époux condamné. Mais devra-t-il nécessairement entraîner la séparation de corps? Le délit criminel comprend-il toujours, de sa nature, les excès, sévices, ou injures graves de l'art. 231? Ceci est une autre question, sur laquelle il y a controverse; mais comme elle ne peut se présenter que si le juge civil est lié par la décision du juge criminel, le débat sur ce point rend hommage au principe que nous cherchons à établir (1).

Mais on arrive ainsi à imposer à un particulier un jugement dans lequel il n'a pas été partie. Or, dit-on, une maxime bien mieux établie que la théorie des actions préjudicielles, c'est que chacun est libre de diriger ses actions ainsi qu'il l'entend, qu'il est seul juge de

(1) Delvincourt (t. I, p. 82); Duranton (t. II, n° 588); Massol (p. 96); M. Demolombe (t. IV, n° 443).

l'opportunité de faire ou de ne pas faire ce qui peut servir ses intérêts privés, et que personne ne peut les compromettre en se substituant à lui : *Res inter alios judicata*..... Et elle est si simple, si équitable, si utile au repos et à la prospérité publique, qu'on la rattacherait volontiers au droit naturel et qu'on ne comprend pas qu'un législateur en ait fait si bon marché. Pour reprendre l'exemple posé ci-dessus, puisque le débat correctionnel sur la question de blessures par imprudence a été soutenu par le ministère public demandeur, il semble impossible que le législateur ait permis de l'invoquer pour ou contre un particulier qui n'y a pas été partie civile. A cela plusieurs réponses.

Il faut bien se garder de croire que la règle : *res inter alios judicata*... soit de droit naturel ; car en matière d'autorité de chose jugée tout absolument est de droit civil. A ne consulter que le droit naturel, chacun peut faire reconnaître son droit par le juge compétent, en tout temps et en tout lieu, sans que la conscience de ce juge soit liée par aucun jugement antérieur. S'il n'en est pas toujours ainsi, c'est par l'effet du quasi-contrat judiciaire présumé et réglé par le législateur. C'est lui qui, déterminant ces cas particuliers, a jugé bon de ne donner aux jugements qu'une présomption de vérité relative aux parties qui y ont figuré ; mais il aurait pu tout aussi facilement leur attribuer une fiction de vérité absolue.

C'est même ce qu'il a, de l'aveu de tout le monde, fait dans quelques cas, lorsqu'il s'agit de certaines questions d'état. Il n'y aurait donc pas lieu de s'étonner si nous reconnaissions qu'il a dans quelques autres cas, dérogé à une règle qu'il a lui-même posée.

Mais on peut soutenir que le demandeur en dommages-intérêts a été, devant le tribunal correctionnel, représenté par le ministère public. Il a été avancé ci-dessus qu'il n'y a pas entre les deux instances identité de parties suffisante pour appliquer l'art. 1351, et cela parce que le mandat général reçu par le ministère public d'agir au nom de la société tout entière ne s'applique qu'à l'exercice de l'action publique. Mais n'y a-t-il pas une partie de l'action privée, qui forme une action publique, celle qui consiste à faire juger s'il y a eu ou non délit? Et c'est précisément cette partie publique qui est commune aux deux actions : cela, selon nous, ne suffit pas pour permettre d'appliquer l'art. 1351, parce que cela n'est pas un rapport d'identité entre les parties de chaque action prise généralement; mais rien n'empêche d'admettre un mandat spécial, donné par la loi au ministère public de représenter le particulier demandeur devant la justice criminelle, seulement pour faire juger si le fait délictueux a existé ou non, et cela en raison de l'identité partielle des deux actions et surtout du caractère préjudiciel de l'action publique vis-à-vis de l'action privée.

Il y a sous ce rapport une analogie frappante entre les actions préjudicielles émanant de chacune des juridictions. Lorsqu'il y a renvoi du criminel en civil, le ministère public, seule partie capable pour conclure à l'application d'une peine, va-t-il suivre l'affaire dans la nouvelle phase qu'elle doit traverser? Nullement : il est certain qu'il est incapable d'être partie principale lorsque ce sont des intérêts privés qui sont débattus, et il restera simple partie jointe, sans autres moyens d'action que l'autorité de sa parole sur la décision à intervenir, et ne pouvant même en appeler. Le prévenu va trouver pour adversaire, s'il s'agit d'un délit forestier et du renvoi des art. 182 et 189 du C. for., celui qui lui conteste la propriété de la forêt; et s'il s'agit d'une suppression d'état par faux, celui qu'il a eu pour contradicteur sur le faux dont l'acte était argué. Il n'est pourtant pas douteux que, lorsque l'affaire reviendra devant le tribunal criminel, le ministère public ne soit obligé de la reprendre dans l'état où l'a mise la solution de la question incidente. Voilà donc le ministère public, chargé d'un intérêt social, obligé de subir les actes d'un particulier qui peut ne présenter aucune garantie de capacité ou de moralité! Le ministère public l'ayant cause d'un particulier! Cela est incontestable, et quelque bizarre que soit ce résultat, il trouve sa justification dans les principes : on ne pouvait faire figurer le ministère public dans une instance privée sans méconnaître le but même de son institution; et dès lors, en raison du caractère préjudiciel de cette instance, il était nécessaire de donner au particulier mission de plaider pour lui, et d'identifier les deux parties qui se succédaient, du même côté, dans la suite de l'instance publique.

De même, si nous supposons une instance privée, suspendue par une instance criminelle : le particulier demandeur est incapable de conclure au criminel; il doit donc céder la place pour quelque temps au ministère public, et il n'est pas extraordinaire que la loi donne alors mandat à celui-ci, qui se trouve dans son rôle ordinaire, de le représenter, mais seulement pour faire juger s'il y a eu, ou non, délit. Il a donc été vraiment nécessaire au législateur, une fois qu'il a admis des questions préjudicielles, d'identifier, par un acte assurément légitime de sa toute-puissance, les parties qui y figurent avec celles de l'instance principale, seulement *parte in qua*, pour ce qui est commun aux deux instances.

Si la décision sur l'instance criminelle qui est venue suspendre l'action civile aux termes de l'art. 3 C. instr. crim. doit avoir autorité sur la décision civile, il n'est pas difficile de démontrer l'autorité de la décision criminelle antérieure qui aurait porté sur le même fait. L'autorité de la première citée est due à son caractère d'action préjudicielle, et elle a ce caractère, non pas parce qu'*en fait* il a été sursis à une action déjà intentée, mais parce qu'*en droit* il aurait dû y être sursis si les circonstances, s'étaient ainsi présentées ; caractère inhérent, découlant de la nature même de l'action, et qu'elle ne peut par conséquent perdre par suite de quelque circonstance de temps. Si en fait le *criminel a tenu le civil en état* jusqu'à ce qu'il ait été prononcé définitivement, nous croyons que la sentence survenue dans ces conditions devra être respectée par le juge civil :

1° Parce qu'autrement il est difficile d'expliquer ce sursis imposé au juge civil ;

2° Parce que nous reconnaissons là tous les caractères d'une véritable question préjudicielle dont l'autorité n'est pas contestée ;

Ce qui s'applique également à toute sentence criminelle antérieure, et nous en concluons l'autorité de la chose jugée au criminel sur le civil.

Toullier fait encore contre ce système une objection qui nous arrêtera peu. « Quand, dit-il, le jugement
» criminel déclare que le fait n'est pas constant ou
» que l'accusé n'est pas coupable, il n'en résulte pas
» que le fait n'existe pas ou que l'accusé ne l'a pas
» commis ; ainsi les juges doivent avoir toute lati-
». tude pour décider, dans l'intérêt de la partie civile,
» l'existence de ce fait et la participation que le
» prévenu a pu y prendre. » Cela rentre dans la question de l'interprétation des décisions criminelles : autre chose est chercher ce qui a été décidé, autre chose chercher si ce qui a été décidé doit avoir autorité, et c'est seulement de la seconde question que nous nous occupons en ce moment.

IV. On a beaucoup écrit sur les dangers des deux doctrines. Il est certain qu'en laissant au juge civil sa liberté d'appréciation, il faut nécessairement se résigner à avoir souvent des décisions contradictoires ; il est tellement de l'essence de la vérité d'être une, et le bon sens public le sent si vivement, que nous ne connaissons rien de plus propre à enlever aux tribunaux ce prestige assurément dû à leur sagesse, et sans lequel leur mission ne pourrait être complétement remplie. En matière civile, l'opinion accepte assez facilement ces contradictions parce qu'elle sait que les intérêts contraires forment parfois un enchévêtrement inextricable ; mais lorsqu'une question pénale est un jeu, elle est très-prompte à s'alarmer, et un procès récent a montré que, même sans raison et sur de simples apparences, elle était, en ce point, délicate à l'excès.

« Quelle épouvantable théorie que de faire juger

au civil une question déjà jugée au criminel ! Ainsi, sous prétexte que l'action publique et l'intérêt privé ne sont pas la même chose, on ferait dire au civil qu'un homme n'est pas coupable lorsqu'il aurait péri sur l'échafaud, ou que son crime est certain, lorsqu'il a été absous au criminel et replacé dans la société par la loi elle-même, qui a proclamé son innocence. Si un tribunal civil, à raison de la matière ou par une distinction quelconque, pouvait recevoir le même fait et juger la même question, quelles contradictions ne pourrait-il pas en résulter ? Quel trouble, quel scandale dans la société (1) ! »

Il y aurait ceci de particulièrement fâcheux que dans une contradiction entre juridictions différentes, la malignité publique s'obstinerait toujours à voir une lutte, une rivalité d'esprit de corps, une leçon donnée par l'une à l'autre. Sans doute les décisions contraires seraient toutes deux étrangères à ces mesquines considérations ; mais parce que l'opinion publique aurait tort, ce n'est pas une raison pour ne pas tenir compte d'un effet qui se produirait inévitablement, puisqu'en le méprisant on méconnaîtrait le but le plus essentiel de la justice répressive, qui est précisément d'agir sur l'opinion.

Ce n'est pas tout : les décisions criminelles les plus graves émanent du jury ; cette juridiction temporaire, composée de simples citoyens désignés par le sort, ne saurait voir ses décisions contredites par des juridictions permanentes, par des magistrats

(1) Conclusions de M. le proc. gén. Mourre, devant la Cour de cassation. (Arrêt du 19 mars 1817, Rép.; Quest. de droit, v° *Faux*, § 6, n° 8.)

inamovibles, sans qu'il n'en résultât des discussions passionnées, du mépris, des haines pour l'une ou l'autre de deux institutions également respectables : quelle que soit la décision sans appel de l'opinion publique, l'influence légitime de la magistrature et du jury n'auraient rien à gagner d'une victoire, tout à perdre d'une défaite; ou plutôt le pays, travaillé en sens contraires, resterait partagé entre les influences diverses, résultant de l'origine et de la composition des corps engagés dans la lutte. Prise à ce point de vue, la question touche aux intérêts sociaux les plus graves. On ne peut diminuer l'autorité des décisions criminelles sans porter atteinte aux droits, à la considération du jury, et le jurisconsulte, non moins que le législateur, doit porter en ces matières la plus grande circonspection; car, quelque jugement que l'on porte d'ailleurs sur cette institution, il faut reconnaître qu'aujourd'hui elle nous est indispensable, parce qu'elle seule est assez forte pour porter la redoutable responsabilité du jugement des crimes.

Le danger est-il exagéré? M. Faustin Hélie (1) pense « qu'il est impossible de ne pas juger ces craintes un peu exagérées. Est-ce que des contradictions ne se sont pas révélées même dans le sein d'une même juridiction, et la société en a-t-elle été ébranlée Pourquoi supposer que les tribunaux civils rendraient une décision contraire à celle des tribunaux criminels, si le jugement de ceux-ci est fondé? Et puis, est-ce que les tribunaux civils sont appelés

____

(1) *Loc. cit.*, p. 786.

à juger si l'auteur d'un fait dommageable est coupable ou n'est pas coupable d'un délit? Est-ce qu'ils ont mission pour déclarer son innocence ou sa culpabilité? On trouve, soit dans les considérations morales, soit dans les motifs de droit donnés à l'appui de cette thèse » (l'autorité de la décision criminelle sur la décision civile), « une perpétuelle confusion. » La dernière de ces considérations nous arrêtera seule. Les tribunaux civils ne sont appelés à juger que la faute dommageable, et non le délit; mais si nous leur reconnaissons le droit d'apprécier souverainement les faits mêmes qui constituent à la fois l'une et l'autre, ils jugeront par là le délit, soit qu'ils ne trouvent pas suffisamment constants les faits punis par la juridiction répressive, soit qu'ils admettent ceux qu'elle a écartés, soit qu'ils tombent complétement d'accord avec elle. Les circonstances peuvent être telles, qu'ils aient à répéter ou à contredire le jugement criminel, et qu'il ne leur soit pas possible de séparer les deux éléments, dommageable et délictueux, pour se renfermer dans leur *mission*.

Voyons maintenant les inconvénients du système de l'autorité « imposé à la jurisprudence par M. Merlin. Si le prévenu est condamné par la juridiction criminelle, la juridiction civile est liée par ce jugement; la partie lésée n'a plus qu'à présenter l'état de ses frais pour en obtenir le remboursement. S'il est acquitté, la réciprocité n'existe pas; la juridiction civile demeure libre de vérifier les termes et les motifs du jugement pour en déduire l'existence du fait, à côté de la non-culpabilité de l'agent. Ainsi,

il y a chose jugée contre le prévenu et non en sa
faveur; l'acquittement le préserve d'une autre poursuite criminelle, mais non d'une poursuite civile.
On distingue, à la vérité, entre l'acquittement qui
se fonde sur la non-culpabilité et celui qui se fonde
sur la non-existence de fait ou la non-coopération de
l'agent. Mais où trouve-t-on les traces de cette distinction? Est-ce dans le dispositif des arrêts et jugements? Évidemment non, puisqu'ils se bornent à
renvoyer l'accusé ou le prévenu des poursuites. Elle
sera donc puisée dans les motifs. Ainsi c'est aux
motifs que l'on accorde force de chose jugée; c'est
d'après les motifs que la juridiction civile se trouvera
liée ou libre de son appréciation; c'est suivant que
les juges criminels auront basé le renvoi sur tel ou
tel motif, telle ou telle circonstance, que les juges
civils perdront ou conserveront leur compétence.
Est-il possible d'admettre une autorité donnée aux
simples considérants des jugements criminels (1)? »
Tout cela est parfaitement exact, mais il n'y a pas
lieu de s'étonner qu'il y ait « chose jugée contre le
prévenu et non en sa faveur » et d'y voir une iniquité, puisque la faute civile est beaucoup plus
sévèrement appréciée que la faute criminelle, et que
si le prévenu a passé à travers les mailles du filet de
la justice pénale, il n'est pas sûr qu'il puisse échapper de même à celles plus étroites de celui de la justice
civile.

Mais il est certain que pour admettre l'autorité de
la décision criminelle, il faut se résigner à en cher-

(1) M. Faustin-Hélie, III, p. 202.

cher souvent le sens dans ses considérants, et même quelquefois dans de simples circonstances de fait; nous allons nous trouver engagés dans des distinctions nombreuses, parfois subtiles, et la suite de cette étude ne nous montrera que trop combien il règne d'incertitude sur l'étendue et l'application du principe.

Est-ce une raison suffisante pour reculer? Non pas : beaucoup des incertitudes auxquelles nous faisons allusion tiennent uniquement à l'absence de textes, et à mesure que la matière sera plus étudiée, il s'établira des règles qui guideront au moins dans la pratique. D'autres, il est vrai, tiennent à la nature même des choses, et il faudrait pour les dissiper des réformes si radicales qu'elles paraissent impossibles. Mais n'en est-il pas de même de toutes les parties du droit? La conciliation de principes, vrais d'ailleurs et bien établis, ne s'obtient que très-difficilement, et les limiter l'un par l'autre est l'objet du labeur incessant des tribunaux. La certitude d'avoir des jugements contradictoires est certainement un danger bien plus grave.

La doctrine, bien que partagée, est en général favorable au principe de l'autorité de la chose jugée au criminel sur le civil.

Les phases qu'elle a subies sont singulières, et ses vicissitudes sont pour beaucoup dans l'obscurité qui règne encore sur la question.

Dans l'ancien droit, les deux actions, publique et privée, n'étaient pas distinguées dans leur principe et leur compétence comme une analyse scrupuleuse

l'a fait depuis ; les parlements jugeaient l'une et l'autre. Aussi Muyard de Vouglans (1), traitant des exceptions à la règle *non bis in idem*, porte comme huitième
exception le cas où l'accusé qui a été poursuivi à la
requête de la partie publique, et qui a même subi la
peine portée par son jugement, peut être poursuivi de
nouveau par la partie civile pour ses dommages et
intérêts.

Dans le droit nouveau, Merlin (2) est le premier
qui ait professé le système de l'autorité de la chose
jugée au criminel sur le civil, et l'ascendant bien
légitime de sa parole et de sa science a fait dire qu'il
avait *imposé* ce système à la jurisprudence. Il eut dès
l'abord pour contradicteur Toullier (3), et la discussion prit entre eux un caractère de vivacité extrême.
L'un et l'autre faisaient de l'art. 1351 le point capital
de leur argumentation. Merlin prétendait l'appliquer,
et soutenait la réunion des trois identités : on comprend que ce n'était pas une tâche facile, surtout
pour l'identité d'objet, et qu'il était forcé d'avoir
recours à des raisonnements plus que subtils, comme
par exemple de dire que « malgré la différence de
» leurs objets directs, les deux procès sont censés,
» aux yeux de la loi, avoir le même objet fonda-
» mental. » Pour les autres arguments, il en fait
bon marché.

Toullier, se plaçant sur le même terrain, répondait
avec beaucoup de raison que les trois identités ne

---

(1) Inst. au Dr. crim. (3e partie, chap. IV, p, 81).
(2) Quest. de droit v°.; *Faute*, § 6, v° *Réparation civile*, Rép.
passim.
(3) T. VIII, § 36 et 37, et t. X, § 240 et suiv.

sont pas réunies et que dès lors il n'y a pas d'autorité possible. Telle est, en effet, évidemment la conclusion à laquelle il faut arriver lorsqu'on prend pour base l'art. 1351 et qu'en en faisant une règle inflexible et générale, on n'admet aucune autorité de chose jugée en dehors des conditions qu'il indique.

Quand on part de prémisses aussi mal choisies, on se trouve nécessairement mal à l'aise entre le résultat juridique auquel mène le raisonnement et ce sentiment instinctif de la vérité auquel on voudrait, même à son insu, donner satisfaction. Aussi, les auteurs qui ont travaillé dans ces détestables conditions présentent quelque chose d'embarrassé qu'on s'étonne de trouver chez des jurisconsultes d'un talent éprouvé. Sauf ceux qui adoptent franchement le système de Toullier, comme M. Poujol (1), les autres sont même tellement obscurs qu'il serait difficile de dire quel est le système qu'ils adoptent définitivement.

Ces deux systèmes, qui s'appuient sur l'art. 1351, paraissent aujourd'hui définitivement jugés. Marcadé (2) les a attaqués avec sa vigueur et sa puissance ordinaires et a démontré péremptoirement que si le système de Toullier, vrai dans son principe, est faux dans sa conséquence, celui de Merlin au contraire se trouve faux dans son principe et vrai dans sa conclusion. Il admet l'autorité en se fondant surtout sur des considérations d'ordre public et sur les scandales qui résulteraient du système contraire.

(1) Poujol, n° 38.
(2) T. V, p. 194.

MM. Dalloz (1), Ortolan (2) et Mangin (3) sont les plus fermes soutiens de l'opinion que nous avons embrassée, et nous pouvons ranger avec eux Zachariæ (4), Carnot (5), Bourguignon (6), Le Sellyer (7), et, jusqu'à un certain point, Legraverend (8).

La théorie contraire est suivie par M. Faustin-Hélie (9) et M. A. Dalloz (10) qui en appelle à l'avenir pour ramener la pratique de la voie où elle est engagée (11).

(1) Rép., vᵒ *Chose jugée*, ch. V.
(2) *Revue prat.* t. XVII.
(3) *Tr. de l'act. pub. et pr.*, nᵒ 415.
(4) Zach., p. 793.
(5) Instr. crim., art. 3 et 454.
(6) Sur l'art. 360 C. inst. crim.
(7) T. VII, nᵒ 2484.
(8) T. I, p. 60.
(9) *Tr. de l'inst. crim.*, t. III, nᵒ 202.
(10) Rép., *loc. cit.*
(11) Boitard a été compté aussi parmi les partisans de l'indépendance du juge civil. Nous n'avons trouvé dans ses ouvrages que le nᵒ 599, ou il semble, à la vérité, incliner vers cette opinion, mais où il ne traite nullement la question, la renvoyant, au contraire, à une époque ultérieure. Nous avons cherché en vain la réalisation de cette promesse. Voici du reste ses propres paroles : « Nous aurons » plus tard occasion de nous demander quelle est, à cet égard, l'in- » fluence d'un des jugements sur l'autre, et jusqu'à quel point la » chose jugée au criminel, pour ou contre l'accusé, peut avoir d'effet » dans l'action civile devant les tribunaux civils. En général la loi » ne paraît guère y attacher d'effet............. Mais ne concluez » pas de là (du sursis de l'art. 3) comme on pourrait être tenté de » le faire, que le jugement sur l'action publique préjuge nécessai- » rement la question sur l'action civile : ne concluez pas, par exemple » que lorsque l'accusé a été acquitté par les tribunaux criminels, il » soit alors légalement prouvé, même à l'égard de la partie lésée, » que le fait dont il est acquitté n'a pas eu lieu; ne concluez pas » qu'on ne puisse, devant un tribunal civil obtenir la réparation du » préjudice causé par un crime ou par un délit, lorsque la personne

Mais il s'est formé toute une école de jurisconsultes qui prétend ne pas donner de décision absolue sur la question et la résoudre par une série de distinctions, dont la plus importante consisterait à admettre l'autorité des sentences de condamnation, et à nier celle des sentences d'acquittement. Dans cette voie, nous remarquons MM. Duranton (1), Poncet (2), Coulon (3), Devilleneuve et Carette (4). Il nous sera permis de les compter dans notre camp, par cela seul que dans telles et telles circonstances ils admettent que le juge civil sera lié par une décision criminelle. Il est bien entendu, en effet, qu'en affirmant l'autorité de la chose jugée en criminel, nous n'entendons pas dire qu'une fois qu'il existera

» accusée de ce crime ou de ce délit a été acquittée par le tribunal
» criminel. La preuve du contraire résulte, de la manière la plus
» directe, la plus manifeste, de l'art. 358, que nous analyserons plus
» tard............. Ainsi de la règle, le criminel tient le civil en état,
» .... il ne suit pas que le jugement à intervenir sur l'instance
» criminelle entame, préjuge et décide nécessairement le jugement à
» intervenir sur l'action civile .... (voir ci-dessous. page 46)
» .... Ne concluez pas, encore une fois, que la chose jugée
» au criminel soit chose jugée au civil .... Je n'examine pas
» quant à présent la question ; je me borne à vous avertir qu'admettre, comme certaine l'influence au criminel de la chose jugée
» au civil serait, au moins, *comme règle générale*, une erreur tout à
» fait démentie par le texte de l'art. 358. » Partir de là, pour affirmer l'opinion de Boitard, ne nous semble pas sûr ; remarquons, du reste, qu'il ne prend que des exemples d'acquittement, et ces mots : « comme règle générale » ce qui tendrait à le faire ranger, tout au plus, parmi les auteurs dont nous allons parler.

(1) T. XIII, n° 486.
(2) *Des jugem.*, t. II, n° 354.
(3) *Quest. de dr.*, t. I, p. 446,
(4) Notes sur l'arrêt du 13 fruct. an X, et sur un arrêt de la Cour d'Orléans (1842, II, 467).

une décision criminelle sur une question, l'action civile sera par là jugée. Nous aussi nous distinguerons beaucoup, non pas sur la question de principe, qui évidemment ne peut être résolue que par oui ou non, mais lorsqu'il s'agira d'appliquer le principe à telle ou telle décision donnée. Nous rechercherons alors :

1° Si la décision criminelle porte sur un point dont la solution importe à l'action civile;

2° Si ce point est, expressément ou par voie de conséquence, formellement décidé;

3° Si la décision en est bien définitive et irrévocable;

4° S'il entrait bien dans la mission du juge criminel de donner cette solution formelle et définitive (1);

En l'absence d'une de ces quatre conditions, il ne saurait être question d'imposer une décision à un juge quelconque, car il n'y a pas lieu de parler d'autorité de chose jugée s'il n'y a pas eu décision antérieure, définitive et légale, d'un point soumis une seconde fois à la justice. Or, on est conduit ainsi à un travail d'analyse qui a pour but d'*apprécier,* de *limiter* la décision criminelle et d'en tirer la vraie signification.

Mais avant de se livrer à ce travail qui roule sur des nuances délicates, il faut, ce nous semble, savoir pourquoi on l'entreprend, et pour cela décider la question de savoir si, dans le cas où on arriverait à constater l'identité des deux questions, il y aura autorité de chose jugée; car si on résolvait cette

____

(1) Voir ci-après, ch. II, sect. IV et V, *passim.*

question négativement, tout le reste serait parfaitement inutile.

Ainsi entrer dans la voie des distinctions suppose nécessairement admis le principe de l'autorité, et au fond nous ne sommes pas loin de nous entendre; c'est une pure querelle de mots. Voilà un individu acquitté par le jury d'homicide volontaire : pourra-t-il être condamné en dommages-intérêts? Certainement oui, tout le monde est d'accord là-dessus, et il serait même impossible, en présence d'un texte formel, de soutenir le contraire. Est-ce à dire que pour expliquer ce résultat, il faille dire, comme on le prétend, que les sentences criminelles ne s'imposent aux juges civils, que quand elles condamnent et non quand elles acquittent? Ainsi formulée, considérée abstractivement et en principe, une telle différence est inconcevable. Aussi la rejetons-nous et admettons-nous que le verdict négatif doit avoir autorité comme toute autre décision criminelle, et qu'il a en effet toute celle que sa nature comporte (1); mais qu'il ne peut dicter la décision civile, parce qu'il ne résout pas les questions que présente à résoudre l'action civile, celles de dommage éprouvé et d'existence, avec ou sans intention criminelle, des faits.

Dans le système que nous avons adopté, tout se coordonne parfaitement : nous savons maintenant que le juge civil n'a pas le droit de contredire la sentence criminelle : reste à savoir quand et pourquoi,

____

(1) Par exemple, si la nature des faits imputés est telle qu'en niant la criminalité on nie aussi nécessairement leur matérialité, le juge civil ne pourra plus accorder de dommages-intérêts (voir ci-après, ch. II, sect. IV.

dans sa décision accordant ou refusant la réparation civile, il y aura contradiction.

La jurisprudence a subi le contre-coup de toutes ces vicissitudes de la doctrine. Pour ne parler que de la question de principe, à toutes les époques nous trouvons des décisions judiciaires qui ont nié l'autorité; mais le système qui l'admet a toujours eu la majorité, surtout dans ces derniers temps. Mais si les tribunaux se rencontrent ainsi, c'est plutôt par le sentiment instinctif de la vérité que par suite d'une théorie rationnelle généralement admise. Car les motifs varient à l'infini, et il serait impossible d'en tirer quelque chose de positif. La suite de cet essai devant contenir beaucoup d'arrêts, nous n'en citerons ici que deux qui traitent la question dans tous ses éléments et résument les deux systèmes en présence.

» En ce qui touche l'exception de la chose jugée qui résulterait de la décision du procès criminel... :

» Attendu que l'art. 3 Cod. inst. crim. dont on voudrait faire résulter cette autorité de chose jugée, dispose seulement que l'action civile sera suspendue tant qu'il n'aura pas été prononcé définitivement sur l'action publique ;

» Que cette suspension de l'action civile a été ordonnée dans un double but : pour ne pas gêner l'action publique qui dans des vues d'intérêt général, devait marcher rapidement et recevoir une prompte solution, et afin que les jugés criminels conservassent une entière liberté d'appréciation, et ne fussent pas soumis aux influences morales résultant d'un précédent jugement ;

» Que rien n'autorise à penser que la loi ait voulu

étendre le sens de l'art. 3, et lui donner une influence
qui s'exercerait sur le jugement des actions civiles ;
et que si le législateur avait entendu donner à cette
suspension l'effet qu'il attribue à certaines actions
préjudicielles dont la décision entraîne le jugement
de l'autre action, il l'aurait énoncé en termes formels, ou du moins d'une manière implicite qui n'aurait pas comporté le moindre doute ;

» Attendu que l'influence que la décision criminelle
exercerait sur le civil ne résulte pas davantage de
l'art. 360 ; que cet article établit seulement en principe que l'accusé acquitté légalement ne pourra plus
être repris et poursuivi pour le même fait, ce qui s'entend uniquement de l'action publique pour l'application de la peine et non de l'action privée tendant à
obtenir des dommages-intérêts ;

» Que s'il était vrai que l'acquittement d'un accusé
dût éteindre l'action civile, ou du moins la renfermer dans de certaines limites, l'art. 358 s'en serait
expliqué, alors qu'il prescrivait à la Cour de statuer sur les dommages-intérêts respectivement prétendus ;

» Que, bien au contraire, en autorisant la Cour à
s'éclairer par l'audition des parties, il a permis aux
juges de rechercher des éléments nouveaux de décision dans les déclarations des parties, dans l'aveu
même de l'accusé acquitté, qui, déterminé par des
considérations de justice et d'équité, alors qu'il n'est
plus placé sous la crainte d'une répression pénale,
avouerait être l'auteur du fait dans des termes iden-
tiques à ceux de l'accusation, et qui ne permettraient
pas l'admission d'un système mixte ; que, s'il devait

en être autrement, les juges seraient tenus de rejeter une preuve décisive que la loi les a appelés à re-
cueillir (1);

» Que, dans de telles circonstances, la divergence
d'opinions et de décisions contraires entre la juridiction civile et la juridiction criminelle présenterait des
inconvénients moins graves que ceux qui seraient la
conséquence d'une disposition de loi qui enchaînerait
le libre arbitre du juge pour le soumettre à la volonté
d'un autre juge, et qui subordonnerait, en général,
une action civile à une action criminelle; que la loi a
donc dû laisser à chaque pouvoir judiciaire la liberté d'action et d'appréciation, si ce n'est dans les
cas exceptionnels où il en a disposé autrement;

» Attendu que dans le silence de la loi criminelle,
qui ne pose pas de règles spéciales relatives à l'autorité de la chose jugée, résultant des décisions criminelles, on doit recourir aux principes posés dans
l'art. 1351 C. civ.; que cet article exige, entre autres conditions, que la demande ait le même objet et
soit formée entre les mêmes parties, et que ces deux
conditions ne se rencontrent pas dans l'espèce;

» Qu'en effet, la demanderesse au civil n'a pas
figuré au procès criminel en qualité de partie civile;
que si le ministère public est le représentant de la
société, ce n'est qu'en ce qui touche l'action publique, et qu'il n'a aucune qualité pour représenter la
partie civile, laquelle ne peut réclamer que des réparations pécuniaires, ce qui est interdit formellement au ministère public;

(1) Voir ci-après, p. 139.

» Que la seconde exigence de la loi ne se trouve pas mieux remplie; que l'une des demandes tend à la répression des délits, tandis que l'autre a pour objet la réparation d'un dommage; que si ces deux demandes prennent leur origine dans le même fait, et si leur cause est commune, elles ont un but et un objet différents; d'où suit la conséquence que l'autorité de la chose jugée ne peut résulter du verdict..... etc. (1). »

La Cour de Liége a jugé le contraire :

« Attendu qu'aux termes de l'art. 3 C. inst. crim., l'action civile en réparation du dommage occasionné par un fait prévu par la loi pénale doit rester suspendue jusqu'à ce qu'il ait été définitivement prononcé sur l'action publique intentée avant ou pendant la poursuite de l'action civile; que l'intention du législateur, en réglant ainsi l'ordre de deux juridictions d'un genre différent, n'a pu être que de prévenir les inconvénients toujours affligeants pour la vérité et la justice qui résultent de la contrariété de jugements; qu'ainsi, et par une conséquence nécessaire de cette suspension, l'action publique est évidemment préjudicielle à l'action civile, et par suite le jugement rendu sur la première, lorsqu'il statue positivement sur l'existence et l'imputabilité du fait, sert également à faire apprécier la demande en dommages-intérêts fondée sur le même fait, soit qu'elle se trouve jointe à l'action publique, soit qu'elle se

(1) Aff. Berton, c. Comp. d'ass. du Loiret; C. d'Orléans, 4 déc. 1841 (S. 42, II, 407). — Voir aussi : Aff. Souesme, c. Corbasson; C. d'Orléans, 23 juin 1843, 2° exc. (S. 43, II, 337),

poursuive par instance séparée ; que c'est par application de ce principe que l'art. 463 C. inst. crim. ordonne qu'en cas d'actes déclarés faux par un jugement criminel, ces actes soient, en vertu de ce jugement, rétablis, rayés ou réformés ; conséquence bien autrement importante, puisqu'elle est générale et absolue et qu'elle peut ainsi froisser les intérêts civils des personnes qui ne seraient même pas en instance, d'où la nécessité pour le législateur de l'énoncer formellement (1) ;

» Qu'une autre application au moins implicite résulte de l'art. 235 C. civ. qui, par sa première disposition rapprochée de l'art. 232 du même Code, suppose encore l'influence que devrait avoir sur l'instance en divorce la condamnation criminelle à raison des faits ou de quelques-uns des faits sur lesquels elle est fondée, et qui n'écarte ensuite par sa disposition finale l'effet de cette influence, en cas d'un acquittement, que parce que les faits reprochés à l'époux défendeur pouvant suffire pour motiver un divorce, sans néanmoins constituer un crime, il n'y avait jamais lieu de craindre alors une contrariété ou une incompatibilité entre le jugement criminel et le jugement civil ;

» Que la même pensée a encore présidé à la rédaction de l'art. 359 C. inst. crim., où l'on reconnaît que, lorsque la justice civile se trouve saisie d'une action en dommages-intérêts de la part de celui qui ne s'est pas adressé comme partie civile à la justice répressive, qui a statué sur l'action publique, elle

(1) V. ci-après, ch. II, sect. II *in fine*.

n'a, comme celle-ci, d'autre mission que celle de reconnaître si, dans l'état des faits déclarés constants par le jugement criminel, il est dû une réparation, et dans ce cas d'en fixer le montant ;

» Que c'est toujours enfin à raison de cette influence du jugement de l'action préjudicielle en général que d'une part la loi a, pour des raisons majeures, arrêté l'action criminelle en suppression d'état jusqu'après le jugement définitif au civil sur la question d'état ; que d'autre part, et pour une classe spéciale d'exceptions servant de défense à l'action publique, à savoir, l'exception de propriété ou autres droits semblables, la loi a encore suspendu l'action publique et l'a soumise, par l'effet seul de cette suspension, à l'influence du jugement à intervenir sur l'action civile, etc. (1). »

<hr>

CHAPITRE II.

APPLICATIONS.

Il est universellement admis que la partie civile d'un débat criminel peut invoquer ou doit subir la décision qui en est sortie, soit que la juridiction statue en même temps sur la question pénale et sur la question de réparation civile, soit que cette dernière rentre dans les attributions d'une autre juridiction : ce qui arrive toujours devant la Cour

(1) Aff. Brahy. C. de Liège, 10 janv. 1835 (D. v° *Ch. jug.*, n° 548).

d'assises, et devant le tribunal correctionnel en cas d'acquittement.

Le système de l'autorité, que nous adoptons, revient en définitive à assimiler, sous ce rapport, tout intéressé à la partie civile. La constitution de partie civile se trouve encore avoir des résultats grâce auxquels elle n'est pas une superfétation inutile : elle influe en général sur la compétence, économise le temps et les frais en réunissant deux instances en une seule, et elle apporte enfin au ministère public un concours intéressé, actif et souvent efficace.

Il s'agit maintenant de déterminer quand le juge civil se trouvera lié par la décision criminelle, ce qui, par la nature même des choses, soulève les questions suivantes :

1° Le point résolu par la décision criminelle touche-t-il à l'instance civile ?

2° La solution en est-elle formelle ?

3° La solution en est-elle irrévocable ?

4° Le juge criminel était-il compétent pour la donner ?

Une d'elles résolue négativement, il n'y a plus même de chose jugée, dont on puisse discuter l'autorité. Nous ajouterons une cinquième condition :

5° Le juge criminel a-t-il, en donnant la solution invoquée, fait réellement l'office de juge criminel ?

S'il n'en était pas ainsi, il y aurait bien chose jugée, mais non plus chose jugée au criminel ; les raisons d'utilité publique, la considération du role du ministère public ne trouveraient plus leur application, et il ne resterait qu'une sentence ordinaire avec son autorité normale, c'est-à-dire essentiellement relative aux parties en cause,

Or il s'est présenté plusieurs fois la question de savoir si la condamnation aux frais du procès d'une personne civilement responsable du délit faisait réellement partie de l'instance publique, ou si ce n'était pas, au fond, une action civile exercée par le trésor pour se faire indemniser des frais que lui a causés la poursuite du délit, c'est-à-dire le délit lui-même. Dans la première opinion, ce qui aura été jugé pour ou contre la personne civilement responsable, ne devra plus être contredit, et les particuliers lésés par le délit se verront opposer la décision qui aurait rejeté la demande du trésor, ou pourront invoquer celle qui aurait admis la responsabilité. Dans la seconde, la personne jugée responsable envers le trésor pourra encore se défendre de la responsabilité civile envers toute autre personne lésée par le délit, et réciproquement, si l'action du trésor a été repoussée, l'action en responsabilité de toute autre partie qui aurait souffert du délit pourra être admise.

Ainsi un sieur Leglas ayant été cité par le ministère public devant le tribunal correctionnel comme civilement responsable du délit d'un nommé Bouynié, et ayant été condamné aux frais de l'instance, un sieur Kern l'assigna postérieurement devant le tribunal civil pour se voir indemniser par Bouynié et Leglas du dommage à lui causé par le même délit. Bouynié étant irrévocablement et envers tous reconnu avoir commis le délit, la mission du tribunal civil était, quant à lui, bien simple; elle se bornait à fixer le quantum des dommages éprouvés. Mais Leglas éleva la prétention de se défendre au fond, c'est-à-dire de discuter de nouveau la question de responsabilité, encore bien qu'elle eût été jugée par le tribunal correctionnel contradictoirement avec lui. Sa prétention fut repoussée par un arrêt de la Cour de Rennes dont nous apprécierons tout à l'heure les motifs (1).

Le contraire a été jugé par le tribunal de la Seine, le 8 avril 1864, et par la Cour de Paris qui a confirmé le jugement (2). Un sieur Lasseray avait été grièvement blessé par la chute d'une palissade construite sur la voie publique avec négligence et imprudence. Avant toute plainte, le ministère public, prenant l'initiative, fait condamner aux peines de l'article 320 un ouvrier nommé Bellanger qui avait construit et surchargé la palissade. Il traduit en même temps devant le tribunal correctionnel pour les faire condamner aux frais envers l'État le maître commettant de l'ouvrier, Vidal, et Thubeuf, entrepreneur de l'ensemble des travaux dont Vidal n'était que le sous-traitant : tous deux se défendent de la responsabilité ; Vidal est condamné, et Thubeuf renvoyé des fins de l'assignation. Lorsque la victime de l'accident voulut se faire indemniser, elle s'adressa aux trois parties de l'instance correctionnelle à la fois, mais Thubeuf lui opposa la chose jugée au correctionnel, prétendant que déclaré non responsable au criminel, il ne pouvait plus être sans contradiction déclaré civilement responsable de l'accident envers qui que ce soit : cette fin de non-recevoir fut repoussée, et, ce nous semble, avec raison.

(1) Aff. Leglas, c. Kern; C. de Rennes, 12 déc. 1861 (S. 1862, II, 19).

(2) Aff. Thubeuf, c. Lasseray; C. de Paris. 17 déc. 1864 (*G. des trib.*, 20 déc. 1864).

Il est vrai que la condamnation aux frais est la suite naturelle et nécessaire de l'action publique ; qu'elle soit requise contre le délinquant lui-même ou contre une personne civilement responsable de son fait, elle ne change pas de caractère et reste inséparable de l'exercice de l'action publique. Mais en fait-elle partie ? Il peut se faire que tout en en étant l'accessoire indispensable, elle en soit distincte et ne participe pas à la nature de l'action publique.

La Cour de Rennes admet qu'elle en fait partie intégrante et voit dans la condamnation aux frais une véritable peine accessoire, qui tantôt frappe sur le délinquant, et tantôt punit la négligence de certaines personnes que la loi considère comme ayant pu par leur surveillance empêcher le délit de se produire. Sans cet accessoire, la répression ne serait pas complète ; il faut d'abord une pénalité corporelle ou pécuniaire plus ou moins grave pour arrêter par l'exemple la reproduction du délit ; puis il faut que l'instance à laquelle la société a été obligée de recourir pour sa propre sûreté soit payée par celui-là qui en a été la cause ; le trésor public fait l'avance, mais toutes les fois que les mandataires de la société ne se sont pas trompés et n'ont pas dirigé leurs poursuites contre un innocent, il doit être remboursé ; l'intérêt public le veut ainsi, il ne pourrait autrement être pleinement satisfait, et par conséquent la condamnation aux frais, rentrant dans l'origine et le but de l'institution des peines, ne se distingue pas essentiellement des autres condamnations. Dès lors, la même foi, la même autorité doit être assurée à toutes les parties de la sentence criminelle : la décision sur la responsabilité ne peut pas plus être contredite que celle sur la peine principale.

D'après la Cour de Paris, au contraire, il y a lieu de distinguer et de n'accorder qu'une autorité purement relative à la partie de la décision criminelle relative à la responsabilité; car la société, bien que ses intérêts soient en jeu des deux côtés, n'est pas intéressée de la même façon; quant à la pénalité principale, c'est le soin de sa défense, de sa propre conservation qui la fait agir : théoriquement, tout délit impuni met l'ordre social en péril, et c'est en raison de cet intérêt *essentiel* que, par une dérogation aux règles ordinaires, on admet que le mandataire de la société représentant tout citoyen en particulier, ce qui a été jugé pour ou contre lui a une autorité générale. Quand il s'agit de se rembourser des frais de l'instance, la société n'a plus qu'un intérêt purement pécuniaire. Si les frais d'une instance restent à sa charge par quelque circonstance particulière, comme l'insolvabilité du condamné, c'est une perte pour le trésor; mais pour l'effet produit sur l'opinion publique, c'est indifférent, si d'ailleurs il a été sévi contre le coupable conformément à la loi pénale. Certaines personnes sont responsables du payement des frais; c'est un cautionnement forcé destiné à sauvegarder les droits légitimes du trésor, comme il sauvegarde de même les intérêts de tous les particuliers lésés; ce n'est pas une peine, c'est simplement une des applications de la responsabilité générale des pères, maîtres, etc.

Le trésor a en effet une individualité propre : administré pour le bien de tous, il représente à peu près

un actif social, et de même qu'un associé est en
compte avec la société, de même nous voyons souvent le trésor public en conflit d'intérêts avec les citoyens. Lors donc qu'il a été lésé par un délit, en ce
sens qu'il a été obligé de faire l'avance des frais d'une
instance répressive, et qu'il s'adresse à une personne
civilement responsable du délit, c'est une véritable
instance civile qu'il ajoute à l'instance criminelle ; sa
position est exactement celle d'une partie civile, et
pour les particuliers étrangers à l'instance, la décision sur la responsabilité, dans sa conséquence vis-à-
vis du trésor, ne saurait avoir plus d'autorité que la
décision qui aurait été portée sur cette même question de responsabilité vis-à-vis d'un des particuliers
lésés par le même délit.

La Cour de Paris n'a pas été arrêtée par cette considération que c'est toujours le ministère public qui
représente la société dans les diverses phases de l'instance criminelle. La Cour de Rennes y avait attaché
une grande importance en déclarant « qu'il n'est pas
» exact de dire que le ministère public, quand il
» sauvegarde les intérêts du trésor pour le rembour-
» sement des frais judiciaires, exerce une action ci-
» vile ; puisque l'action civile, qui serait incompati-
» ble avec le mandat plus élevé que la société lui
» confère, ne peut avoir pour objet que des intérêts
» particuliers, tandis que l'organe de la loi, même
» quand il demande une simple condamnation pécu-
» niaire, ne défend jamais que les intérêts généraux
» de l'État. » D'abord l'intérêt du trésor, s'il n'est pas
un des intérêts essentiels de la société, est bien toujours un des intérêts généraux de l'État : ensuite nous

ne voyons nullement en quoi le mandat d'agir au nom du trésor serait incompatible avec le « mandat plus » élevé » de requérir les peines. La cour de Paris affirme au contraire « que la loi, en chargeant le par- » quet de requérir ici dans l'intérêt du trésor, sans » exiger l'intervention des agents du fisc, n'a eu d'au- » tre but que de simplifier et d'abréger la procédure » sans changer le caractère de l'action. »

Nous sommes aussi peu touché de cet argument, que l'art. 194, parlant du ministère public précisément dans cette partie de ses fonctions, l'appelle « partie publique. » C'est en effet là sa qualification ordinaire, et il n'y avait aucune raison sérieuse de la changer pour éviter une confusion démentie par la nature même de l'action exercée.

Pour vérifier le concours de ces cinq conditions, il faut passer en revue les diverses sentences criminelles : toute instance aboutira nécessairement à l'une des solutions suivantes:

1° Le fait est déclaré constant, et l'accusé coupable.

2° Le fait est déclaré ne pas exister, ou l'accusé n'en être pas l'auteur.

3° Le fait est déclaré n'être pas constant.

4° L'accusé est déclaré non coupable, ce qui se présente ordinairement dans les verdicts du jury.

5° Enfin l'instance peut être arrêtée par une décision de non-lieu.

Section I.

*Le fait a été, au criminel, déclaré constant, et l'accusé
coupable.*

Toutes les fois que, devant une juridiction criminelle, l'accusé est déclaré coupable, cela suppose
nécessairement que le fait a été reconnu constant et
que l'accusé en est l'auteur. Aussi échappe-t-on, dans
cette hypothèse, au reproche que nous avons vu plus
haut faire à la doctrine de l'autorité, de chercher la
valeur de la sentence criminelle dans ses considérants; nous n'avons ici à consulter que le dispositif
pour être immédiatement fixé sur la valeur du jugement, arrêt ou verdict.

Tout délit pénal, fût-ce la plus légère contravention, suppose une faute civile, puisque nulle considération ne saurait faire punir un acte licite. Tout
jugement criminel, portant condamnation, renferme
donc la preuve du premier des éléments de la demande civile; et comme nous admettons l'autorité
du criminel sur le civil, nous en tirerons cette
conséquence que le demandeur n'aura plus à prouver
que le dommage par lui éprouvé : le débat sur le
caractère illicite du fait aura été clos définitivement
par la décision criminelle, et il ne sera plus permis
ni au condamné, ni au juge civil, ni au demandeur
(lorsqu'il arrive qu'il y a intérêt), de remettre en
question le délit pour modifier ou nier la culpabilité.

On remarquera que c'est surtout à ce cas que s'appliquent les paroles de M. Mourre citées plus haut,

et que le danger qu'elles proclament y est infiniment plus grave que dans tout autre. C'est pourtant l'application de la théorie de l'autorité à cette même hypothèse que Toullier trouve un danger social encore plus grand. « Mais n'est-ce point une théorie cent fois plus épouvantable que d'empêcher un innocent condamné de se défendre devant le tribunal civil où il est traduit; de lui ôter les moyens de démontrer son innocence par des moyens qu'il a pu ne connaître que depuis son injuste condamnation, et d'en préparer ainsi la révision, en prouvant que les témoins ont porté un faux témoignage, que c'est une autre personne qui a commis le délit, etc.? » Sans doute il est fâcheux d'empêcher un innocent de se défendre; mais d'abord avec nos institutions éminemment favorables à la défense et la maxime que le doute sauve l'accusé, l'accusé aura eu, devant la juridiction criminelle, toutes les chances de justification qu'il est raisonnablement possible de lui offrir; s'il s'agit d'un crime, notamment, il aura été trouvé coupable par le jury, qu'on accuse même d'énerver l'action pénale; il est donc bien peu probable qu'il puisse triompher devant la juridiction civile où les deux adversaires sont également favorisés.

Il est cependant malheureusement certain que, même avec toutes les précautions humaines, l'erreur ne peut être entièrement évitée, et nous verrons toujours de temps en temps un de ces exemples d'innocent condamné qui sont vraiment effrayants. Tout ce qu'on pourra faire pour en diminuer, autant que possible, le nombre, sera toujours accueilli avec bonheur; mais ce n'est pas de cela qu'il s'agit ici, nous ne parlons que de la condamnation civile qui peut en être l'accessoire.

Que l'autorité de la chose jugée au criminel sur le civil puisse amener, de loin en loin, une condamnation civile injuste, ce résultat, qui d'abord sera extrêmement rare, ne nous paraît pas de nature à troubler violemment la société; mais nous reconnaissons qu'au point de vue de la justice absolue, une pareille iniquité est bien fâcheuse. Mais ce n'est plus ici comme en matière pénale, où la société qui s'arme pour sa défense, peut exercer ses droits comme il lui plaît et même y renoncer : c'est un particulier qui a été lésé, que la loi elle-même doit faire indemniser, et il ne faut pas faire trop bon marché de ses droits. Or un débat solennel a eu lieu, provoqué, soutenu par un fonctionnaire qui est précisément le mandataire, pour cet objet spécialement, *parte in quâ*, du particulier lésé. « Quand l'accusé est condamné, personne n'a plus le droit de parler de son innocence : tout le monde a été accusateur en la personne de l'officier public. Un jugement rendu au criminel n'est pas un acte ordinaire de l'autorité publique, n'embrassant, comme la plupart des jugements civils, que quelques intérêts privés, et ne se rapportant qu'à quelques individus. C'est un monument élevé dans le sein de la société, qui doit fixer tous les regards et enchaîner toutes les pensées; c'est un monument sur lequel s'imprime une vérité publique (1). » Ainsi s'exprimait M. Mourre devant la Cour de cas-

---

(1) Nous n'allons pas tout à fait aussi loin. Ci-après, section II, *in fine*.

sation (1). Sous cette forme oratoire un peu vague et par cela même dangereuse à employer, se trouve cette idée juste, que le demandeur a droit acquis d'user de la preuve que son mandataire (2) a faite pour lui. Si le débat avec ce même mandataire avait été défavorable au demandeur, nous le lui aurions opposé : pourquoi, lorsqu'un délit criminel a été prouvé, c'est-à-dire plus que le demandeur ne prétend, lui en refuser le bénéfice ?

Il peut, il est vrai, arriver qu'il ait été mal jugé au criminel. Mais cela se présentera si rarement que nous n'osons même indiquer de proportion numérique. Et de plus, est-il nécessaire de faire observer que si nous admettons l'autorité de la décision criminelle, ce n'est qu'avec les voies de recours, tant ordinaires qu'extraordinaires, ouvertes par la loi contre cette même décision ? Or parmi ces dernières figure la révision, et l'un des cas où elle est permise est précisément la condamnation d'un témoin pour faux témoignage (3). Ne peut-on donc pas répondre au condamné : « Vous vous plaignez d'avoir été injustement condamné et de ne pouvoir établir votre innocence au civil : vous voudriez être admis à prouver « que les témoins ont porté un faux témoi- » gnage, que c'est une autre personne qui a commis » le crime, etc. » Eh bien ! de deux choses l'une ; ou vous êtes en mesure de le prouver, ou vous ne l'êtes pas. Si votre preuve est prête, ce n'est pas au

____

(1) Conclusions dans l'affaire Régnier, du 19 mars 1847 (Voir Merlin, *Quest. de dr.*, v° *Faux*, tit. IV).

(2) Ci-dessus, p. 33.

(3) Art. 443 et suiv.

civil qu'est sa place : faites reviser votre condamnation, et vous reviendrez alors devant le tribunal civil
invoquer à votre tour l'autorité de la chose jugée. Si
votre preuve n'est pas prête, ou s'il s'agit de faits qui
ne donnent pas ouverture à révision, subissez la position qui vous est faite; car on ne pourrait vous écouter sans accorder le même droit à tout condamné sur
ses simples allégations. Si le législateur a cru devoir
limiter les cas de révision, ce n'est pas sans avoir
les raisons les plus sérieuses. On peut regretter qu'il
n'ait pas élargi un peu leur cadre; mais ce n'est pas
une raison pour ne pas lui obéir. Et, ici encore,
pourquoi cette preuve au civil? Si le législateur la
repousse au criminel, où tout est combiné spécialement pour la découverte de la vérité criminelle, est-
il possible qu'il l'admette au civil, où une nature
d'affaires différentes exige une organisation et des
principes différents? La théorie de Toullier conduit
à enlever au jugement criminel toute autorité, puisque
si « l'humanité » veut qu'on admette l'innocent condamné à prouver son innocence (en dehors des cas
de révision) au civil, il faut de toute nécessité, pour
être conséquent, l'admettre à la prouver au criminel. Personne n'a jamais osé aller jusque-là.

Les solutions que la jurisprudence a données à la
question peuvent se ramener à trois. 1° Quelques arrêts ont nié formellement l'autorité de la décision
criminelle. Ce sont notamment ceux de la Cour de
cassation, du 2 août 1815 (1), et de la Cour d'Orléans, du 12 août 1828 (2). L'un et l'autre méritent

(1) Aff. Chambaud, c. Boursier (D. *Ch. jug.*, § 549).
(2) Aff. Rivière, c. Denis (D. *Ch. jug.*, § 544).

d'être remarqués. Le premier rejette le pourvoi formé contre un arrêt qui avait dénié aux demandeurs la propriété d'objets volés, alors qu'antérieurement l'arrêt de la juridiction criminelle, statuant sur le vol, la leur avait attribuée ; la Cour ne donne d'autre motif que le suivant :

« Attendu que, lors même qu'il serait vrai que la chose jugée par l'arrêt de la Cour criminelle eût décidé que la propriété des effets en question appartenait aux demandeurs, néanmoins l'autorité de cette chose jugée ne pourrait être invoquée dans une procédure civile, par des personnes différentes et dans une différente demande. »

Devant la Cour d'Orléans, il s'agissait d'une vente à charge de rente viagère, dont les héritiers Denis demandèrent la résolution dans ces circonstances. Leur père avait vendu un domaine à un nommé Rivière, moyennant une rente viagère. Peu de temps après il est l'objet d'un attentat nocturne de la part de ce Rivière qui est traduit devant la Cour d'assises. Le jury déclare constants les coups et blessures, écarte la préméditation et le guet-apens, et il en résulte une condamnation à plusieurs années de prison. Pendant qu'il subissait sa peine, Denis est assassiné par le père de Rivière, l'assassin est condamné et exécuté. Les enfants Denis demandent la résolution de la vente en se fondant sur les coups et blessures portés par Rivière fils à leur père, « dans le but de faire cesser par la mort dudit Denis l'aléatoire du contrat de rente viagère. » Rivière répondit que si l'on écartait la préméditation, il n'y avait plus aucune relation entre le contrat de rente et les coups, que la preuve de la non-préméditation était toute faite par le verdict du jury et s'imposait nécessairement au juge civil.

Certes, si Toullier avait connu cette affaire, il n'eût pas manqué d'en prendre texte pour faire ressortir les inconvénients du système de l'autorité. Car les circonstances de la cause étaient très-défavorables à Rivière, et la position des enfants Denis bien intéressante. Mais remarquons qu'ici, par un renversement de rôles assez fréquent, c'était le condamné qui invoquait l'autorité de la sentence criminelle qui l'avait frappé. Sans doute il en invoquait une disposition particulière à lui favorable, mais en somme c'était certainement pour éviter une plus grave condamnation. Les considérations de Toullier ne sont plus ici de mise, et il nous reste cet argument que si nous accordons au juge civil le pouvoir de déclarer la préméditation, nous ne pouvons faire autrement que d'accorder au juge criminel le même pouvoir ; ce qui constituerait une révision indéfinie des procès criminels, qu'il n'est pas besoin de démontrer inadmissible.

La Cour d'Orléans, au contraire, admit la preuve et, en fait, résolut le contrat de vente, en se contentant d'affirmer. « qu'il est de principe que les arrêts rendus en matière criminelle ne lient pas les juges en cause civile, lorsqu'il s'agit de statuer sur les demandes en réparation de dommages-intérêts et autres conséquences résultant d'un délit ou d'un crime, puisqu'il n'y a pas alors le concours de toutes les circonstances auxquelles l'art. 1351 C. civ. a attaché le caractère d'autorité de chose jugée. »

Les époux Beillard avaient été condamnés aux travaux forcés à temps pour avoir volé « plus de trois
mille francs et plusieurs objets en or » au préjudice
d'un sieur Duchatel. Sur la demande en réparation
de celui-ci, il fut renvoyé comme ne la justifiant pas
suffisamment. « L'autorité de la chose jugée n'a lieu
qu'à l'égard de ce qui fait l'objet du jugement. La
Cour d'assises n'était pas saisie d'une demande en
réparation civile : elle n'avait qu'un fait et ses circonstances à apprécier, l'arrêt ne peut avoir d'influence
sur le civil : la demande de Duchatel n'est pas suffisamment justifiée; elle ne peut résulter de l'arrêt. »

Sans doute, si nous repoussons l'autorité de la décision criminelle, il faut bien accorder au juge civil
le pouvoir d'apprécier souverainement toutes les
preuves et par suite, si le cas y échet, de les trouver
insuffisantes. Un tel résultat nous blesse pourtant
encore plus qu'une opposition bien tranchée entre les
deux juridictions sur tel ou tel fait déterminé, un
témoignage, un alibi, une identité, etc. Qu'on lise
tous les adversaires de l'autorité contestée, ils supp-
posent toujours, pour faire accepter les conséquences de leur doctrine, quelque changement survenu
entre les deux sentences dans les preuves, et donnent
ainsi à la sentence civile le caractère de réparation
d'une injustice commise. Ici les mêmes preuves, qui
ont paru suffisantes pour envoyer deux personnes au
bagne, sans aucun changement survenu, sont dé-
clarées par le second juge insuffisantes pour les condamner à payer 3,000 francs ! Il est impossible de donner à la justice criminelle un plus sanglant démenti.

L'arrêt qui a infirmé ce jugement (1) ne discute nullement la question de droit : il reprend une troisième fois les mêmes faits, écarte l'appréciation du second juge et revient à celle du premier.

Peut-être soutiendra-t-on qu'il a été, sinon dans les termes des jugements civils, du moins dans l'intention des juges, de nier non pas le vol des condamnés, mais le dommage éprouvé par le demandeur. Mais ces deux choses n'étaient-elles pas, dans l'espèce, indivisibles?

Enfin, en matière d'usure, les demoiselles Godard avaient été condamnées par le tribunal correctionnel de Montargis. Un de leurs débiteurs ayant demandé la restitution d'intérêts usuraires, elles s'opposèrent à ce que la preuve testimoniale fût admise, en s'appuyant sur l'art. 1341 C. civ. Mais les juges de première instance et d'appel virent dans le jugement correctionnel une présomption grave, et en la réunissant à celles résultant du procès, admirent que le serment supplétoire pouvait être déféré au demandeur (2). On n'eût certainement pas pu, sans choquer le simple bon sens, refuser au moins cette influence à la décision criminelle.

2° Nous rattachons au même système les arrêts suivants qui n'en sont qu'une modification. Ils écartent encore l'autorité de la décision criminelle, mais ils n'en font plus, comme dans l'espèce qui précède, une simple présomption grave, ils l'élèvent au rang

(1) C. d'Angers. Aff. Duchatel, c. Beillard. 30 juill. 1828 (D. t. VIII, p. 457).

(2) C. d'Orléans. Aff. Godard, c. Bajou. 26 août 1840 (D. t. VIII. p. 457; voir encore D. v° *Brevet d'invention*, n° 396).

d'une preuve, que les juges civils peuvent écarter s'ils le veulent, mais qui, s'ils l'admettent, est complète par elle-même.

Telle est la tendance de deux arrêts, de la chambre des requêtes, du 19 novembre 1828 (1), et de la Cour de Bourges, du 2 juin 1831 (2), rendus tous deux en matière d'usure. Dans la première espèce, l'usurier demandait la cassation de l'arrêt qui l'avait condamné à une réparation civile, comme n'étant motivé que sur le jugement correctionnel, et la chambre des requêtes rejeta le pourvoi : « Attendu que le jugement attaqué... est fondé sur des faits et des circonstances résultant d'actes et de jugements dont l'appréciation lui appartenait. »

Nous remarquons, dans le second, cette affirmation : « Considérant que si ce jugement (le jugement correctionnel) ne peut pas avoir au civil l'autorité de la chose jugée, il en résulte au moins le plus puissant préjugé. »

De tous les arrêts que nous venons d'examiner, aucun n'a vraiment traité notre question; ceux qui l'ont abordée, ou n'ont donné aucun motif à l'appui de leur affirmation, ou se sont contentés d'établir que l'art. 1351 n'était pas applicable.

3° Les arrêts qui admettent et appliquent l'autorité de la chose jugée forment une majorité imposante, et c'est certainement là la jurisprudence qui domine aujourd'hui. Nous citerons l'arrêt de la chambre des requêtes, du 5 mai 1818 (3); de la Cour de Limoges,

(1) Aff. Gaillard. c. Libide (D. t. VIII, p. 458).
(2) Aff. Morache, c. Boussard (D. loc. cit.).
(3) Aff. Dubuisson (D. v° *Disp. entre-vifs*).

du 20 février 1846 (1); de la Cour de Bruxelles, des
26 oct. 1816) (2), 27 févr. 1818 (3) ces deux derniers
en matière de coups et blessures punis correctionnellement; et du 14 juillet 1825 (4) en matière de
contravention punie en simple police.

Un arrêt de la même Cour, du 13 mai 1820 (5),
en reconnaissant l'autorité de la condamnation criminelle (dans l'espèce pour abus de pouvoir de la
part d'un maire), distingue très-bien les deux parties
de la preuve du demandeur au civil, la faute et le
dommage, et ordonne une preuve ultérieure au civil,
seulement sur ce deuxième chef.

Nous remarquerons un arrêt de la Cour d'Aix, du
14 août 1837 (6), relatif au cas de condamnation pour
fabrication de faux testament. Ce testament doit
ensuite, sans distinction, être rejeté au civil, et la
poursuite en faux incident qui aurait été intentée
auparavant, devient sans objet.

Nous avons déjà vu plus haut une espèce où c'est le
condamné qui invoque lui-même l'autorité de la chose
jugée contre lui au criminel. C'est que, si l'application au civil doit être renfermée dans les strictes
limites de la décision criminelle, il ne faut pas non
plus mutiler cette décision pour en prendre les parties
favorables et laisser les autres à l'écart. Voici un
autre exemple de cette position assez bizarre (7). Un

(1) Aff. Chassagnoux (D. P. 1847, 2-53).
(2) Aff. Vosch. (D. t. VIII, p. 456).
(3) Aff. Debode (D. *loc. cit.*).
(4) D. *loc. cit.*
(5) Aff. Vandenhoel (D. *loc. cit.*).
(6) D. v° *Faux incident*, n° 76.
(7) Braby, 10 janv. 1835 (D. v° *Chose jugée*, n° 521).

individu avait été déclaré par le jury de la Cour d'assises de Liége avoir commis un homicide, mais en état de démence (1). Il prétendit ensuite ne devoir aucune réparation aux enfants de la victime parce que, la démence étant exclusive de toute espèce de faute, le verdict du jury était pour lui la meilleure preuve qu'il pût fournir pour écarter non-seulement tout délit criminel, mais même tout délit civil. Par un arrêt très-longuement et très-bien motivé, la Cour de Liége confirma ce système; mais renfermant la chose jugée dans ses limites, elle ajouta que l'arrêt de condamnation ne prouvait la démence qu'au moment même de l'homicide, et admit les enfants de la victime à prouver qu'avant l'action le meurtrier s'était muni, en pleine raison, d'une arme de port défendu, ce qui aurait constitué une faute et engagé sa responsabilité.

Les individus condamnés pour un même crime, étant tenus solidairement des restitutions et dommages-intérêts envers les parties lésées, un nommé Roux, qui avait été condamné par la Cour d'assises de la Somme pour complicité de la banqueroute frauduleuse d'un sieur Chavignier, fut condamné ensuite envers les créanciers à une somme représentative, non pas seulement de ses propres détournements, mais encore de ceux de Chavignier. En vain opposat-il l'absence des créanciers de la faillite au jugement criminel, le tribunal de la Seine et la Cour de Paris répondirent de même « que le fait de la complicité a » désormais l'autorité de la chose jugée au regard de

(1) Le mode d'interrogation usité en France n'aurait pas permis une telle réponse.

» tous », et ne différèrent que sur le *quantum* des restitutions évaluées d'après ce principe (1).

Une question bien délicate s'est présentée, en 1855, devant la Cour de cassation, deux fois en une semaine, et a reçu devant la chambre des requêtes et devant la chambre civile, des solutions différentes. La synagogue de la ville d'Altkirch avait été dévastée pendant une émeute, le 27 février 1848; plusieurs individus qui avaient fait partie des rassemblements séditieux, avaient été, par arrêt de la chambre des mises en accusation de la Cour de Colmar, renvoyés devant le tribunal correctionnel, et avaient été frappés de peines correctionnelles. Le 13 novembre 1851, plusieurs Israélites habitants de la ville d'Altkirch demandèrent à la commune de les indemniser des pertes par eux subies dans l'émeute; elle était responsable de ces pertes en vertu des dispositions de la loi sur la police intérieure des communes du 10 vendémiaire an IV, et le tribunal de première instance n'hésita nullement à accueillir la demande des Israélites.

Mais en appel, la commune s'avisa de soutenir que la demande en responsabilité était non recevable, comme introduite tardivement. Car, disait-elle, cette action civile, née d'un fait délictueux, est soumise, aux termes de l'art. 2 du Code d'instruction criminelle, à la même prescription que l'action publique correspondante, et cette prescription commune s'est accomplie par trois ans, aux termes de l'art. 638 du même

(1) C. de Paris, 2 fév. 1843 (D. v. *Complice*, n° 31).

Code, puisqu'il est jugé que la source des deux actions est un simple délit (1).

La Cour de Colmar ne voulut pas voir dans le pillage de la synagogue un simple délit : elle répondit que la chambre d'accusation, en renvoyant devant la police correctionnelle, n'avait pas prononcé sur l'ensemble des faits de l'émeute, mais sur des faits isolés ; que cette circonstance ne pouvait avoir aucune influence sur la nature du fait délictueux commis, et qu'il était bien un crime, comme attentat à la propriété à force ouverte et avec attroupement, prévu et puni par l'art. 440 du Code pénal. En conséquence, elle décida que la prescription de l'action civile en responsabilité ne devait s'accomplir que par dix ans, aux termes de l'art. 637 C. inst. crim., et admit la demande des Israélites.

Ainsi posée, la question vint, le 28 février 1855, devant la Cour de cassation, et l'arrêt de la Cour de Colmar fut très-vivement attaqué. Il était reconnu que l'action civile contre toute personne civilement responsable de faits délictueux est prescriptible de la même manière que l'action civile contre l'auteur du fait, et aussi par conséquent que l'action publique ; sans doute encore le juge civil, saisi d'une demande en dommages-intérêts, peut apprécier et caractériser souverainement les faits sur lesquels se fonde la demande. Mais si antérieurement ils ont été rangés par la juridiction criminelle dans la classe des simples délits, sera-t-il lié par cette appréciation, et devra-t-il se borner à appliquer la prescription cor-

(1) Voir ci-dessus, ch. 1, p. 16.

respondante? Ou pourra-t-il encore, usant de la même liberté souveraine, déclarer y voir des crimes? Si sa conscience le porte à cette appréciation plus sévère, chacune des deux juridictions peut-elle ainsi s'isoler dans sa sphère, ou donnerons-nous à l'une d'elles le pouvoir de lier l'autre?

La question revient, au fond, à savoir si la chose jugée au criminel aura autorité sur le civil. Nous ne reviendrons pas sur ce point, que nous avons traité longuement, et par les mêmes raisons de convenance et d'utilité publiques, nous pensons que, le juge criminel ayant reconnu et puni des délits, le juge civil n'a plus qu'à s'incliner et à appliquer la prescription de trois ans.

Nous ne sommes nullement touché de cette raison, que la chambre des mises en accusation, lorsqu'elle a renvoyé devant le tribunal correctionnel, n'a eu en vue qu'une partie des faits commis, ceux seulement qui se trouvaient imputables à tels ou tels individus, et non l'ensemble de l'émeute qui constituerait un crime. Sans doute, elle n'a eu à s'occuper que des faits délictueux à la charge de ceux qui étaient traduits devant elle, mais personne n'a qualité pour admettre en dehors de son action, un crime qui lui aurait échappé, un crime sans criminel, un crime abstrait pour ainsi dire. A chacun sa mission : il y a un ministère public pour rechercher toutes les violations de la loi pénale, en réunir les preuves, et mettre en mouvement les juridictions; des juridictions d'instruction pour apprécier ces actes du ministère public et déférer les prévenus aux juridictions de jugement, chargées de la répression. Le système est

complet, et l'économie en serait complétement bou-
eversée si quelque autorité étrangère pouvait se substituer à l'une ou à l'autre des autorités qui le composent. Si ces dernières se sont trompées sur des
matières purement pénales, dans le cercle de leurs
attributions, c'est la société tout entière, qui leur a
délégué leurs fonctions, qui s'est trompée avec elles.

Ainsi, lorsque la chambre d'accusation n'a vu
dans les faits de l'émeute que des délits ; lorsque le
tribunal correctionnel, au lieu de se déclarer incompétent, comme il aurait pu et dû le faire s'il avait
reconnu des crimes, a prononcé des peines correctionnelles, la juridiction civile ne peut déclarer voir
des crimes, à côté desquels la répression aurait
passé, sans infliger par là un démenti et un affront
à la juridiction criminelle. Et elle nous semble en
cela dépasser étrangement les pouvoirs qui lui sont
confiés, et élever un conflit tellement scandaleux et
dangereux pour la paix publique qu'aucune législation ne pourrait le tolérer. Nous en trouvons une
raison décisive précisément dans la prescription des
actions civiles en réparation d'un délit. Pourquoi
en effet le particulier lésé par un délit est-il moins
favorablement traité que celui lésé par une simple
faute ? Voilà un homme contre lequel a été dirigée
une action tellement grave que la société tout entière en est troublée et est obligée de sévir pour sa
propre sécurité, et il n'aura que trois ans ou dix ans
au plus pour se faire indemniser, et celui qui n'a été
lésé que par un simple quasi-délit verra son action
durer trente ans ! Cette décision est manifestement
contraire à l'équité, et quel grave motif a eu le légis-

lateur pour la consacrer? Nul autre que la raison
d'utilité publique qui veut qu'un délit que la société
n'a pas puni, ne soit pas établi et prouvé devant une
juridiction impuissante pour le réprimer. L'impu-
nité d'un délit commis est un accident malheureusement inévitable, mais qu'il faut bien se garder, pour
la morale publique, de constater et de mettre au
grand jour.

« Mais, » dit M. le conseiller rapporteur Hardoin,
« quel est le lien qui rattache ces prévenus, objet de
poursuites particulières, au fait du pillage commis à
force ouverte dans les habitations des Israélites? Nous
l'ignorons complétement, et l'arrêt attaqué ne laisse
pas même à présumer qu'aucune connexité ait
existé entre les délits punis correctionnellement et
le crime constaté par les juges d'appel. Comment
donc pourrait-il ressortir du jugement du tribunal
de police correctionnelle une exception contre l'action civlie ? » Sans doute, ce lien, cette connexité
peuvent être contestés et faire défaut; mais qu'en
conclure ? Non pas assurément que la porte soit ouverte aux appréciations des *juges d'appel*, puisque ces « juges d'appel, » juridiction civile, ne
doivent pas contredire la juridiction pénale par cette
constatation d'un crime; raison d'ordre public,
supérieure à toute autre considération. Mais si les
juges civils reconnaissent deux ordres de faits différents, donnant naissance les uns aux condamnations
correctionnelles, les autres à la demande en responsabilité contre la commune, ils doivent écarter
complétement les premiers. Il peut arriver alors que
les demandeurs en responsabilité, laissant de côté les

condamnations correctionnelles, parviennent à prouver que les voies de fait, excès et délits dont parle la loi du 10 vendémiaire an IV, ont été commis contre eux ; qu'ils l'aient été par d'autres que les condamnés de la police correctionnelle, ou par ces condamnés eux-mêmes, peu importe ; pourvu qu'il ne s'agisse pas des mêmes faits visés par les condamnations. Il n'y a rien d'impossible à ce que les mêmes individus aient commis, en des temps différents, quoique peut-être fort rapprochés, des délits qui ont été punis, et des crimes qui ne l'ont pas été. Mais il rentre alors dans le devoir du tribunal civil de constater dans ses motifs et de prouver cette séparation des faits délictueux en deux séries : non-seulement il ne faut pas qu'il se borne à s'appuyer sur les condamnations correctionnelles, pour établir les faits, mais il faut encore qu'il établisse à nouveau les faits constitutifs d'un crime, et qu'il prouve qu'ils ne se confondent pas avec ceux qui sont visés dans les condamnations correctionnelles ; car il est de principe que toutes les fois que deux juridictions apprécient successivement les mêmes faits, la seconde doit non-seulement ne pas contredire la première sentence, lorsqu'elle a autorité de chose jugée, mais encore montrer expressément qu'elle ne la contredit pas.

Si, les condamnations correctionnelles écartées, les demandeurs ne peuvent plus prouver les voies de fait, excès et délits, on prononcera purement et simplement le mal-fondé de leurs prétentions. Mais dans tous les cas les tribunaux civils doivent s'abstenir de « constater » un crime et d'appliquer la prescription de dix ans aux mêmes faits qu'un tribunal

correctionnel a punis de peines correctionnelles. Si
les débats leur donnent la conviction que le crime de
pillage (art. 440 C. pénal) a été commis, et puni
comme simple délit, le crime sera pour eux comme
inexistant. Ils pourront regretter qu'il n'ait pas été
poursuivi devant la juridiction compétente et sous
la qualification convenable, mais ce n'est pas à eux
à redresser l'erreur commise.

« On n'argumentera pas avec plus de raison,
poursuit M. le conseiller Hardoin, du défaut de
poursuites et de répression immédiate du crime de
pillage, pour soutenir qu'il n'a point été commis :
les défendeurs (les Israélites) répondraient en mon-
trant le texte de l'arrêt qui en révèle et en démontre
l'existence (1); ils opposeraient d'ailleurs à leurs adversaires qu'on ne peut les rendre responsables de
l'inaction et de la négligence de ceux que la société
a chargés de la défense de ses droits et de la punition des coupables. » L'arrêt dont il est ici question
est l'arrêt de la chambre civile de la Cour de Colmar,
plus clairvoyante que la chambre des mises en accusation de la même Cour, mais moins autorisée, et
nous ne reviendrons pas sur l'irrégularité, la nullité
de sa déclaration. Le dernier argument ne nous sé-
duit pas davantage ; car l'action publique est exercée
par le ministère public aux risques et périls de la société tout entière : les magistrats qui en font partie, et
ceux chargés de *punir les coupables* ne sont responsables
que devant leur conscience de ce qu'ils croient devoir
faire ou ne pas faire, dans la limite de leurs fonctions :

____

(1) Les juges civils auraient été dans leur droit s'ils avaient démontré l'existence du crime en dehors des délits punis.

permettre à un particulier ou à une autorité étrangère quelconque de leur demander compte de leur activité, de leurs erreurs, serait rendre impossible l'administration de la justice pénale. Mandataires de la société, c'est d'elle seule qu'ils relèvent. Quant à l'action civile, en principe ils n'y touchent pas; mais dans ce cas particulier, il arrive que l'exercice de l'action publique influe nécessairement sur l'action civile en déterminant le temps de la prescription. Allons-nous pour cela enlever au ministère public cette indépendance qui lui est indispensable ? Non, car cette conséquence accessoire est sans importance vis-à-vis de l'intérêt général de l'action publique. Ce n'est surtout pas une raison pour qu'on puisse se substituer d'un seul coup à tout l'ensemble du système répressif, et dire : le ministère public aurait dû accuser d'un crime; la chambre des mises en accusation aurait dû renvoyer devant la Cour d'assises, et la Cour d'assises aurait dû prononcer la condamnation. Je déclare, moi juge civil, que tout aurait dû se passer ainsi; comme il n'en a rien été, je suis sans action sur le passé; mais pour l'avenir je ferai comme si ces faits préexistaient; j'appliquerai la prescription de dix ans, réglant ma conduite non sur ce qui a eu lieu, mais sur ce qui, ainsi que je le déclare, aurait dû arriver.

Aussi nous est-il impossible de nous rallier à la doctrine de l'arrêt porté sur cette affaire par la chambre des requêtes, le 28 février 1855. Cet arrêt, très-peu explicite du reste, rejette le pourvoi de la commune d'Altkirch :

« Attendu que les faits constatés par l'arrêt et à

raison desquels était actionnée la commune, réunis-
saient toutes les circonstances dont l'ensemble constitue le crime prévu par l'art. 440 C. pén. ;

» Attendu que l'arrêt de la chambre des mises en
accusation de la Cour impériale, qui a renvoyé devant le tribunal de police correctionnelle quelques
individus pour des délits qui n'avaient aucun lien
nécessaire avec l'attentat ci-dessus défini, ne saurait
changer le caractère du fait général ;

» D'où il suit que l'action civile à raison du dommage éprouvé par les défendeurs (les Israélites) n'était
soumise, ainsi que l'action publique, qu'à la prescription de dix ans ; qu'en le décidant ainsi, la Cour impériale s'est conformée à la loi. »

Nous nous contenterons de remarquer, sur le premier motif, que sans doute l'arrêt attaqué CONSTATE
le crime ; mais qu'il y a lieu de rechercher si un juge
civil avait ce pouvoir, et s'il n'entrait pas précisément
dans les attributions de la Cour souveraine, gardienne
des juridictions, d'effacer cette constitution inoppor-
tune. Car si la Cour de cassation prend les faits tels
qu'ils résultent des arrêts qui lui sont déférés, elle
doit voir aussi si ce n'est point illégalement que certains faits y ont été insérés, et il nous semble qu'elle
avait là un abus de pouvoir à réprimer.

Si, comme l'affirme le second motif, les délits punis se rapportent à un ordre de faits différents et
sans relation aucune avec le crime de pillage, nous
demanderons sur quoi s'appuie la demande en responsabilité contre la commune.

Enfin on peut sans doute discuter sur l'admission
de la prescription de trois ans, et des raisons consi-

dérables peuvent être invoquées contre elle ; mais si on l'écarte, on tombe nécessairement dans la prescription de trente ans. C'est là en effet la prescription commune et normale des actions civiles ; celle de dix ans est exceptionnelle, et ne peut être admise que comme conséquence d'un crime régulièrement constaté. Or, le juge civil, saisi d'une demande de dommages-intérêts, est en principe compétent pour apprécier les faits à lui soumis et n'a que sa conscience à consulter pour les faire rentrer dans la classe des contraventions, délits, crimes ou quasi-délits, et régler en conséquence leur prescription ; il remplit alors accessoirement, et autant qu'il est nécessaire à la cause qu'il doit juger, les fonctions de juge criminel. Mais ce pouvoir cesse dans deux cas ; d'abord si pendant qu'il est saisi, l'action publique vient à être exercée ; la question criminelle retourne alors à ses juges naturels ; et ensuite, si ces derniers ont déjà antérieurement résolu la question qu'il leur appartient de résoudre. Dans ces deux cas le juge civil qui n'a jamais qu'accessoirement le droit de qualifier les faits délictueux, doit s'incliner devant la qualification donnée par le juge criminel ; il ne peut plus admettre la prescription de dix ans que sur le vu d'une condamnation pour crime, et s'il ne la fonde que sur ses propres et simples déclarations, il commet manifestement un abus de pouvoir.

Quelques jours après, la même question de droit se présenta devant la chambre civile. En fait il s'agissait de pillage de farines qui avait été commis en mars 1847 dans la commune de Cuinchy par des rassemblements dont faisaient partie des habitants d'autres communes voisines, notamment de celle de Beuvry. Le 29 mai de la même année, le tribunal de Béthune avait prononcé des condamnations correctionnelles contre les meneurs du pillage ; et ce ne fut que plus de trois ans après que le propriétaire d'une partie des farines pillées forma une demande en responsabilité contre la commune de Beuvry et quelques autres. Outre diverses exceptions peu fondées, les communes opposèrent la prescription.

Le tribunal de Béthune rejeta cette fin de non-recevoir par deux raisons tirées, l'une de l'art. 642 du Code d'inst. crim., l'autre de prétendues dispositions spéciales, relatives à la prescription des actions contre les communes, de la loi du 10 vendémiaire an IV. Ni l'une ni l'autre n'était exacte, et du reste elles sortent de notre sujet. Mais nous remarquerons que le tribunal de Béthune n'a pas douté un instant que le pouvoir d'apprécier lui-même les faits délictueux, qu'il aurait eu en règle générale, ne lui fût enlevé par les condamnations correctionnelles antérieures. S'il a repoussé la prescription de trois ans qu'elles semblaient amener, ce n'a été que pour des raisons qui, loin de nier leur autorité, y ont au contraire rendu hommage. Et cette prescription rejetée, il n'en a vu qu'une qui pût s'appliquer à son défaut, celle de trente ans.

Et si ce jugement a encouru la censure de la Cour de cassation, c'est uniquement pour la confiance qu'il avait placée dans les deux moyens étrangers à notre sujet par lesquels il écartait la prescription de trois ans.

Il nous est donc permis de considérer l'arrêt de la

chambre civile, du 6 mars 1855, comme consacrant l'opinion que nous avons soutenue ci-dessus, et l'étude attentive de ses considérants nous l'a montré en opposition formelle avec celui de la chambre des requêtes que nous avons analysé ci-dessus :

« Attendu qu'aux termes de la loi du 10 vend. an IV, la responsabilité civile n'est encourue par les communes pour dommages causés aux propriétés privées dans les circonstances qu'elle détermine, qu'à raison des faits qualifiés crimes ou délits par la loi pénale;

» Attendu... (*suit l'exposé des faits*)... que, suivant l'art. 2 du Code d'instruction criminelle, l'action civile en réparation du dommage résultant d'un crime ou d'un délit est soumise à la même prescription que l'action publique, et qu'aux termes des art. 637 et 638, même Code, l'une et l'autre action se prescrivent par trois ans, à compter du dernier acte de poursuite, lorsque l'action a pour principe des actes qualifiés délits et susceptibles d'être punis correctionnellement;

» Attendu qu'il s'agit toujours (dans le cas de la loi du 4 vendémiaire) d'une action civile, fondée sur une nature de faits dont les conséquences sont éteintes par la prescription que la loi prononce. »

Il est inutile de suivre l'arrêt dans la réfutation des deux fins de non-recevoir admises par le tribunal de Béthune; il suffit de constater que le débat porte uniquement sur les deux prescriptions de trois ans ou de trente ans. Et pourtant on pouvait bien facilement soutenir qu'il y avait crime. L'art. 442 C. pén. punit le pillage de certaines denrées, et notamment des farines, du maximum des travaux forcés à temps, en sorte qu'il semble qu'un crime a toujours été commis dès qu'il y a eu pillage de farines, et qu'une erreur de la juridiction pénale paraît évidente. Mais le tribunal de Béthune et après lui la chambre civile ont si bien senti que cette erreur, à supposer qu'elle existât, ne pouvait être réformée par la juridiction civile, qu'ils ne se sont nullement arrêtés à l'objection ; le tribunal avait écarté la prescription de trois ans ; la Cour l'a jugée admissible ; tous deux sont restés dans les limites de leur mandat, et leur autorité commune vient appuyer notre conviction.

Bien que la question nous paraisse de nature à se présenter fréquemment, nous ne connaissons pas d'autre monument de jurisprudence qui l'ait tranchée. De nouveaux troubles avaient éclaté à Altkirch en 1848, toujours dirigés contre les Israélies, et la demande en responsabilité contre la commune avait aussi été formée après le délai de trois ans. Le tribunal d'Altkirch ne crut pouvoir mieux faire que de reproduire exactement les motifs que nous avons vus donnés antérieurement par la Cour de Colmar dans la première affaire contre la même commune, et sa décision fut naturellement approuvée en appel par cette Cour, et confirmée avec adoption de motifs.

Nous trouvons bien aussi sur la question, un arrêt de la Cour de cassation, mais tellement obscur qu'il est difficile d'en démêler le véritable sens. Il s'agissait de saignées pratiquées dans la rivière de l'Eure par un sieur Ansiaume, et que voulait faire supprimer un usinier, riverain inférieur. Cet usinier, nommé Teston, avait d'abord cité Ansiaume devant le tri-

bunal de simple police pour contravention aux arrêtés préfectoraux, concluant à des dommages-
intérêts et aussi à la suppression des ouvertures
pratiquées sur la rivière. Ansiaume avait opposé la
prescription ; et il avait été renvoyé de la plainte par
ces deux raisons contradictoires, que, vu l'usage
immémorial de ces ouvertures et saignées, il n'y
avait pas de contravention ; et que la prescription
de l'art. 640 étant accomplie, interdisait toute demande, tant privée que publique. Actionné ensuite
au civil pour se voir condamner à supprimer les
mêmes ouvertures, Ansiaume, après de longues
évolutions de procédure, fut condamné par un arrêt
qui s'expliquait ainsi sur l'exception de chose jugée :
« Attendu que, bien que les conclusions prises par
Teston soient à peu près les mêmes que celles prises
en simple police par la citation du 2 avril 1834,
elles ne sont point fondées sur la même cause ; qu'en
simple police, Teston agissait pour la répression
d'une prétendue contravention ; que devant le tribunal (civil) il a demandé la suppression de travaux
permanents dont l'existence portait atteinte à sa
propriété. » (Amiens, 21 août 1841.) Et la Cour de
cassation, sur le même point, jugea l'exception non
admissible : « Attendu que pour qu'il y ait lieu à
invoquer l'autorité de la chose jugée, il faut que le
procès existe entre les mêmes parties et ait le même
objet ; — Attendu que, dans le premier procès, l'instance était poursuivie pour la répression d'une contravention de police ; qu'il a été jugé que la prescription était acquise, puisque plus d'un an s'était
écoulé entre le fait reproché et la poursuite ; que, dès

lors que l'action publique n'était pas recevable, l'action civile tombait avec elle ; — Attendu que dans le procès actuel, au contraire, il s'agit d'une demande de dommages et intérêts, et de destruction de travaux, motivée sur un tort causé par le fait d'une partie, action qui n'intéressait que l'adversaire et ne pouvait se prescrire que par trente ans. » (Ch. des req. 9 mai 1843.)

Nous pensons avoir montré déjà le vice du système, adopté par ces deux arrêts, qui applique à l'autorité de la chose jugée au criminel l'exigence des trois identités de l'art. 1351 du Code Napoléon : nous nous bornerons à dire que la séparation, proclamée par la Cour de cassation entre la contravention et le quasi-délit de l'espèce, nous paraît tout à fait chimérique, parce qu'il n'y a qu'un seul fait indivisible, à savoir des saignées pratiquées à la rivière par des ouvertures *ad hoc*, constituant à la fois la contravention prescrite et *le tort causé par le fait d'une partie* dont parle la chambre des requêtes. Et cette première distinction en a amené une autre, tout aussi chimérique, entre l'action *en dommages-intérêts et destruction de travaux* et l'action civile née de la contravention, qui ne pouvait évidemment poursuivre d'autres objets que ceux-là mêmes, et ne fait qu'une avec la première.

Mais l'hypothèse la plus pratique est celle-ci. Un individu a été condamné par le tribunal de simple police pour coups et violences légères, et il n'est actionné par la victime en dommages-intérêts que plus d'un an après. Nous n'hésitons pas à déclarer

que cette demande est non recevable, comme prescrite.

Mais nous n'entendons parler ici que du cas où il
est reconnu que la demande porte bien sur les
mêmes *coups et violences* qui ont fait l'objet de
la condamnation en simple police, et il peut, en
dehors de ce cas, s'en présenter plusieurs autres
qu'il importe de bien distinguer.

Ainsi le demandeur peut soutenir qu'à côté des
faits délictueux dont la société a eu réparation, il
s'en est trouvé d'autres qui présentaient le caractère
de délits privés, de quasi-délits, que leur nature
même soustrayait à l'action publique, et que c'est
uniquement de ces derniers qu'il entend demander
la réparation par une action fondée sur l'art. 1382
du Code civil et durant par conséquent trente ans.
Par exemple, il s'agit d'un enfant, d'une femme,
d'un homme faible et timoré, et l'agresseur est un
homme énergique et brutal qui leur inspire une
profonde terreur : il a abordé sa victime loin de sa
demeure, et a commis le délit de violences légères;
frappée de terreur, éperdue, la victime s'est mise à
fuir : l'agresseur s'amusant de ses frayeurs, a fait
semblant de la poursuivre, et l'a bientôt abandonnée; mais voici que croyant toujours être poursuivie, elle a couru avec une telle précipitation que
quelque maladie en est résultée; ou bien elle est
tombée dans quelque trou béant, et s'est cassé la
jambe; ou bien la peur toute seule, s'excitant elle-
même par la rapidité de la course, a frappé son esprit
naturellement faible d'un coup peut-être irréparable.
Ainsi le système du demandeur consiste à prétendre

qu'il y a eu deux faits distincts, et séparés même par un intervalle de temps plus ou moins long : le premier fait est délectueux, dans l'espèce une contravention, qui, par sa nature, a engendré les deux actions publique et privée, ou pénale et civile ; de ces deux actions la première a été exercée ; la seconde aurait pu l'être, mais peut-être manquait-elle d'objet, les coups et violences légères n'ayant produit aucun dommage appréciable en argent, et dans tous les cas, comme l'origine commune des deux actions est une contravention, fait dont *toutes les conséquences sont éteintes par la prescription d'un an*, il y aurait lieu de la rejeter *de plano* sans aucun examen. Mais il y a une troisième action, naissant du délit civil que l'agresseur a commis en faisant semblant de vouloir accompagner la victime jusqu'à son logis : si en effet l'agresseur après avoir commis la contravention qui lui est imputée, avait paru se calmer, s'était retiré de son côté, l'affaire en serait restée là, et aucune réparation pécuniaire n'aurait d'objet ; mais au contraire (nous le supposons prouvé) il s'est amusé à redoubler l'effroi de sa victime en lui faisant craindre de nouvelles et plus sérieuses violences : ce n'est prévu par aucune loi pénale ; ce n'est qu'un fait illicite, que l'événement a rendu dommageable ; et l'action qui en résulte est encore loin d'être prescrite.

Dans l'espèce qui précède, la séparation des deux faits, du délit et du quasi-délit, est bien tranchée ; mais nous pouvons changer peu à peu les circonstances, en sorte qu'ils tendent à se rapprocher de plus en plus, et finissent par ne plus constituer qu'un seul et unique fait. Où placerons-nous la limite? Cela nous est impossible à dire; car il y a là une question de fait à résoudre par les tribunaux selon des circonstances nombreuses dont les combinaisons sont infinies et impossibles à prévoir, et leur appréciation à cet égard, toute souveraine, échappera à la censure de la Cour de cassation.

Mais ils nous paraissent encourir cette censure si, après avoir constaté l'unité des faits, ils n'appliquent pas la prescription annale, et même si leur sentence ne s'explique pas assez clairement pour rendre efficace le contrôle de la Cour suprême. C'est en effet un principe général que dans tous les cas où il y a apparence de contradiction entre la décision civile et une décision criminelle antérieure, le juge civil est obligé d'expliquer comment cette contradiction n'existe pas, et d'indiquer lui-même le moyen de concilier la décision qu'il porte avec la décision antérieure. Il ne suffit pas qu'il soit reconnu qu'en réalité elles peuvent se concilier; si le juge civil n'a pas prévenu et résolu la question, sa décision sera cassée pour défaut de motifs.

Le demandeur peut élever une autre difficulté en prétendant que si son action procède bien d'un fait délictueux, les faits dommageables dont il demande la réparation ne sont survenus que postérieurement à la décision criminelle; que les coups et violences légères et la condamnation qui les a suivis remontent bien à plus d'une année, mais que la lésion interne, par exemple, dont il demande la réparation pécuniaire est demeurée longtemps à l'état latent et ne s'est révélée que tout récemment. Il sera sans doute toujours bien difficile de prouver que cette lésion est la conséquence de la contravention commise ; mais y aura-t-il lieu d'admettre la preuve ?

Si nous écartons le cas particulier où cette nouvelle action est introduite en vertu de réserves faites par un précédent jugement, et pour ainsi dire pour son exécution (1), nous trouverons là une très-grave difficulté.

D'un côté, il y a eu appréciation des faits par la juridiction compétente et on ne peut soutenir sans violer formellement l'autorité des décisions criminelles, qu'il n'y a pas eu contravention, c'est-à-dire un fait que la loi veut, par des raisons d'utilité sociale, voir oublié, effacé, anéanti après le délai d'un an. Qu'on ne prétende pas, faisant abstraction du caractère délictueux du fait, ne l'envisager que comme simple délit civil. Il est reconnu que le caractère du fait générateur d'une action étant jugé délictueux, il est impossible de laver l'action de la tache indélébile de son origine, puisqu'on ne comprendrait pas alors les dispositions des art. 2, 637, 638 et 640 du Code d'instr. crim.

Mais, d'autre part, il paraît contraire au bon sens de ne pas admettre la preuve d'un fait qu'on n'a pu alléguer en temps opportun par cette excellente raison qu'il ne s'était pas encore produit, et on invoquera le brocard : « *contra non valentem agere non* » *currit præscriptio.* » Nous pensons, pour des raisons qu'il est inutile de développer ici, que cette ancienne

(1) Voir un arrêt de la chambre criminelle, du 30 frim. an XIII (Perrouard, contre Aillaud.

maxime ne doit pas être admise aujourd'hui dans toute sa généralité ; mais il y a lieu de distinguer entre une action née et non exercée, et une action non exercée, parce qu'elle n'est pas née. Or nous soutiendrions volontiers que dans notre espèce l'origine de l'action dont la prescription est discutée est double, qu'elle naît de la faute commise d'abord, et ensuite du dommage éprouvé. Pour qu'il y ait quasi-délit, et demande en réparation possible, il faut un fait illicite et dommageable : nous avons le fait illicite prouvé par la condamnation criminelle, et même nous l'avons élevé à la hauteur d'une faute punie pénalement, et grevé par conséquent de la prescription correspondante ; mais le dommage ne s'est manifesté que plus tard, et l'absence de ce second élément essentiel de l'action a retardé sa naissance, et en même temps le point de départ de sa prescription. Notons que celle-ci, une fois qu'elle aurait commencé à courir, serait accomplie par un an, comme nous l'avons vu ci-dessus.

Nous pensons, en raisonnant ainsi, ne pas nous écarter des principes ; mais nous ne nous dissimulons nullement que c'est une interprétation très-libre, contraire même au texte des art. 638 et 640 ; et chacun embrassera l'une ou l'autre opinion, selon qu'il sera plus porté à se montrer rigide observateur des textes, ou favorable à l'équité naturelle.

Il est bien entendu du reste que ceci ne s'applique qu'au cas où les magistrats verront *à priori*, sans enquête, qu'il est possible que le dommage ait tardé beaucoup à se manifester, et c'est à leur sagesse de découvrir ce qui pourrait n'être qu'une des ruses innombrables de l'intérêt privé ; de même que nous avons vu plus haut, que c'était à eux de décider s'il y avait cette dualité des faits incriminés qui peut rendre la demande recevable. En l'absence d'un de ces deux moyens, nous avons exposé les motifs qui nous faisaient juger toute action prescrite.

Sans doute tout cela est bien subtil et même bizarre; mais qu'on veuille bien se rappeler combien est arbitraire le principe de la prescription de l'action privée née d'un délit en même temps que l'action publique correspondante; et comment, inique en lui-même, il ne trouve sa justification que dans une raison d'utilité sociale; et l'on ne s'étonnera pas qu'en combinant ce principe avec les autres règles du droit, on puisse arriver à des conséquences qui blessent l'équité et sont encore plus arbitraires que lui.

Section II.

Le délit a été, au criminel, déclaré ne pas exister, ou l'accusé n'en être pas l'auteur.

Lorsque le jugement criminel doit, à peine de nullité, être motivé, l'acquittement peut se fonder d'abord sur l'incertitude des preuves fournies, ensuite sur l'une de ces deux négations, ou de l'existence du délit, ou de la coopération du prévenu à ce délit. Sous l'empire du Code de brumaire, la scission des divers éléments de la culpabilité était aussi marquée par la succession des trois questions posées au jury, et il était facile de se rendre compte de la véritable cause de la non-culpabilité. Aujourd'hui que tout est confondu en une unique question, la nécessité de préciser la pensée du jury fait naître des difficultés qui occuperont la section suivante : nous ne traitons dans celui-ci que des décisions des tribunaux correctionnels et de police, et encore pas de toutes ; car il peut arriver que les motifs n'étant pas suffisamment précis, on ne puisse voir dans l'acquittement que la négation de la question complexe de culpabilité.

Beaucoup d'auteurs distinguent entre le jugement de condamnation et le jugement d'acquittement, admettant l'autorité de la chose jugée dans le premier cas, et la rejetant dans le second (Duranton, t. XIII, nᵒˢ 486 et s.; Coulon, *Quest. de dr.*, t. I, p. 416 ; Poncet, *Des jug.*, t. II, nᵒ 354 ; Legraverend, *Lég. crim.*, t. I, p. 61 ; Sirey. Dev. Car., vᵒ *Chose jug.* tab. trien., §, 4, et tab. déc., § 6). La jurisprudence paraît les suivre dans cette voie.

En étudiant la question de principe, nous n'avons trouvé que des arguments généraux, comprenant tous les résultats auxquels peut aboutir une instance criminelle. L'art. 3 C. inst. crim. et les autres articles que nous avons invoqués impriment-ils, ou non, à l'action publique le caractère de question préjudicielle? La contradiction entre les juridictions, suite inévitable du système de la non-autorité, est à peu près aussi fâcheuse, soit que coupable au criminel, le prévenu soit acquitté au civil, soit qu'innocent au criminel, il soit condamné au civil. Est-elle, dans les deux cas, oui ou non, un inconvénient plus grave que ceux de l'autorité admise? Nous avons résolu ces deux questions affirmativement, et il en résulte que la chose jugée au criminel a une autorité absolue, et doit être reçue comme vérité par le juge civil.

Mais à côté de cette question simple et incapable de toute distinction, se place la question d'interprétation de la décision criminelle, et celle-là est complexe et susceptible d'autant de réponses que nous distinguerons de classes d'arrêts.

Pour reprendre l'exemple ci-dessus posé, des coups ont été portés à un individu; le ministère public, agissant seul, a porté l'affaire devant le tribunal correctionnel; et le prévenu a été renvoyé de la plainte, par une de ces deux raisons « *qu'il n'y a* » *pas eu de coups portés; que, dans un but quelconque,* » *il y a eu simulation, soit de la part de la prétendue* » *victime, soit de la part de tiers.* »

Ou encore « *que, des coups ayant été incontesta-* » *blement portés à la victime, on s'est trompé en en* » *cherchant l'auteur dans le prévenu, qui n'y est* » *pour rien.* » Dans ces circonstances, la victime agit au civil contre le prévenu. Celui-ci pourra-t-il refuser de discuter de nouveau la question de culpabilité, et présenter le jugement ainsi motivé comme une preuve complète qu'il ne doit pas de dommages-intérêts ?

Il n'y a plus ici à distinguer la faute civile de la faute criminelle. Si le fait n'a pas eu lieu, ou s'il est imputable à un autre, il n'y a plus de faute possible et aucune base à une demande en réparation. Ainsi il faudra nécessairement rejeter toute nouvelle demande sur le seul vu de la décision criminelle.

Si on présente contre ce système des raisons qui attaquent le principe même de l'autorité, nous nous bornerons à renvoyer aux considérations que nous avons présentées plus haut.

Si on attaque ce résultat spécial du principe, nous citerons ce passage de Merlin (1) : « Si l'accusé est absous, la partie privée ne pourra, en le traduisant devant les juges civils, le faire condamner à des dommages-intérêts pour un crime ou pour un délit dont il a été jugé non coupable contradictoirement avec le ministère public : car il faut bien qu'à cet égard il y ait pleine réciprocité. La partie privée ne peut pas méconnaître l'autorité d'un jugement, sous le prétexte qu'il est favorable au prévenu ; tandis que s'il lui eût été contraire, il aurait formé pour elle un titre irréfragable ; et si le prévenu, par cela seul qu'il est déclaré coupable envers le ministère public, est déclaré coupable envers la partie privée, il faut bien aussi que le prévenu, par cela seul qu'il est déclaré innocent envers le ministère public, soit à couvert de toutes les actions que la partie privée pourrait intenter contre lui à effet de le faire déclarer coupable. » Si dans ce passage, nous entendons par innocent celui qui est déclaré tel pour une des deux raisons de notre hypothèse actuelle, l'équité exige impérieusement qu'il y ait réciprocité : l'autorité d'une décision ne peut résulter que de sa nature même, des circonstances de son origine ; elle doit donc être déterminée *à priori*, et on ne comprendrait pas que l'issue seule du procès décidât s'il doit en sortir une vérité absolue ou une vérité relative.

Dira-t-on que l'une des parties doit être traitée plus favorablement ? Non ; car si l'une a subi une prévention pour un fait qui n'existait pas, ou lui

_____

(1) Rép. *Non bis in idem*, n° 15.

était étranger, l'autre a subi un dommage qui ne sera pas réparé; toutes deux ont droit à la protection de la loi.

On cite ordinairement, comme application saillante de ce principe, l'arrêt de la Cour de cassation qui a clos, le 17 mars 1813, l'affaire des sieurs Tourangin et Charret. Dans cette affaire, fort compliquée, il s'agissait de billets souscrits par Charret au profit de Tourangin, causés pour prêt, mais que, par un acte séparé, Charret reconnaissait être la réparation de vols par lui commis au préjudice de Tourangin. Deux instances criminelles avaient eu lieu, l'une contre Tourangin, à la Cour d'assises, accusé d'avoir extorqué par violence ces billets et reconnaissance, l'autre contre Charret, en police correctionnelle, pour vols. Tous deux avaient été acquittés ; le jugement de police correctionnelle et l'arrêt qui l'avait confirmé étaient motivés sur ce que « *les vols n'avaient pas eu lieu, le corps du délit n'étant pas établi.* » De plus un arrêt de la Cour de Bourges avait déclaré les billets en question nuls, comme sans cause, attendu que, de son aveu même, Tourangin n'avait jamais rien prêté à Charret et que, d'autre part, la cause honteuse que leur avait assignée la reconnaissance, le vol, avait été jugée par la juridiction correctionnelle dénuée de tout fondement.

Dans ces circonstances, un des chefs du pourvoi dirigé contre ce dernier arrêt signalait une prétendue « fausse application de la chose jugée en ce que la Cour de Bourges s'était fondée à tort sur l'arrêt correctionnel qui avait renvoyé Charret de la prévention de vol, pour en conclure que, par le seul effet de cet arrêt, l'obligation était désormais sans cause; assertion, d'ailleurs, que ne contiennent pas... les motifs de cet arrêt, *qui ne peut être opposé au demandeur qui n'y a pas figuré*....... (1) »

Ce moyen fut rejeté en ces termes : « Considérant, sur le deuxième moyen que le demandeur fait résulter de ce qu'il n'a pas été partie dans l'arrêt de la chambre correctionnelle qui a renvoyé Charret de la plainte en vols, et que, dès lors, cet arrêt ne saurait lui être opposé ; que le ministère public est seul partie capable pour poursuivre les crimes et délits, et qu'il les poursuit aux périls, risques et fortune de tous ceux qui y sont intéressés lorsqu'ils ne se rendent pas partie civile, et que le jugement qui intervient avec lui ne peut jamais être attaqué par les parties privées ; que cela résulte nécessairement de l'art. 3 du Code d'inst. crim. portant que l'exercice de l'action civile intentée avant ou pendant la poursuite de l'action publique, est suspendu jusqu'à ce que l'action publique ait été définitivement jugée ; que, d'après cette disposition, l'action publique est évidemment préjudicielle à l'action civile, et que, dès lors, le jugement qui intervient sur l'une, même en l'absence de la partie privée, ne peut pas ne point avoir l'autorité de la chose jugée sur l'autre ; qu'ainsi, dans l'espèce, un arrêt de la chambre correctionnelle de la Cour de Bourges ayant jugé, sur la poursuite du ministère public, que le sieur Charret n'avait commis ni vol ni escroquerie chez le sieur Félix Tourangin, cet arrêt a acquis, vis-à-vis de ce

_____

(1) Voir le réquisitoire de Merlin (Rép., *Non bis in idem*, n° 15).

dernier, l'autorité de la chose jugée, et que la chambre civile a dû le prendre pour base de sa décision. »

Un individu a été poursuivi pour faux au criminel, et il a été renvoyé de la plainte, *parce que l'acte a été jugé sincère et véritable* (1). Si ensuite cet acté est produit par ce même prévenu acquitté dans une instance civile, l'adversaire pourra-t-il s'inscrire contre cet acte en faux incident civil? Merlin et Toullier étaient d'accord pour répondre négativement; mais par la suite Toullier est revenu sur sa décision.

Non-seulement il y a dans cette hypothèse cette raison générale que l'action publique est préjudicielle à l'action privée, mais encore l'art. 214 C. pr. résout expressément la question. D'après cet article, en effet, l'inscription en faux incident est encore recevable « encore que la pièce ait été vérifiée soit avec le demandeur, soit avec le défendeur en faux, à d'autres fins que celles d'une poursuite de faux principal ou incident, et qu'en conséquence il soit intervenu un jugement sur le fondement de ladite pièce comme véritable. » D'où il suit évidemment que la poursuite n'est plus recevable si la pièce a été *vérifiée* avec le défendeur en faux sur une poursuite en faux principal, comme il arrive dans notre hypothèse.

Le même texte proscrit l'inscription de faux incident que le prévenu acquitté voudrait former contre le même acte, prétention tellement insoutenable qu'il suffit de l'indiquer.

(1) Il faut supposer qu'on n'a pas suivi la manière actuelle d'interroger le jury; une pareille décision peut aussi résulter d'un arrêt de la chambre des mises en accusation.

Mais il peut arriver que la pièce soit arguée de faux au civil par un autre que l'accusé acquitté, et contre un autre que cet accusé. Le notaire rédacteur d'un acte authentique a été traduit devant la juridiction criminelle, et a été acquitté, « parce que la pièce a été jugée véritable. » Puis le même acte est produit dans une instance civile par celui à qui il profite; l'adversaire pourra-t-il s'inscrire en faux incident?

Ou bien le notaire ayant été condamné, celui à qui l'acte profite pourra-t-il encore produire la pièce au civil, et le juge civil pourra-t-il apprécier souverainement sa valeur et la juger sincère? Ces deux questions doivent être réunies; car, s'agissant des deux côtés d'une décision formelle, il n'y a qu'à affirmer ou à nier son autorité, et la même solution doit s'appliquer à toutes deux.

La jurisprudence est divisée sur ce point, et nous commencerons par l'examiner. Un arrêt du 13 fructidor an X a acquis une sorte de célébrité : il s'agissait d'une succession Dumas qui avait donné naissance à une foule de questions litigieuses : un acte de mariage, produit par l'un des prétendants, avait donné lieu contre lui à une instance criminelle terminée par sa condamnation : une autre prétendante crut pouvoir s'appuyer sur ce même acte, disant que l'arrêt criminel était pour elle *res inter alios acta,* et que les juges civils comme elle-même pouvaient parfaitement le laisser de côté. La Cour de Paris, sur les conclusions de M. Mourre, dont nous avons cité ci-dessus l'opinion, rejeta ce système, et même, ajoute M. Mourre, « nous pouvons le dire, avec une sorte d'indignation », considérant « qu'on a lieu de s'étonner qu'après une décision si éclatante (l'arrêt criminel) qui a proscrit l'acte comme faux, entre les mains de Jean-Benoît de Monthuel, une autre personne ose s'en servir et le remettre sous les yeux de la justice (1). »

Dans le même sens, arrêt de la Cour de cassation du 19 messidor an VII (2). Un délit de contrebande résultait d'un procès-verbal dressé par les agents de l'administration des douanes. Le procès-verbal ayant été argué de faux, une instance criminelle contre les employés s'était terminée par une déclaration du jury d'accusation portant qu'il n'y avait lieu à suivre. Les inculpés, qui ne s'étaient pas portés parties civiles dans la poursuite criminelle, crurent pouvoir continuer une instance en faux incident contre le même acte, et le juge civil crut pouvoir l'annuler comme faux. Il s'agissait d'abord dans cette affaire de savoir quelle était la vraie signification de la déclaration du jury d'accusation, question que nous examinerons plus tard, et ensuite si cette déclaration pouvait être opposée à l'administration des douanes : sur ce dernier point, il n'était pas contesté que l'instance criminelle et l'instance civile n'eussent eu lieu entre parties différentes ; car dans la première avaient figuré le ministère public et les employés, et dans la seconde les inculpés et l'administration des douanes, dont la personnalité ne peut être confondue avec celle de ses agents. Donc l'arrêt ayant été cassé, il en résulte implicitement la solution de la question

(1) D., v° *Chose jugée*, n° 553.
(2) S. 7, 2. 827 ; D. 4, 253.

que nous examinons, dans le sens de l'autorité de la décision criminelle sur le civil.

Les deux mêmes difficultés ont encore été résolues par un arrêt de la Cour de cassation du 12 juillet 1825 (1). L'héritier légitime d'un testateur s'était inscrit en faux contre le testament, et le ministère public avait poursuivi au criminel le notaire rédacteur : le jury, interrogé en ces termes : « X... (le notaire) est-il coupable d'avoir dénaturé frauduleusement les circonstances de la rédaction du testament? » répond « qu'il n'est pas coupable. » Les légataires voulurent voir dans cette déclaration et l'acquittement qui en fut la suite la consécration de la sincérité du testament, et s'opposèrent à ce que l'héritier fût admis à suivre son inscription de faux incident. Mais ils échouèrent devant la Cour d'appel et la Cour de cassation ; cette dernière décida :

« Que cette déclaration du jury. Non, l'accusé n'est pas coupable, ne prononçant rien expressément sur le point de savoir si les énonciations du testament dont il s'agit étaient ou non fausses, il en résulte que ce testament n'a pas été vérifié par l'arrêt de la Cour d'assises qui a prononcé l'acquittement du notaire. » Se fonder sur ce que l'arrêt criminel n'a pas décidé précisément la question en litige, c'est dire évidemment que s'il l'eût résolue, la non-identité patente des parties n'eût pas empêché son autorité (2).

On cite dans le sens contraire deux arrêts que

(1) S. 1826, I, 310.

(2) Voir encore, dans le même sens, les arrêts de la Cour de cassation des 4 mars 1847 et 24 avril 1819 (D., v° *Chose jugée*, n° 589.)

nous examinerons plus tard, parce qu'ils résolvent à la fois des questions diverses (1).

On est très-divisé sur l'interprétation à donner à l'arrêt rendu par la Cour de cassation le 8 avril 1812, dans l'affaire Ducasse, qui durait depuis trente ans (2). Un individu, qui avait été toujours connu et avait exercé des fonctions importantes sous le nom d'Antoine Casse, avait laissé par son testament une fortune considérable aux mineurs Raymond, qu'il qualifiait ses petits-neveux. Un nommé Guillaume Ducasse prétendit être neveu et héritier légitime du testateur, dont le vrai nom aurait été Bertrand Ducasse, et qui se serait fraduleusement attribué un autre état par suite de faux commis par la veuve Raymond, mère des légataires, et un sieur Valette. En 1788, un arrêt définitif débouta Guillaume Ducasse de sa demande et maintint les frères Raymond en possession de la succession.

Le 3 prairial an II, une procédure criminelle contre la veuve Raymond et Valette aboutit à leur condamnation pour falsification de l'acte de baptême qui avait donné au testateur le faux état d'Antoine Casse, et en conséquence déclara faux le testament et attribua à Ducasse la propriété des biens de la succession. A partir de ce moment, ce dernier chercha à rentrer en possession de ces biens, et notamment de diverses terres, et les évolutions de la procédure amenèrent la question devant la Cour de cassation. Comme il s'agissait de valider ou d'infirmer des arrêts civils qui avaient contrevenu bien évidemment aux dispo-

(1) Cass., 12 août 1834 et 20 avril 1837 (D., *loc. cit.*).
(2) D., v° *Chose jugée*, n° 554.

sitions de l'arrêt criminel, notre question était à résoudre et Merlin l'avait traitée; mais compliquée de cette circonstance qu'avant l'arrêt criminel il y avait eu un premier arrêt civil dont l'autorité devait aussi être respectée. Aussi Mangin prétend-il que la Cour de cassation n'a pas, dans cet arrêt, résolu la question en litige : nous y trouvons cependant ce qui suit :

« Considérant que, si les jugements rendus en matière criminelle sont investis de la même autorité que ceux rendus en matière civile, ce ne peut être néanmoins que sous les mêmes conditions, et notamment qu'ils aient été rendus entre les mêmes parties. Or, dans l'espèce, le jugement criminel du 3 prairial de l'an II n'ayant été rendu que vis-à-vis la veuve Raymond, de laquelle les défendeurs éventuels n'étaient ni les héritiers ni les ayant cause, il s'ensuit que, quelle que soit l'autorité qu'on lui suppose, il ne pouvait détruire celle résultant de l'arrêt du Parlement de Paris, qui avait déclaré valable le testament dont il s'agissait, non pas vis-à-vis de la veuve Raymond, qui n'était partie au procès qu'en qualité, mais en faveur des légataires institués; d'où il résulte qu'en le décidant ainsi, l'arrêt attaqué, loin d'avoir contrevenu aux lois de la matière,... etc. (1). »

Du reste, voici les raisons alléguées dans l'un et l'autre sens. Elles ont été toutes exposées avec talent par Merlin, qui, entre la troisième et la quatrième édition de ses *Questions de droit*, a varié sur la question. Il lui avait semblé d'abord que le jugement criminel

<hr>

(1) Voir Merlin (Rép., v° *Faux*, s. V); Dalloz (v° *Chose jugée*, n° 555); et Mangin (n° 425).

devait bien avoir autorité sur toute question par lui suspendue, mais seulement lorsqu'il y avait une certaine identité de parties. Lorsque le défendeur est le même dans les deux instances, cette identité existe suffisamment, parce qu'en raison même du caractère de préjudicialité que la loi imprime alors à l'action publique, elle identifie, par sa toute-puissance, le ministère public demandeur dans l'action publique, avec tout particulier qui a intenté ou intentera par la suite l'action civile qui en est la suite : on comprend parfaitement que le ministère public, représentant du pouvoir social, reçoive ainsi le mandat d'agir aux risques et périls de tous ceux dont les intérêts privés se trouveront momentanément confondus avec ceux-là mêmes que le ministère public a pour mission d'exercer. Ainsi, dans la poursuite criminelle d'un faux contre le notaire rédacteur d'une obligation, le créancier et le débiteur prétendus n'ont pas besoin de se constituer parties civiles pour figurer dans l'instance : ils y figurent tous deux certainement. Mais, dit Merlin, en quelle qualité y figurent-ils? Ce ne peut être que comme faisant avec le procureur général cause commune *contre l'accusé* : ce n'est que dans ce seul sens que le mandat légal, l'identification se comprend. Car comment supposer que l'une des parties de l'instance civile, le bénéficiaire de l'acte, par exemple, soit l'ayant cause du ministère public et en même temps celui de l'accusé; en sorte que si l'acte est déclaré faux, ce point soit jugé *contre lui* en même temps que contre l'accusé? En sens inverse, l'obligé peut-il être l'ayant cause des deux parties, en sorte que si l'acte est déclaré sincère, il soit lié

par ce qui a été jugé contre le ministère public ? Il
répugne à la raison de voir dans un débat une même
personnalité des deux côtés à la fois.

Il faut donc, pour admettre l'autorité du jugement criminel, adopter la théorie de M. le procureur
général Mourre, qui voit dans tout jugement criminel « non un acte ordinaire de l'autorité publique,
n'embrassant, comme la plupart des jugements civils, que quelques intérêts privés, *et ne se rapportant
qu'à quelques individus,*..... mais un monument
élevé dans le sein de la société, qui doit fixer tous
les regards et enchaîner toutes les pensées..., un monument sur lequel s'imprime une vérité publique. »
Ce langage est plus poétique que juridique : il en est
bien ainsi tant que nous restons dans le domaine de
la justice pénale, mais si nous cherchons dans la décision criminelle le dernier mot d'une lutte d'intérêts privés, rien n'est plus naturel que de vérifier si le
particulier qu'elle lèse peut sans injustice être tenu
de s'y soumettre : l'incertitude inhérente aux jugements humains est telle qu'on a été obligé de ne
leur attribuer qu'une vérité relative : c'est là la règle,
le droit commun, et il faudrait pour s'en écarter
autre chose qu'une belle phrase.

La difficulté est de savoir si ce système n'est pas
en contradiction avec ce qui a été avancé plus haut,
relativement au caractère de préjudicialité imprimé
par la loi à l'action publique. Nous avons vu jusqu'ici dans les deux actions dont l'une est préjudicielle à l'autre, l'une des parties rester identiquement la même, et l'autre se composer de deux personnes différentes que la loi relie par une présomp-

tion de mandat ; que si toutes les deux changent, il est naturel de voir deux instances séparées et par suite indépendantes ; mais l'art. 3 comprend tous les cas où l'instance criminelle est fondée sur les mêmes faits que l'action civile, et ordonne indistinctement de surseoir. Nous reviendrons sur ce point.

Merlin, changeant de système, a présenté en faveur du système de l'autorité quatre arguments principaux : 1° il a cru trouver une preuve péremptoire dans l'irrévocabilité de l'aveu que le particulier, demandeur au civil, est censé avoir fait dans l'instance criminelle par l'organe du ministère public, En effet, lorsque celui-ci a intenté sa poursuite en faux, tout le monde est censé avoir soutenu avec lui la fausseté de la pièce : donc si le notaire rédacteur est condamné, le bénéficiaire de l'acte rétracterait un aveu irrévocable en le produisant au civil. Pour l'hypothèse inverse, on peut dire que le ministère public, en intentant la poursuite, s'est engagé par une sorte de quasi-contrat judiciaire, à accepter la décision à intervenir ; que tout le monde est censé l'avoir soutenu dans sa plainte avec ses chances diverses et par conséquent dans les termes de cette sorte de quasi-contrat ; que si donc la décision criminelle, sans sortir de la compétenee de la juridiction dont elle émane, porte non-seulement que l'accusé n'est pas coupable, mais encore que la pièce n'est point fausse, il n'y a aucune raison pour délier le particulier intéressé à la fausseté de la pièce de sa participation présumée à l'acte du ministère public.

A ce premier argument trois réponses, dont les deux premières sont tirées de la nature de l'aveu judiciaire. Tout le monde sait qu'il est révocable pour erreur de fait. Et de plus il est de principe qu'il n'a lui-même qu'une autorité relative aux parties en cause, et ne lie celui qui le fait que vis-à-vis son adversaire actuel.

Enfin, pour nous rendre compte des effets qu'il peut produire, nous avons pour terme de comparaison l'effet obligatoire de l'aveu que le particulier est censé partager, celui du ministère public. Ce dernier est formel, et pourtant, après avoir soutenu la culpabilité d'un premier accusé, le ministère public peut, devant la même juridiction, venir soutenir qu'un second accusé est seul coupable du même crime. Comment dès lors pourrait-on tirer, devant une autre juridiction, une fin de non-recevoir valable de l'aveu accessoire et tacite du particulier ?

2° Voici comment Merlin répondait à l'argument capital de son premier système : « Le point d'où il faut partir est la différence qu'il y a, quant à l'objet qui nous occupe, entre le cas où deux procès criminels sont intentés successivement pour le même fait par ou contre des personnes différentes, et le cas où, pour le même fait, deux procès, dont l'un est criminel et l'autre civil, sont intentés par ou contre des personnes différentes, à la suite l'une de l'autre. Dans le premier cas, le jugement rendu sur le premier procès est sans influence sur le jugement du second, parce qu'il n'est pas préjudiciel à ce dernier. Voilà pourquoi un individu peut être condamné à raison d'un crime, nonobstant le jugement antérieur qui, sur l'imputation du même crime à un autre individu, a déclaré que ce crime n'a pas eu lieu ; voilà pourquoi, malgré le jugement qui a déclaré un individu coupable d'un crime, un autre individu peut être ultérieurement condamné comme seul coupable de ce même crime. Mais, dans le second cas, la loi veut que le jugement du procès criminel précède le jugement du procès civil; et par cela seul elle veut que le fait qui forme la cause commune des deux procès ne puisse plus être remis en question dans le procès civil, après que l'existence ou la non-existence en a été constatée dans le procès criminel. Cela est évident, comme on l'a vu plus haut, quand c'est par l'accusé condamné que le procès civil est ensuite intenté contre un tiers. Pourquoi en serait-il autrement quand c'est par un tiers que ce procès est intenté contre un autre tiers? Dira-t-on qu'alors il n'y a même pas l'identité fictive de parties entre le procès civil et le procès criminel; que les deux tiers qui figurent dans le procès civil peuvent bien être réputés avoir été parties dans le procès criminel, dans la personne du ministère public, comme codemandeurs contre l'accusé, mais qu'ils ne peuvent être réputés y avoir été parties l'un contre l'autre? C'est une erreur.

» Pourquoi, lorsque l'action civile est préjudicielle à l'action publique, le jugement de la première a-t-il force de chose jugée au criminel sur le point fondamental des deux actions? Parce que le ministère public est censé avoir été représenté dans le procès civil par l'adversaire de la partie qu'il poursuit actuellement dans le procès criminel; parce que cette fiction dérive nécessairement de ce que la loi attribue au jugement civil un effet préjudiciel sur l'action publique. Donc, par la même raison, dans le procès civil qui succède au jugement criminel, le tiers qui soutient la sincérité de la pièce doit être réputé avoir été représenté au procès criminel par le condamné; et ce qui le prouve, c'est que la loi veut que le jugement criminel soit préjudiciel au jugement civil. » Est-ce là une raison bien concluante? Il nous semble que non, car il n'y a dans les cas de question d'état ou de propriété immobilière, il n'y a, d'une juridiction à l'autre, qu'une des parties dont la personnalité change. Il en est alors tout à fait comme dans le cas ordinaire de sursis pour poursuite criminelle, en ce sens que la partie qui se trouve incapable de continuer l'instance pour le moment, se retire pour faire place à une autre qui la représentera légalement; mais jamais les parties ne sont changées toutes deux. On pourrait dire même que l'analogie, invoquée en faveur de l'autorité, se tourne contre ce système; car supposons qu'avant tout procès criminel, un jugement civil entre Primus et Secundus attribue la propriété d'un sol à ce dernier; Tertius, poursuivi pour délit forestier commis sur ce terrain, s'en prétend propriétaire; qui osera dire que l'instance entre Primus et Secundus étant préjudicielle à l'action publique, on pourra opposer à Tertius le droit attribué à Secundus et qu'il sera obligé de le subir? On arriverait ainsi à ce résultat vraiment inadmissible, que l'instance entre Primus et Secundus, qui peut avoir été complétement ignorée de Tertius, l'aurait dépouillé de la propriété qu'il revendique, et qu'il se trouverait à la fois, sans pouvoir se défendre, condamné au civil et au criminel.

3° « Ce qui prouve encore plus évidemment l'autorité absolue du jugement criminel, c'est que la loi ordonne la suppression de la pièce jugée fausse dans le procès criminel, manifestant par là son intention qu'il ne puisse plus en être fait usage par les tiers aussi bien que par le condamné. » Qu'importe donc que cette suppression n'ait, par suite de quelque circonstance, pu recevoir son exécution? Ce qui montre bien, dit-on, le vice du système de la non-autorité, c'est que, dans la grande majorité des cas, la question ne pourra se présenter, parce que l'anéantissement de la pièce, ordonné par la loi, obligatoire pour la juridiction criminelle, mettra un obstacle matériel insurmontable à ce que la pièce fausse reparaisse devant la justice, entre les mains de qui que ce soit. Il faut donc, dit-on, pour avoir lieu de débattre la question, supposer quelque circonstance accidentelle, comme une expédition de l'acte sur laquelle on n'a pu mettre la main, ou une condamnation sur une pièce non représentée, ou quelque erreur de la justice, comme l'omission de la disposition dans l'arrêt, ou sa non-exécution. Cette restriction du système n'est-elle pas sa condamnation? Et si, en fait, un tiers peut encore produire la pièce jugée fausse, ne reste-t-il pas, en droit, un obstacle permanent? Peut-on se prévaloir, contre la pensée évidente du législateur, d'une circonstance de fait qu'il n'a pas prévue?

Cet argument n'est pas bien concluant, car d'abord, s'il s'agit d'un acte notarié, l'existence d'une grosse entre les mains du créancier et formant son titre, est tellement naturelle qu'on aurait bien pu la prévoir. Et ensuite ne peut-on pas dire que la loi a

statué sur l'immense majorité des cas; car on ne
fabrique des faux que dans son propre intérêt, ou
tout au moins il y a partage de l'émolument à en pro-
venir et complicité du bénéficiaire de l'acte. Un faux,
dont ce dernier n'est nullement coupable, est un événement si rare qu'elle a bien pu le laisser de côté.

4° Mais, peuvent dire les partisans de l'autorité,
on s'est fondé sur l'art. 3 C. inst. crim. pour établir
que l'action publique est préjudicielle à l'action
civile, et que, par conséquent, sa décision doit s'imposer aux juges de cette dernière. Or, l'art. 3 ne
contient nullement la distinction qu'on veut introduire. Par cela seul que l'action publique a pour
objet les mêmes faits, il doit être sursis, qu'elle soit
ou non dirigée contre l'une des parties de l'instance
civile. Donc le caractère de question préjudicielle ne
saurait lui être dénié plus dans un cas que dans
l'autre. C'est là, à notre avis, le véritable nœud de la
qnestion.

Il faut reconnaître que l'art. 3 ne renferme pas la
distinction qu'on veut introduire. « Il n'est... pas
vrai que, pour qu'une action soit préjudicielle à
une autre, en ce sens que le jugement de celle-ci soit
dicté à l'avance par le jugement de celle-là, lorsqu'il
décide positivement le fait dont elles dépendent
toutes deux, il soit nécessaire que les deux actions
aient lieu entre des parties identiquement les
mêmes. Il suffit..., pour concilier l'effet préjudiciel
que l'une exerce sur l'autre avec la grande règle qui
restreint l'autorité de la chose jugée entre les parties
qui ont figuré dans le jugement dont elle découle,
que la loi puisse identifier et identfie effectivement les

parties qui figurent dans une action avec celles qui ont figuré dans une autre.

» Aussi l'art. 3 du C. d'inst. crim., de la disposition duquel il faut bien reconnaître qu'il résulte nécessairement la conséquence que l'action criminelle est préjudicielle à l'action civile dans le sens dont il s'agit, ne distingue pas, comme je l'avais pensé d'abord, entre le cas où ces deux actions sont entre des parties qui sont identiquement les mêmes, et le cas où elles sont entre des parties réellement différentes. Il veut généralement, et sans distinction, que l'action en réparation du dommage causé par un crime, par un délit ou par une contravention, qui, lorsqu'elle est exercée civilement, ne se trouve pas définitivement jugée avant l'action publique, soit suspendue jusqu'après le jugement définitif de celle-ci.

» Or, en quoi consiste, de la part de celui au préjudice duquel a été commis un crime de faux en écriture publique, l'action civile qu'il a pour faire réparer le dommage que ce crime lui a causé? Elle consiste certainement à s'inscrire incidemment en faux contre l'acte qui nuit à ses droits ; et cette action il ne la dirige pas, il ne peut pas même la diriger contre l'officier public à qui il impute le faux : il ne la dirige, et il ne peut la diriger que contre la partie qui se prévaut contre lui de l'acte, et qui peut être de bonne foi. Cependant, si son inscription de faux est admise, elle reste suspendue jusqu'à ce que l'action criminelle qui est par suite intentée contre l'officier public soit irrévocablement jugée ; et pourquoi reste-t-elle suspendue? Ce n'est pas seulement parce que telle est la disposition expresse des art. 239 et 240 du C. pr. civ., c'est encore parce que quand même cette disposition n'existerait pas, elle serait remplacée dans le Code d'inst. crim., par l'art. 3, dont elle serait la conséquence nécessaire.

» Si donc on est forcé de convenir que, du sursis ordonné par l'art. 3 du Code d'inst., il résulte que, lorsqu'il y a identité réelle de parties entre l'action civile et l'action criminelle, le jugement de la seconde emporte le jugement de la première sur le fait qu'il décide positivement, il faut bien que l'on convienne aussi qu'il en résulte la même conséquence dans le cas où les parties ne sont pas réellement les mêmes (1). »

Cela est parfaitement logique : mais il n'en est pas moins certain qu'on arrive ainsi à identifier l'une des parties de l'instance civile avec les deux parties de l'instance criminelle à la fois. Le législateur pouvait-il créer un ordre de choses aussi contraire à la « grande règle » de l'autorité relative de la chose jugée ? Ou du moins l'a-t-il voulu ? Pour notre compte, et tout en nous défiant singulièrement de notre propre jugement, il nous semble que non (2). Nous avons admis que le ministère public était le représentant des intérêts de la société et en même

____

(1) Merlin, *Quest. de dr.*, t. IV, p. 172.

(2) Dans ce sens, Dalloz (v° *Chose jugée*, n° 554); *Contrà*, Merlin (Rép., v° *Testament*, p. 824 ; Quest de dr., v° *Faux*, § 6, n° 7, t. III et t. V); Mourre (sur l'aff. Reynier, D., *loc. cit.*); Bourguignon (sur l'art. 360, n° 7); Mangin (t. II, p. 408) et Le Sellyer (t. VI, n° 2496).

temps de tous les intérêts particuliers qui s'y trouvaient attachés : lorsqu'il a prouvé un fait, ou qu'un
fait a été prouvé contre lui, et qu'une autorité compétente a porté sa décision, tout intéressé, qu'il ait
été partie civile ou non, peut bien se mettre en la
place du ministère public, invoquer la décision si
elle lui est favorable, ou si elle lui est contraire,
l'accusé peut la lui opposer ; tous peuvent l'invoquer : de ce côté, c'est-à-dire du côté du demandeur de l'instance criminelle, l'autorité de la chose
jugée a bien un effet absolu. Mais du côté du défendeur, le fait est bien prouvé contre lui, s'il a été
condamné, au profit de la société entière et de tout
intéressé, ou pour lui, s'il a été acquitté, contre la
société aussi tout entière, mais non pas contre ou
pour des tiers : il a pu se défendre, et le droit de
la défense est quelque chose de si éminemment
personnel, qu'on a peine à comprendre qu'il ait pu,
en se défendant à sa guise, compromettre les droits
des absents. Ainsi la société entière s'étant, par un
mandataire, levée contre un seul, la décision inter-
venue aura une valeur absolue tant que ce dernier
restera en cause ; dès qu'il disparaîtra, nous rentre-
rons dans la règle ordinaire qui est la valeur simplement relative des sentences. Autrement le jugement criminel aurait, en tout sens, une autorité
absolue et générale ; il ne resterait aucune trace de
la règle de l'effet relatif des jugements ; si nous
sommes convaincu de la préjudicialité de l'action
publique, nous n'oublions pas que nous sommes ici
dans une matière toute d'interprétation, et que c'est
une étrange manière de « concilier » deux principes

également respectables que de sacrifier entièrement l'un à l'autre.

Section III.

Le fait a été déclaré n'être pas constant.

Il n'est pas besoin de faire remarquer la différence profonde qui sépare la déclaration que tel fait n'existe pas, de celle qu'il n'est pas constant, c'est-à-dire qu'il n'est pas prouvé. Cette dernière hypothèse se rencontre fréquemment dans les jugements correctionnels ou de police, et on peut se demander si, quand le juge criminel a déclaré les preuves produites insuffisantes, ce n'est pas une contradiction flagrante que de laisser déclarer à la juridiction civile les mêmes preuves suffisantes. La certitude est une, et aucun juge ne doit être censé prononcer sans avoir réuni autour de lui tous les éléments de preuve humainement possibles. Au criminel comme au civil, on n'obtient que ce que l'on prouve : *Idem est non esse aut non apparere.* Doit-on donc tolérer que la juridiction civile se dise plus clairvoyante que la juridiction criminelle, chargée spécialement de veiller aux intérêts de la société ?

Il faudrait sans doute répondre négativement, si la contradiction entre les deux sentences était inévitable ; mais d'après les principes que nous avons posés plus haut, il suffira, pour que le juge civil conserve son appréciation indépendante, qu'il y ait un milieu possible entre les deux décisions. Or, quelle est la valeur exacte de cette déclaration que le fait n'est pas constant ? C'est le *non liquet* des Romains, le *quousque* de nos aïeux; elle entraîne l'acquittement, mais c'est uniquement par suite de la faveur dont nos institutions modernes entourent le prévenu, par une interprétation plus bénigne que celle de ces législations : la conséquence que doit en tirer le juge criminel est certaine et formelle; mais par elle-même et prise dans sa valeur intrinsèque, elle ne décide rien, si ce n'est que rien n'a pu être décidé.

Faut-il, parce qu'un premier juge n'a pas voulu ou n'a pas osé résoudre une question, et a déclaré n'y voir rien de certain, que l'affaire reste désormais couverte d'un voile impénétrable, et qu'il soit défendu à tout autre juge d'exprimer la conviction qu'il s'est faite ? Non, sans doute; car, en règle générale, chaque juge recherche la vérité comme il l'entend et l'exprime comme il la sent, à la seule condition de ne pas contredire une vérité judiciaire préexistante, et ici comme il n'y a rien eu, à proprement parler, de décidé, il ne saurait y avoir contradiction.

Il faut remarquer, au reste, que les preuves d'un fait sont susceptibles de plus ou de moins; et qu'il est dans la nature humaine de les apprécier plus ou moins sévèrement, selon qu'il doit en résulter des conséquences plus ou moins graves. On se trouve *assez sûr* d'un fait pour envoyer son auteur passer quelques jours en prison ; s'il s'agit de l'envoyer à l'échafaud, avec les mêmes témoins, exactement dans les mêmes circonstances, on hésite ; la gravité de la peine et, en même temps, celle du forfait rendent

plus circonspect ; le doute, inséparable de toute accusation, s'insinue plus facilement et demeure plus
tenace ; on demande, pour se décider, à être *plus
sûr*.

Cette gradation dans la certitude est certainement
une des causes qui produisent les nombreuses déclarations de circonstances atténuantes accordées par
les jurys, et qu'il est parfois si difficile de justifier :
les preuves ont pu paraître à la majorité des jurés
suffisantes pour entraîner les travaux forcés, insuffisantes pour la mort.

C'est enfin pour cette raison que nous estimons le
législateur parfaitement sage d'avoir laissé à la disposition de la Cour le droit de poser ou de ne pas
poser au jury les questions modificatives de la criminalité du fait. Si, en effet, dans une question d'assassinat, il avait dépendu de la défense de faire poser la question de « coups et de blessures ayant occasionné la mort, » celle d' « homicide involontaire, »
l'abus de la distinction que nous signalons n'aurait
pas manqué de se produire ; c'est-à-dire que le jury,
pour éviter les incertitudes poignantes et la responsabilité morale de la question capitale, aurait presque toujours raisonné de la sorte : « Je vois bien que
» la victime a succombé sous les coups de l'accusé ;
» cela me paraît suffisamment clair ; mais a-t-il eu,
» ou non, l'intention de donner la mort, c'est une
» question si délicate qu'on ne peut jamais en ex-
» clure un certain doute, et que je me défie là-dessus
» de mon propre jugement ; comme elle m'est pé-
» nible, et qu'il s'offre à moi une manière très-com-
» mode d'en sortir, je vais envoyer l'accusé aux

» travaux forcés. » Et l'action de la justice répressive serait énervée (1).

Il arrive donc souvent, pour des raisons diverses qu'il est inutile d'énumérer, qu'il y a acquittement au criminel d'un individu que les mêmes juges criminels, si cela rentrait dans leur compétence, n'hésiteraient pas à condamner à la réparation civile. Mais faut-il, comme quelques-uns l'ont fait, partir de là pour nier toute influence de la décision criminelle sur la décision civile ? Non ; car il n'est pas besoin d'un remède aussi radical : il suffit de distinguer les décisions que peut porter le juge criminel et de ne protéger contre la contradiction que le seul point qu'il a décidé. Lorsque la certitude, insuffisante pour le criminel, sera suffisante pour le civil, le juge criminel ne manquera pas de motiver la décision en exprimant tout simplement la position, *que le fait n'est pas constant.* Et précisément il sera permis alors au juge civil de se faire une conviction à lui et d'en tirer toutes les conséquences légales.

(1) C'est encore pour cette même raison que nous croyons inacceptable un moyen qu'on avait proposé de couper court à toutes les incertitudes de l'application de l'art. 358, C. inst. crim., et qui consistait à donner au jury la connaissance de la question de réparation ; le jury aurait déclaré s'il était dû des dommages-intérêts, et la Cour n'aurait plus eu qu'à en déterminer le chiffre. Il y a, en effet, dans cette combinaison un danger analogue à celui dont nous venons de parler : les jurés, pour éviter une condamnation pénale, feraient payer l'accusé, ce qui produirait un retour à l'antique « composition » et une distinction fâcheuse entre les accusés solvables et les autres. Il faut éviter de présenter au juré toute espèce de transaction avec sa conscience ; car, quelque excellente et indispensable que soit l'institution du jury, il faudra toujours, à cause de son caractère temporaire, veiller à ce qu'il ne tombe pas dans un peu de mollesse.

Mais si le juge criminel motive autrement sa sentence, il va donc faire ainsi périr, par inattention peut-être, tout espoir de réparation, avant même que la victime se soit plainte ? Sans doute, mais pourquoi supposer qu'il aille chercher d'autres motifs, quand il se présente naturellement à lui le plus simple de tous, qui se trouve, comme nous le disions plus haut, l'expression exacte de la vérité ? S'il n'a pas de conviction arrêtée sur l'existence du fait, sur la coopération du prévenu, ce ne peut être que par erreur ou par inattention qu'il affirme ou nie quelque chose sur ces deux points, et enlève par là son indépendance au juge civil.

Mais enfin, dira-t-on, cette erreur, cette inattention seront rares, mais elles se produiront certainement une fois de loin en loin, parce que d'une part l'action civile n'étant pas encore intentée, ne préoccupe pas le juge criminel, absorbé par le soin d'intérêts plus importants, et que d'autre part il n'y a là personne d'intéressé à attirer son attention sur ce point. Eh bien ! alors, nous l'avouons, c'est avec peine que nous verrons la victime de la faute commise arriver devant le juge civil, et se trouver forclose par le fait d'autrui sans avoir personnellement été admise à élever aucune contradiction. Là est l'inconvénient pratique du système de l'autorité de la chose jugée au criminel sur le civil. Ainsi que nous l'avons dit plus haut, nous passons sur cette considération, quelque grave que nous l'estimions, et cela pour plusieurs raisons. D'abord, si la victime n'a pas figuré personnellement dans le débat criminel, le ministère public y a figuré pour elle, et la place de ce

corps dans nos institutions est telle qu'il présente
toutes les garanties possibles, et que souvent même
le criminel préférerait avoir affaire à sa victime.

En second lieu, s'il est vrai que le juge criminel
tient entre ses mains le sort de l'action civile, il est
naturel que sa sentence n'exprime que la conviction
qu'il s'est formée, et alors il ne se produit qu'une
influence légitime. Que si, en motivant sa sentence, il
va au delà de sa pensée, et fait périr l'action civile,
c'est un accident qui se produira peut-être, mais qui
sera toujours extrêmement rare.

Enfin aucune institution humaine, quelque juste et
bienfaisante qu'elle soit en elle-même, ne peut pas
ne pas amener quelques conséquences regrettables,
et notamment quand on poursuit un but d'utilité
générale, il faut bien s'attendre à léser quelques intérêts privés. L'autorité de la chose jugée, au civil,
n'est-elle pas le sacrifice réglé et permanent des intérêts privés à l'intérêt social ?

De nombreux arrêts consacrent cette doctrine, et
nous remarquerons les espèces suivantes : la veuve
Chantereau avait été accusée d'avoir détourné d'une
succession pour 20,000 fr. de bons de la ville de Paris,
et avait pour ce fait passé en police correctionnelle :
le jugement intervenu l'avait renvoyée des fins de
la plainte, « *attendu qu'il n'était pas suffisamment
prouvé* qu'elle eût détourné ces valeurs. » Actionnée au
civil, elle fut condamnée à restituer ces mêmes bons,
ou leur valeur, et son pourvoi fut rejeté par la Cour
de cassation (1).

(1) 17 niv. an XIII (S. 1805, I, 205). Il est vrai que la fin de la

Antoine Gros, accusé d'avoir détourné à son profit des effets à lui confiés pour les vendre, avait été acquitté, sur la déclaration du jury « *qu'il ne lui paraissait pas constant* qu'Antoine Gros les eût détournés dans l'intention de se les approprier, » puis au civil, il avait été condamné à 10,000 fr. de dommages intérêts. Cette condamnation fut maintenue par la Cour de cassation (1).

Le même principe a été aussi reconnu par un grand nombre de décisions en matière de faux.

Section IV.

Des verdicts du jury.

Sous le Code de brumaire, les trois éléments dont la réunion forme la culpabilité se trouvaient séparés dans les questions posées au jury comme ils le sont en réalité, et il répondait séparément et successivement sur l'existence du fait imputé, sur la coopération de l'accusé à ce fait, et enfin sur l'imputabilité de ce même fait à son auteur. L'influence de chacune des parties du verdict sur l'action civile connexe était alors facile à établir, ou du moins elle rentrait dans une des hypothèses que nous venons de parcourir.

Il n'en est plus ainsi aujourd'hui ; une seule question par chef d'accusation est posée au jury, et elle embrasse dans sa complexité les trois éléments de la culpabilité : « L'accusé est-il coupable ? oui ou non. »

déclaration du jury laissait entrevoir la pensée de ne nier que l'intention criminelle.

(1) 25 juin 1822 (S. 1823, I, 52).

Si le jury répond oui, c'est qu'il a résolu affirmativement ces trois questions : « Le fait est-il constant? Est-ce l'accusé qui l'a commis? L'a-t-il commis avec intention criminelle? » Comme ce sont là les conditions nécessaires de toute condamnation, le verdict affirmatif se suffit à lui-même et n'est susceptible d'aucune interprétation.

Mais si le jury a répondu que « l'accusé n'est pas coupable » il y a plusieurs manières d'expliquer cette décision : peut-être le jury a-t-il entendu nier que le fait délictueux ait été commis; peut-être en reconnaissant qu'il avait été commis, l'a-t-il attribué à un autre qu'à l'accusé; peut-être enfin, tout en pensant que l'accusé avait réellement commis le crime, n'a-t-il pas trouvé en lui cette intention qui seule permet de le rendre pénalement responsable. Il serait très-important, au point de vue de l'action civile, de savoir si le jury a entendu nier simplement l'intention criminelle, ou si la négation porte sur l'un des deux éléments primordiaux, dont l'absence supprimerait l'action civile dans son principe.

Qui nous dira la pensée intime du jury? Sa décision n'est pas motivée, et il n'est pas possible qu'elle le soit; car lorsqu'on constitue en tribunal douze hommes pris au milieu de la foule, on peut bien en attendre une décision loyale, juste, et surtout douée du prestige d'une grande autorité morale; mais leur inexpérience des choses juridiques les empêchera toujours de s'accorder pour la motiver d'une façon suffisante, et la loi, en défendant tout motif, a tari une source d'embarras et de conflits.

En fait, il est impossible de tirer du verdict autre

chose que ce qu'il exprime ; il faudrait qu'on pût sonder dans ses profondeurs la conscience du juré ; encore chaque juré ne sait-il que ce qui le décide et non ce qui décide son collègue. En fait comme en droit, nous sommes en face d'une énigme impénétrable.

Nous avons admis plus haut que la chose jugée au criminel devait être respectée par le juge civil : il s'agit donc de savoir ce qui a été décidé au criminel. Un seul point est certain, sans lequel le verdict ne s'expliquerait pas ; c'est la négation de l'intention criminelle : le verdict de non-culpabilité suppose *nécessairement* l'inexistence de ce dernier des éléments constitutifs du crime : voilà sa valeur *absolue*. Mais le crime a-t-il été commis par l'accusé ? Il est possible, mais il n'est pas sûr que le verdict ait cette signification. Le crime a-t-il même été commis ? Même possibilité, même incertitude.

Le juge civil est-il lié dans son appréciation par cette décision que le jury, s'il ne l'a pas exprimée, a *peut-être* portée ? Devra-t-il s'abstenir de déclarer le fait constant, parce que théoriquement le contraire peut avoir été dans la pensée du jury ? Ou ce qui revient au même, devra-t-il s'abstenir de déclarer qu'il ait été commis par l'accusé ? Il faudrait pour le soutenir rayer du Code d'instruction criminelle l'art. 358 qui permet aux Cours d'assises de condamner en dommages-intérêts l'accusé acquitté : le fait peut être patent, et même avoué, comme il arrive souvent par exemple en matière de duel, et il serait véritablement révoltant de ne pouvoir, par une fiction de droit, consacrer légalement un fait connu de tous.

Ainsi le juge civil pourra incontestablement décider que le fait a été commis par l'accusé ; il semble que tout au moins il devra écarter de sa décision toute affirmation d'intention criminelle, puisque le verdict de non-culpabilité l'exclut nécessairement.

M. Ortolan (1) admet qu'il pourra, sans violer l'autorité du verdict d'acquittement, déclarer que le fait a été commis par l'accusé *volontairement*. « Je mets ici en avant, dit l'éminent professeur, en première ligne, l'idée capitale, qui ne dépend pas d'un texte de loi ou des institutions de tel ou tel peuple, mais qui sera vraie de tout temps et en tous pays, la grande différence entre la culpabilité pénale et la culpabilité civile.... Deux comptes distincts sont ouverts à nos fautes : le compte de la réparation, le compte de la punition. Dans ces deux comptes la mesure et les règles du droit diffèrent et doivent différer du tout au tout.

» Dans le premier, la moindre faute, si légère, si minime qu'on la suppose, suffit pour faire naître l'obligation de réparer tout le préjudice occasionné. Que la faute soit plus ou moins grave, que le préjudice soit plus ou moins considérable, la mesure légale ne change pas : réparer tout le préjudice. Qu'une maison soit brûlée par suite de la plus légère inattention ou qu'elle le soit criminellement, que cette maison vaille mille francs ou un million, la réparation due est toujours de la totalité, ni plus ni moins.

» Dans le compte de la punition, au contraire, c'est la mesure de la faute qui va tout régler : à cette faute

(1) *Revue pratique*, t. XVII.

doit se proportionner la peine ; vient un point où la faute s'abaisse tellement qu'il n'y a plus de peine à appliquer. Il ne reste qu'une faute civile. . . . . Vous me dites : « Cet homme n'est pas *coupable*. » Et moi je vous demande : « Coupable *pénalement* ou *civilement?* » Nous avons l'air de parler la même langue, et les idées cachées sous le même mot ne sont pas les mêmes. Le son est identique, mais vous dites d'une chose et moi d'une autre..... La vérité, c'est que la volonté sur laquelle prononce le jury d'après les attributions qui lui sont faites, c'est la volonté criminelle, la volonté suffisante pour entraîner une peine, et non aucune autre ; quant à la volonté non criminelle, mais suffisamment responsable pour entraîner obligation aux dommages-intérêts, celle-là rentre dans l'appréciation de la Cour. »

Tels sont les vrais principes de la matière, et au fond, il faut bien qu'il en soit ainsi, puisque autrement on ne trouverait jamais d'application de l'art. 358. Que faut-il en effet pour qu'il y ait lieu d'allouer des dommages-intérêts? Il faut que le fait soit constant, qu'il ait été commis par l'accusé, et de plus il faut qu'il constitue une faute, c'est-à-dire qu'il ait été commis *intentionnellement,* du moins avec une intention coupable suffisante pour entraîner la responsabilité de l'art. 1382 : autrement il n'y aurait plus qu'un pur cas fortuit. Sans doute nous tombons ici dans des nuances bien délicates, et il est fâcheux d'avoir à faire des distinctions dans le sens de mots si usuels : mais nous ne voyons aucun système qui résolve la question sans tomber dans des inconvénients analogues.

Dira-t-on que c'est supprimer toutes les conséquences du principe reconnu de l'autorité de la
chose jugée? Non pas toutes; le verdict aura toujours
cette influence d'empêcher de reprendre au civil les
faits avec leur caractère de crime, et même ainsi l'application de l'art. 358 sera encore bien difficile.

Dans un très-remarquable rapport devant la Cour
de cassation, M. Faustin-Hélie a donné le tableau le
plus complet et le plus clair de la jurisprudence, et il
a su parfaitement, dans toutes les règles, quelquefois
contradictoires, qui ont cours sur cette matière délicate, discerner ce qui est généralement accepté. Passant en revue les griefs soulevés contre les applications de l'art. 358, il distingue ceux qui ont toujours
donné lieu à la censure de la Cour suprême, et les
rapporte à trois chefs principaux.

1° Une première règle est que la Cour d'assises ne
peut chercher la base des dommages-intérêts qu'elle
prononce que dans les faits qui ont été l'objet de l'accusation. La raison en effet de la jonction des deux
actions devant la Cour d'assises est l'identité des
faits dont elles poursuivent la réparation. Ceci tient
à la compétence, et ne rentre pas dans notre sujet.

Il importe pourtant de remarquer qu'une application trop stricte de cette règle rendrait fort difficile
l'application de l'art. 358. Il faut comprendre dans
les *faits qui ont été l'objet de l'accusation* non-seulement les faits constitutifs du crime, mais encore
ceux qui s'y rattachent par un lien suffisamment jus-
tifié. Ainsi une Cour d'assises ne sortirait pas, selon

nous, de sa compétence, en condamnant un individu acquitté du crime d'attentat à la pudeur, ou du délit d'adultère, sur ce motif que, sans les avoir commis, il s'en serait vanté.

De plus, le juge civil peut reprendre, comme pélit civil, un ou quelques-uns, à son choix, de la masse des faits de l'acte d'accusation. Cela est évident, puisque la plus légère des fautes suffit pour entraîner l'obligation de réparation civile. — Mais s'il s'agissait d'une série de faits indivisible? Par exemple, un homme est accusé d'avoir successivement frappé, lié, garrotté, bâillonné et étranglé; après son acquittement par le jury, la Cour pourra-t-elle ne reprendre qu'un seul des faits, par exemple un coup? On peut dire que tous avaient un but final, l'homicide, et que la question posée au jury ayant été leur « résultante » commune, le verdict négatif les a purgés de tout caractère criminel tous en général et chacun en particulier. Mais cette connexité ne nous paraît pas assez nettement accusée pour mettre obstacle à une divisibilité qui va de soi et constitue le droit commun.

2° Une deuxième règle est que la Cour d'assises ne peut remettre en question aucun des faits affirmés ou déniés par la déclaration du jury. Cette déclaration est souveraine, elle n'est sujette à aucun recours, elle est la vérité judiciaire. Elle ne peut être méconnue, elle ne peut même être discutée par les juges civils, et c'est en cela que consiste l'influence de la chose jugée au criminel. L'application de cette règle ne donne lieu à aucune difficulté dans la plupart des cas, puisque la déclaration du jury qui proclame l'accusé non coupable n'exclut pas en général l'existence matérielle des faits. Il arrive alors que ces faits, dépouillés de leur criminalité, sont repris à titre de quasi-délit, comme ayant occasionné un dommage qui peut, aux termes de l'art. 1382 du Code Napoléon, engendrer une responsabilité civile. Aff. Sauvegrain. (D. Comp. crim.); — Aff. Gitz. (D. Comp. crim.); — Aff. Brunaud. (D. Comp. crim.); — Homicide, 10 juillet 1862; — Duel, 20 février 1863; — Arrestation arbitraire. Aff. Rolland, 11 octobre 1817; — Vols domestiques, 28 septembre 1838; — Recélé d'objets volés, 27 novembre 1857.

Un accusé avait été déclaré par le jury non coupable « d'avoir détourné une mineure *par fraude ou violence*, » et pour accorder des dommages-intérêts à la victime, la Cour s'était fondée sur ce que « la mineure avait été détournée par des *manœuvres réprouvées par la morale*. » Le condamné prétendit en cassation que la Cour avait repris, sous le même rapport criminel, les faits déniés par le verdict du jury, parce que les « manœuvres réprouvées par la morale » ayant pour but de détourner une mineure ne pouvaient être que la « fraude » ou la « violence ». Mais la Cour de cassation jugea que les deux décisions n'étaient pas absolument inconciliables, attendu qu'il y avait d'autres moyens de séduction, qui, bien que répréhensibles, ne constituaient ni fraude ni violence. Cass. 14 février 1863 (Gaz. des trib. 18 fév. 1863).

Dans une autre affaire, le jury avait déclaré *non coupable de complicité de banqueroute frauduleuse*, et

la Cour avait ensuite condamné à restituer les détournements imputés ou à en indemniser les créanciers. L'art. 593 C. de commerce mentionne comme
complices du crime de banqueroute frauduleuse, les
individus coupables d'avoir, dans l'intérêt du failli,
soustrait, recélé ou dissimulé tout ou partie de ses
biens : sur ce fondement, on prétendit qu'il y avait
contradiction entre le verdict et l'arrêt. Il fut répondu par la Cour de cassation : « que le verdict de
non-culpabilité n'impliquait pas nécessairement la
négation des faits matériels de détournement d'objets mobiliers et de dissimulation du prix de vente
d'un immeuble ; que le fait, sous ce double rapport,
a été relevé comme existant par l'arrêt attaqué, qui
ne l'a envisagé que relativement au dommage qui en
a été la suite et à la réparation qui en était due ; que
cette décision, au civil, n'est nullement inconciliable
avec celle rendue au criminel. » Cass. 26 décembre 1863 (Gaz. des trib. 27 décembre 1863).

Rapprochons de cet arrêt, dont les motifs nous
paraissent le plus exactement exprimés, le fameux
arrêt Souesme : l'espèce ressort suffisamment des
motifs qui suivent : « Attendu que la déclaration de
non-culpabilité de l'accusé prononcée par le jury
n'a pour effet que de mettre l'accusé à l'abri des
peines portées par la loi, et qu'elle n'empêche pas
que si un fait dommageable pour autrui demeure
constant contre l'accusé, celui-ci ne puisse être condamné à la réparation du dommage qui en est résulté, conformément à la règle générale posée dans
l'art. 1382 C. civ. ;

« Mais que la décision de la Cour d'assises qui ac-

corde ces dommages sur le fondement que le fait
dommageable reste constant, et que l'accusé en est
l'auteur, doit pouvoir se concilier avec la décision
du jury; qu'il ne faut pas que la décision des juges
soit contradictoire avec la décision des jurés, et présente une violation de la chose jugée par le jury dans
le cercle de ses attributions;

» Attendu que, dans l'espèce, le jury avait déclaré
que l'accusé Souesme n'était coupable ni d'avoir commis volontairement un homicide sur la personne du
nommé Corbasson, ni d'avoir volontairement porté
des coups, ni fait des blessures audit Corbasson; que
cependant l'arrêt attaqué est motivé sur ce fait que
Souesme a, volontairement et hors le cas de légitime
défense, porté à Corbasson un coup qui lui a donné
la mort; qu'il est impossible de séparer ce motif du
dispositif qui n'en est que la conséquence et par lequel Souesme est déclaré l'auteur du coup;

» Que, dans son ensemble, une telle décision reproduit, même sous le rapport de la criminalité, l'imputation écartée par les réponses négatives du jury,
puisque l'arrêt, en déclarant que les coups ont été
portés volontairement et hors le cas de légitime défense, a apprécié l'intention de l'auteur du fait, intention dont la volonté est le signe non équivoque,
et qu'il n'appartient qu'aux jurés de rechercher et
de déclarer;

Qu'ainsi la Cour d'assises a imprimé au fait des
coups portés par Souesme des caractères de criminalité que les réponses du jury avaient fait disparaître; que l'arrêt attaqué est donc inconciliable
avec la déclaration du jury, qu'il a violé l'autorité

de la chose souverainement jugée; qu'il constitue un excès de pouvoir, etc. » Ch. crim., 24 juill. 1841. (D. t. VIII, p. 473.)

M. Ortolan a discuté précisément une hypothèse analogue, et il arrive à cette conclusion que l'arrêt n'est pas en contradiction avec le verdict, grâce à la distinction posée ci-dessus des deux culpabilités, civile et pénale. En fait, que s'est-il passé? La défense a plaidé que le prévenu de coups volontaires était en état de démence, ou que l'acte était commandé par l'autorité légitime, ou bien qu'il s'agissait d'un duel. La défense fait partager son appréciation aux jurés, rien de mieux; mais « cela veut-il dire que les coups n'ont pas été portés *volontairement?* Non sans doute : mais seulement qu'il n'y a pas eu volonté pénalement responsable, *volonté criminelle*. Mais cette altération de la raison, je le suppose, n'était pas poussée à un tel point, mais cette situation légale n'était pas tellement nette et tellement précise, mais cette rencontre n'est pas tellement innocentée qu'il ne soit resté chez l'accusé, après l'exclusion par le jury de la volonté et de la faute criminelles, le poids d'une faute civile; la Cour le condamnera à réparation, sans être obligée de tenir pour chose jugée qu'il n'y a pas eu chez lui volonté. Eh bien! ce qui est vrai dans ces sortes de procès est vrai également dans tous ceux où se pose cette question de volontairement; du moment qu'on me l'accorde pour ces exemples, force est de me l'accorder pour tous; sinon, il faudrait en venir à dire que c'est sur la plaidoirie du défenseur et non sur la déclaration du jury qui se mesurent les pouvoirs de la Cour, car la déclaration du jury ne varie pas, sa formule est toujours la même : « Non coupable d'avoir porté volontairement..... »

La Cour de cassation, comme on l'a vu, n'adopte pas ce système ; elle veut bien que le juge civil admette la matérialité du fait et la coopération de l'auteur, ce qui n'est pas contesté ; quant à l'intention, elle permet de reprendre le fait *relativement au dommage qui en a été la suite et à la réparation qui en est due*, c'est-à-dire comme délit civil, ce qui implique nécessairement une certaine intention. Mais elle ne veut pas qu'on le reprenne, *sous le rapport de la criminalité*, et comme il arrive parfois que les deux points de vue sont inséparables, elle se trouve amenée à discerner dans chaque affaire qui se présente si, *d'après la nature du fait imputé et les circonstances de la cause*, le juge civil ne se trouve pas avoir contredit le verdict. En entrant dans cet ordre d'idées, il est clair que l'arrêt Souesme est inattaquable : car il est difficile de comprendre comment, en ôtant du délit criminel de coups volontaires l'intention délictive, on peut maintenir encore des coups volontaires comme délit civil ; la nuance est extrêmement délicate.

La contradiction peut se révéler de deux manières différentes : tantôt ce sera le jury qui, par suite de quelque circonstance, se trouvera avoir exclu même le fait matériel ; tantôt ce sera la Cour qui aura repris le délit avec toutes ses circonstances de matérialité et d'intention criminelle.

Première hypothèse. Le jury avait renvoyé un homme de l'accusation de coups et blessures, comme les ayant portés en cas de légitime défense. Ils con-

stituaient donc, d'après ce verdict, des actes parfaitement légitimes, ne laissant pas même place à une
faute civile. Pouvait-il donc être condamné en dommages-intérêts envers la victime? La Cour l'avait
pensé, et M. Ortolan avec elle. « Le Code pénal
de 1791, en disant de l'homicide commis en pareille
situation, qu'il n'existe point de crime et qu'il n'y a
lieu à prononcer aucune peine, ajoutait : « ni même
aucune condamnation civile; » ces mots ont disparu
de notre Code pénal actuel, et avec grande raison. En
effet, les conditions de la légitime défense, que le
péril soit imminent, qu'il n'y ait aucun autre recours
et qu'il ne soit fait que le mal indispensable pour y
échapper, sont marquées rigoureusement, en règle
abstraite, par la science; dans les conditons de cette
formule, on peut dire que celui qui s'est défendu a
exercé un droit, il est louable de l'avoir fait; loin
d'avoir des dommages-intérêts à payer, il en peut
avoir à demander. Mais, pas plus en morale qu'en
physique, les formules abstraites de la science n'ont,
dans les faits, leur complète réalisation. Quel sera
l'homme qui, dans le trouble ou dans l'impétuosité
de sa défense, emporté même par son courage, ap-
préciera de sang-froid, avec exactitude, s'il est
quelque autre secours à appeler, s'il est quelque
moyen plus doux à employer, si le coup qu'il porte
dépasse ou ne dépasse pas ce qui serait nécessaire à
sa défense? Faudra-t-il donc que le juge pénal le déclare coupable de meurtre? *Prenez l'homme, lorsqu'il
s'agit de le punir, dans la mesure générale de ce qu'on
peut attendre de lui, et les faits tels qu'ils se passent
communément.* Autre est la question de savoir s'il

avait droit de faire cet acte; autre celle de savoir si, *n'en ayant pas le droit*, il est *coupable pénalement*, c'est-à-dire coupable jusqu'à mériter une peine pour l'avoir fait. Le jury devra bien souvent déclarer cet homme non coupable pour avoir agi en état de légitime défense, et la Cour devra le condamner à des dommages-intérêts, parce qu'il y aura eu chez lui, si minime qu'elle ait été, une faute civile. »

Ainsi n'a pas pensé la Cour de cassation qui, sans entrer dans cette analyse si précise et si délicate, a cassé : « Attendu que, pour qu'il y ait lieu à des dommages-intérêts, il faut qu'il y ait faute; que la loi ne répute pas en faute celui qui ne fait que ce qu'il a droit de faire, à moins qu'il ne le fasse pour nuire à autrui et sans intérêt pour lui-même; que la défense de soi-même est de droit naturel ; qu'elle exclut tout crime ou délit; qu'étant autorisée par la loi positive comme par la loi naturelle, elle exclut également toute faute; qu'il ne peut donc en résulter une action en dommages-intérêts en faveur de celui qui l'a rendue nécessaire par son agression (1). »

Il arrive souvent que la relation entre le fait matériel et l'intention criminelle est tellement étroite, qu'en niant cette dernière, on nie en même temps l'existence du premier; il y a des actes, en effet, qui deviendraient inexplicables s'ils n'avaient pas été faits dans un but coupable, ou mieux il serait inexplicable que le jury ait admis leur existence et nié l'intention criminelle, tant elle est flagrante. Ainsi avoir brûlé un homme à petit feu, l'avoir tué à coups d'épingle,

(1) Cass., 19 déc. 1847 (D., v° *Obligation*).

ou, comme dans un procès récent, l'avoir successivement suivi dans un endroit désert, frappé, lié aux bras, aux jambes, et étranglé ; voilà des actes, ou, dans le dernier cas, une série d'actes dont on ne peut nier la criminalité qu'en niant leur existence même (1). Lors donc que la juridiction criminelle a acquitté, elle a fait en même temps, par la force des choses, disparaître la matérialité des faits, et la conséquence, c'est que le juge civil se trouve privé de toute base pour affirmer un délit civil et accorder des dommages-intérêts. Ce n'est pas écrit dans un texte de loi, mais dans le bon sens, et toute décision qui y serait contraire serait illégale comme profondément absurde.

Rendons hommage à cette observation, vraie en elle-même ; mais qui doit, comme tout tempérament d'équité, être renfermée dans ses justes limites. Cette connexité indestructible du fait et de l'intention est tout exceptionnelle et il ne faut l'admettre que quand elle est bien évidente. Ainsi, nous distinguerons le cas où il s'agit d'un fait un, continué pendant plus ou moins longtemps, et nous admettrons alors que le jury a implicitement statué sur le fait matériel, et celui où il y a une série de faits se rattachant à un but unique, mais distincts les uns des autres et séparés par un trait de temps plus ou moins long.

I. On a vu, au milieu des troubles politiques, des bandes de brigands parcourir les campagnes et brûler les pieds à de pauvres malheureux pour les forcer à

(1) Presque toutes les tentatives sont dans cette catégorie, parce que, par cela même que c'est une tentative de crime, du moment que le fait qui la constitue existe, il est nécessairement criminel.

livrer des trésors, réels ou présumés. La déclaration
de non-culpabilité de ces « chauffeurs » ne laisserait
certainement pas subsister contre eux d'action civile ;
il n'y aurait plus en effet à argumenter du vague du
verdict du jury, de l'incertitude du motif déterminant de l'acquittement ; ce motif serait parfaitement connu, par la raison qu'il n'y en aurait eu
qu'un seul possible, la négation du fait matériel.

Dans une affaire récente, un assassin avait, pendant
fort longtemps et jusqu'à asphyxie complète, maintenu la tête de sa victime dans un bourbier fétide.
S'il avait été acquitté, aurait-on pu soutenir que le
jury n'avait écarté que l'intention coupable, la criminalité? Non évidemment; donc toute action civile
périssait faute de base.

Quand nous disons que la non-existence du fait
est le seul motif qui a pu décider le jury, cela est un
peu trop absolu, car il peut y en avoir un autre, qui
serait la démence de l'accusé. Mais en le supposant,
on arrive évidemment au même résultat, parce que
celui qui a commis un fait en démence n'est pas
plus obligé de le réparer que s'il ne l'avait pas commis.

Le fait de pendre un homme rentre-t-il dans cette
catégorie? Nous trouvons dans plusieurs arrêts cette
affirmation, que « le fait n'ayant pas pu se pro-
» duire sans intention criminelle, dire que l'ac-
» cusé n'en est pas coupable, c'est dire nécessaire-
» ment qu'il n'en est pas l'auteur. » Cela peut sans
doute se soutenir, mais nous pensons qu'il y aurait là
matière à discussion.

Dans les attentats à la pudeur, peut-on nier l'in-

tention coupable sans nier le fait même? Il nous
semble que non : parce que, l'intention criminelle une
fois purgée, il est difficile de comprendre comment
il peut rester un simple fait dommageable. Nous
trouvons pourtant deux arrêts de la Cour de cassation qui nous paraissent décider formellement la
question en sens inverse. Dans une affaire d'attentat
à la pudeur avec violence et après acquittement, des
dommages-intérêts avaient été alloués en ces termes :

« Considérant que le jury, en déclarant d'une fa-
» çon générale Gombault non coupable d'attentat à
» la pudeur avec violence sur la personne d'Elise-
» Hortense Lagoguey, n'a pas décidé par cela même,
» en sa faveur, les faits qui peuvent servir de base à
» une demande en dommages-intérêts, — Considé-
» rant qu'il résulte des faits et circonstances du pro-
» cès, que le 24 août dernier, Gombault est entré
» à Ormes, dans le domicile de M. Vassy et de la
» veuve Lagoguey, sa sœur, pendant leur absence ;
» qu'il y a trouvé seul Elisa-Hortense, âgée de 19
» ans, fille de ladite dame; qu'abusant de sa fai-
» blesse et de son isolement, il a commis sur elle un
» attentat à la pudeur dont il s'est vanté le même
» jour; — Que par cette *action* il a déshonoré cette
» jeune fille, et lui a causé un préjudice dont la juste
» réparation est due aux termes de l'art. 1382,
» C. civ., etc. »

Il nous semble bien que c'était là reproduire le
fait sous le rapport de la criminalité : le juge civil ne
fait qu'affirmer purement et simplement le fait matériel : et pourtant il arrive, par la force des choses,
qu'on n'aurait pas motivé autrement une condam-

nation aux peines de l'attentat à la pudeur ; que le mot *action* du dernier motif devrait, pour plus d'exactitude, être remplacé par le mot *crime*.

Or, ce qui caractérise les espèces que nous tâchons de grouper, c'est précisément ceci, qu'il est impossible d'affirmer que le fait matériel a été commis par l'accusé, sans affirmer par cela seul, qu'on le veuille ou non, qu'il en est coupable. Un individu en a tué un autre d'un coup de fusil, est-ce à dire qu'il soit un assassin ? Cela n'est pas sûr ; car le coup peut être parti par suite d'imprudence, d'inattention, de mille accidents divers. Mais une fois que vous admettez que Gombault se trouve avoir à sa charge les faits qui constituent un attentat à la pudeur, nous ne voyons guère par quelles raisons (1) on pourrait soutenir qu'il n'est pas coupable du crime de même nom.

Il est bien entendu que l'arrêt serait inattaquable s'il avait simplement motivé l'allocation de dommages-intérêts sur les circonstances de l'accusation qui ne supposent pas nécessairement le fait, telles que celle qu'il reprend lui-même par ces mots : *dont il s'était vanté.*

Quoi qu'il en soit, la Cour de cassation a rejeté le pourvoi formé contre cet arrêt :

« Attendu que la déclaration du jury, en excluant
» d'une manière générale le crime de l'accusation,
» n'avait pas nécessairement décidé, en faveur du
» demandeur, les faits ou les circonstances qui
» pouvaient le rendre passible de réparation civile ;

______

(1) Hors le cas de démence, dont nous parlons plus haut.

» — Que la Cour d'assises avait donc pu, sans vio-
» ler ou faussement appliquer les articles invoqués,
» examiner et juger des faits dans leur rapport avec
» l'action civile (1). »

II. Supposons maintenant qu'il s'agisse d'une série de faits : un homme a été accusé d'en avoir tué
un autre en employant successivement les coups,
l'asphyxie, et l'abandon loin de tout secours. De ce
que le jury a rendu un verdict de non-culpabilité,
s'ensuit-il qu'il ait par là nié tout fait matériel? On
peut dire qu'il y a là une série de faits, complexe
et indivisible qui ne peuvent s'expliquer sans qu'on
y ajoute l'intention criminelle, et qu'en la niant le
jury a fait disparaître tous les faits en général, et
comme ils ne peuvent être séparés les uns des autres,
chacun d'eux en particulier. Ainsi, pour bien fixer
la marche des idées, si l'on peut soutenir que le jury
par sa déclaration négative, a écarté la matérialité
des faits, c'est en se fondant sur ce que l'existence
seule des faits entraîne leur criminalité ; qu'il en soit
ainsi pour la série des faits, prise dans son ensemble,
cela est évident et incontesté, mais pour chacun
d'eux en lui-même, la matérialité et la criminalité
peuvent très-bien se séparer. Il s'agit donc de savoir si
la réponse du jury s'applique à l'ensemble des faits, et
il en sera ainsi, si ceux-ci une fois réunies ne peuvent
plus se séparer les uns des autres et forment ainsi
un ensemble indivisible. C'est à ce dernier point que
commence la difficulté, et elle est des plus graves.

(1) Aff. Gombault, c. Lagoguey, 5 mai 1832 (D. t. VIII, p. 473);
autre arrêt dans le même sens : aff. G......, c. N......, avril 1846.

Nous ferons d'abord observer qu'on ne se trouve pas précisément en face d'une décision qui nie l'intention criminelle accompagnant cette série de faits, mais simplement l'intention criminelle d'homicide. Le jury n'a pas résolu négativement cette question : l'accusé est-il coupable d'avoir frappé, étranglé, etc. ? mais bien celle-ci : l'accusé est-il coupable d'homicide ? Le jury n'a mission que de statuer sur ce crime ; les moyens pour parvenir à l'homicide sont des circonstances de la cause qui ne changent pas la portée du verdict.

L'argument le plus sérieux en faveur de l'indivisibilité, c'est l'unité de but. Les coups, les ligatures ne sont que les circonstances d'un *même* crime, les actes d'exécution d'une *même* intention criminelle. Si l'accusé y a eu recours, c'était pour se débarrasser d'un homme ; ôter cette intention, c'est donc tout ôter à la fois. Peut-être dans l'acte d'accusation, les divers moyens ont-ils été présentés comme la suite nécessaire, l'explication rationnelle les uns des autres : peut-être ont-ils été affirmés par le ministère public, niés par la défense en totalité et sans concession ; peut-être le président de la Cour, dans son résumé, a-t-il posé les deux systèmes en présence, sans indiquer aucun milieu, aucune conciliation possible. Il n'importe, car rien de tout cela ne prouve que le jury, en portant sa décision, ait envisagé le débat sous le même point de vue : la divisibilité que personne n'a vue, peut-être le jury l'a-t-il aperçue. Il est infiniment probable, à la vérité, qu'il a entendu rejeter tout l'ensemble des faits incriminés, mais nous n'en savons rien, ni en fait ni en droit ; car en fait

il est impossible de sonder la concience de tous les
jurés ; qui nous dit que l'un d'eux n'a pas admis qu'a-
près un coup porté l'agresseur a abandonné sa victime qui alors a voulu spéculer sur sa brutalité et a
feint tout le reste ? ou bien encore que le coup est
l'œuvre du hasard, mais que l'abandon criminel est
constant ? Les motifs de ce genre sont innombrables,
et il suffit qu'un seul soit admissible pour que nous
rentrions dans l'ordre de choses normal et ordinaire,
qui, nous le répétons, est la divisibilité des faits
entre eux et du fait matériel d'avec l'intention criminelle. — En droit le jury n'a répondu que sur l'homicide ou la tentative d'homicide, *sans motifs*, et sans
qu'on puisse même les rechercher. Aussi estimons-
nous que ce verdict, réduit à sa valeur propre, ne peut
empêcher la Cour de déclarer constant un fait matériel constitutif d'une faute, et d'allouer en conséquence des dommages-intérêts.

Comment celle-ci pourra-t-elle motiver la condamnation ? Elle ne pourra reprendre les faits dans
leur ensemble sans affirmer la culpabilité niée par le
verdict et le violer ouvertement. Elle a le droit
d'isoler un des faits pour en faire la base de son arrêt ; mais comment exercerait-elle ce droit si leur
série est indivisible ? Ainsi de ce côté encore, la
question revient aussi à savoir si les faits sont tellement unis entre eux que leur cohésion soit indestructible.

Si, en outre, le jury avait répondu négativement
à une question de « coups et blessures volontaires »
ressortissant des mêmes faits, on ne pourrait en tirer
aucun argument en faveur de la divisibilité des faits

de la série. Car la Cour n'aurait pas, comme on pourrait être tenté de le croire, par la position de la seconde question, extrait de la masse des faits le
« coup » ou « les coups » qui en font partie : ce serait se rendre compte bien inexactement de la portée de l'art. 309. Cette question subsidiaire n'aurait
fait que représenter au jury, avec une atténuation
dans l'intention criminelle alléguée, les mêmes violences que la question primitive.

Dans une affaire récente, où ces deux questions
avaient été posées, la Cour d'assises avait alloué des
dommages-intérêts en se fondant sur « un coup maladroitement porté. » On prétendit, dans l'intérêt de
l'accusé, que la série des faits, analogue à celle que
nous posions ci-dessus, était indivisible. La Cour
de cassation, ayant cassé l'arrêt pour défaut de
motifs, n'a pas décidé la question, du moins expressément.. Il est permis pourtant de regarder sa décision comme favorable à la divisibilité, en présence
des motifs suivants :

» Attendu....... qu'après la réponse du jury....,
l'arrêt attaqué déclare qu'il est résulté des débats
que..... Armand a maladroitement porté à Maurice
Roux un coup qui peut lui être imputé à faute, sans
expliquer comment il lui était possible de concilier
cette imputation avec la déclaration du jury.

» Que cette explication était d'autant plus nécessaire, que la réponse du jury et l'arrêt de condamnation civile portaient sur un seul et même fait, et
que dès lors, avant de s'en saisir, l'arrêt devait constater d'une manière expresse que la déclaration du
jury, en proclamant Armand non coupable, n'avait

pas exclu sa participation matérielle, aussi bien que sa participation morale, au fait qui lui était imputé. »

Il semble que c'est bien là admettre la divisibilité des faits ; reprocher de n'avoir pas expressément expliqué comment les deux décisions peuvent se concilier, c'est dire qu'il y a une conciliation possible, et il n'y en aurait pas dans le système de l'indivisibilité. Ce n'est pas une induction bien sûre, car il a pu se faire que la Cour, trouvant dans le défaut de motifs une ouverture suffisante à cassation, ne se soit pas appesantie sur tout le reste ; mais il est infiniment probable, en présence des débats longs et brillants qui avaient précédé sur cette question même de divisibilité, que la Cour, si elle avait reconnu l'indivisibilité, n'aurait pas manqué de la proclamer.

Sur le renvoi de cette affaire, après cassation, le tribunal de Grenoble vient de rendre une décision qui, si elle n'est pas à l'abri de toute critique, a du moins parfaitement posé la question et indiqué le véritable nœud de la difficulté. Les faits ressortent suffisamment de l'arrêt lui-même :

« Attendu que Maurice Roux, prétendant que, le 7 juillet 1863, à Montpellier, André Armand lui a porté volontairement un coup et fait une blessure, réclame contre ce dernier une somme de cinquante mille francs en réparation des dommages que ce fait lui aurait occasionnés ;

» Attendu qu'il s'agit de rechercher si cette demande est recevable et fondée ;

» Attendu qu'il est constant, en fait, que le 7 juillet 1863, entre sept et huit heures du soir, Maurice Roux, alors au service d'Armand, fut trouvé dans la cave au bois de ce dernier, étendu sur le sol, les pieds attachés l'un à l'autre, les mains liées derrière le dos, une corde entourée plusieurs fois autour du cou, dans un commencement d'asphyxie, et que le lendemain il fut reconnu que Maurice Roux avait sur le côté droit de la nuque une petite excoriation ;

» Attendu que Maurice Roux ayant déclaré que c'était son maître qui avait voulu l'assassiner et l'avait mis dans cet état, après lui avoir porté un coup de bûche sur le derrière de la tête, Armand, à la suite d'une instruction criminelle, fut traduit, au mois de mars dernier, devant le jury des Bouches-du-Rhône, comme accusé de tentative d'homicide volontaire sur la personne de Maurice Roux;

» Attendu qu'il fut posé au jury les deux questions suivantes, comme résultant, la première de l'arrêt de renvoi et de l'acte d'accusation, et la deuxième des débats :

» 1° L'accusé Armand est-il coupable d'avoir, le 7 juillet 1863, à Montpellier, commis une tentative d'homicide volontaire sur la personne de Maurice Roux, son domestique, laquelle tentative, manifestée par un commencement d'exécution, n'a manqué son effet que par des circonstances indépendantes de la volonté dudit Armand?

» 2° Si Armand n'est pas coupable du fait mentionné dans la première question, est-il coupable, d'avoir, le 7 juillet 1863, volontairement porté un coup et fait une blessure à Maurice Roux?

10

» Attendu que sur l'une et l'autre de ces questions le jury a répondu négativement;

» Attendu que cette décision du jury a eu pour effet d'écarter en faveur d'Armand le fait des coups et blessures qui lui était imputé, non-seulement quant à l'intention coupable, à la criminalité, mais encore à la matérialité;

» Attendu, en effet, que l'objet de l'accusation consistait en un fait complexe et indivisible, puisque d'une part, il se composait d'un coup porté sur la nuque, de la ligature des mains et des pieds et de celle du cou ayant produit un commencement de strangulation; que, d'autre part, le jury n'aurait pas pu diviser ces éléments du fait et répondre affirmativement sur l'un, négativement sur les autres;

» Que le jury a donc répondu d'une manière indivisible : Non, l'accusé n'est pas coupable. »

Que l'objet de l'accusation soit complexe, il n'y a aucun doute; mais qu'il soit indivisible, il nous sera permis de trouver la démonstration du tribunal de Grenoble peu probante. Le jury, dit-il, n'aurait pu diviser les éléments du fait et répondre affirmativement sur l'un, négativement sur les autres. Sans doute : il en est ainsi toutes les fois que plusieurs faits sont compris dans une même question, et qu'il faut y répondre par oui ou non : « Tel individu a-t-il porté à tel autre dix-huit coups de poignard? A-t-il assassiné sept personnes? S'est-il marié trois fois? » Voilà toutes questions qui présentent manifestement le caractère relevé par le tribunal de Grenoble : si on est obligé d'y répondre par oui ou non, il est clair qu'on ne pourra « diviser » les dix-huit coups de poignard, les sept assassinats, les trois mariages : si on arrive à cette conviction qu'il n'y a eu que dix-sept coups de poignard, six assassinats, deux mariages, on ne pourra « répondre affirmativement sur les uns, négativement sur les autres », et cette conviction se traduira par une réponse purement négative, et qui en définitive sera exacte, puisqu'il n'y aura pas eu dix-huit coups, sept assassinats, trois mariages.

Sans doute de pareilles questions, que nous prenons pour le besoin de la démonstration, auront été mal posées, et il sera fâcheux pour la manifestation de la vérité, que le répondant ne puisse faire une réserve pour « diviser » les faits qu'il admet de ceux qu'il n'admet pas. Mais en ce qui concerne le jury, il est de toute nécessité de ne lui donner à répondre qu'un oui où qu'un non, et en pratique, par la manière dont on pose les questions, il n'en résulte aucun inconvénient. Ce que nous tenons à bien établir, c'est qu'avec ce mode de réponse, une fois que la question présente plusieurs éléments, il faut que l'affirmative soit admise sur chacun des éléments pour produire une affirmative générale, et la négation d'un seul entraîne une réponse négative sur l'ensemble.

C'est donc là la conséquence du mode de réponse imposé, et elle se produit dans tous les cas, et non pas seulement, comme le croit le tribunal de Grenoble, quand les faits forment un ensemble indivisible. On a bien pu séparer dans sa pensée chaque coup de poignard, chaque assassinat, chaque mariage, vérifier séparément leurs preuves, se faire une conviction distincte, opposée même, sur chacun d'eux : mais de ce travail intime il ne devra rien paraître au dehors ;

nous ne devons pas le connaître, et d'ailleurs nous ne le pouvons pas. La seule chose qui nous arrivera sera le résultat : oui ou non.

Ainsi le caractère attribué par le tribunal de Grenoble aux objets d'accusation indivisibles se retrouve toutes les fois que l'objet est simplement complexe, et il y a lieu de chercher un autre criterium pour juger de l'indivisibilité. La question revient à savoir si le jury a pu, comme nous le disions tout à l'heure, distinguer les faits les uns des autres, peser dans sa conscience la probabilité de chacun d'eux, abstraction faite des autres, et se répondre, pour lui-même, intérieurement, affirmativement sur l'un, négativement sur les autres. Pour savoir si cela lui a été POSSIBLE, il n'y a et il ne peut y avoir qu'un seul moyen, qui est de considérer les faits de la série en eux-mêmes, intrinsèquement, pour ainsi dire, et de vérifier si le lien qui les unit est tellement intime, qu'en nier un seul, ce soit les nier tous ; qu'en affirmer un seul, ce soit les affirmer tous.

Si c'est ce dernier sens que le tribunal de Grenoble a eu en vue (et cela est possible, en raison de la concision amphibologique de la rédaction), il a émis là une assertion purement gratuite, se contentant d'affirmer une indivisibilité qui est tout à fait exceptionnelle et aurait eu bien besoin d'être au moins expliquée. Nous avons déjà fait remarquer ci-dessus que l'acte d'accusation, le système de défense, le résumé du président sont autant de circonstances indifférentes à ce point de vue, comme ne révélant pas la pensée du jury ; que pour connaître cette pensée intime, il n'y a rien à consulter que la nature même des faits ; que s'il y a une seule manière de les expliquer les uns sans les autres, on rentre dans la portée ordinaire des verdicts du jury, c'est-à-dire leur signification restreinte à la criminalité. Or, dans l'espèce, pouvait-on, sans tomber dans l'absurde, soutenir qu'Armand était, par exemple, l'auteur d'un premier coup, mais non des diverses ligatures ? Ne peut-on admettre ou plutôt quelqu'un a-t-il pu admettre qu'il avait porté, maladroitement, un coup dont les conséquences avaient dépassé ses prévisions, et que les ligatures devaient être imputées soit à la victime elle-même, soit à tout autre ? C'est là une appréciation qui sera sans doute bien diversement faite : pour nous, et après bien des doutes, il nous semble que la division est possible. Pour reprendre le criterium que nous avons ci-dessus posé, dire qu'Armand a porté un coup, ce n'est pas nécessairement remettre à sa charge tous les méfaits qui lui avaient été imputés.

On objectera que si nous ne trouvons pas cette série de faits indivisible, nous ne reconnaîtrons jamais ce caractère dans aucune espèce. Mais d'abord le nombre des combinaisons possibles ne saurait être limité et prévu ; et ensuite l'application de l'article 358 est déjà tellement difficile qu'il ne faut y apporter une nouvelle entrave que quand les principes du droit le commandent impérieusement.

Si on admet cette solution, tout le reste du jugement du tribunal de Grenoble paraîtra porter à faux, et comme s'appuyer sur le vide.

« Que cette réponse, appliquée à la ligature, implique que ce fait est étranger à Armand tout à la fois quant à la criminalité et quant à la matérialité, puisque, n'ayant pu être commis sans intention criminelle, dire que l'accusé n'en est pas coupable, c'est dire nécessairement qu'il n'en est pas l'auteur. »

En effet, on serait forcé de dire qu'Armand a accompli une opération fort longue et assez compliquée par inattention ou encore par jeu, ou, ce qui est encore plus insoutenable, par habitude.

« Que si cette réponse écarte aussi la criminalité quant au coup sur la nuque, on ne peut pas dire qu'elle en laisse subsister contre l'accusé la matérialité, alors que la réponse du jury : l'accusé n'est pas coupable, signifiant qu'il n'est pas l'auteur de la ligature, et cette réponse ne pouvant pas être divisée, et s'appliquant à l'élément du coup aussi bien qu'à celui de la ligature, signifie aussi qu'il n'est pas l'auteur du coup. »

Pourquoi ne pourrait-on pas diviser la signification de la réponse du jury, lorsqu'elle a une plus ou moins grande portée suivant la nature des faits auxquels elle s'applique ? Le verdict écarte la culpabilité, quant aux deux faits de la ligature et du coup ; pour le premier, il est de telle nature qu'en niant sa criminalité, on nie même sa matérialité ; le second, au contraire, est de toutes les violences celle qui se prête le mieux à la distinction de ces deux éléments ; la nature du premier ne peut réagir sur celle du second, et parce que la négation de la culpabilité, pour le premier fait a une portée exceptionnelle, il n'y a aucune raison pour étendre cette même exception au second. A moins pourtant que la négation de la matérialité du premier fait ne soit en même temps celle de la matérialité du second, ce qui revient à

savoir si les faits sont indivisibles entre eux, et ra-
mène à la question telle que nous l'avons posée ci-
dessus.

« Que les circonstances, telles qu'elles résultent
du témoignage unique sur lequel était basée l'accusation, ne font que confirmer cette appréciation ;

» Qu'Armand, en effet, serait venu volontairement
à la cave pour y suivre son domestique ; que volontairement il se serait armé d'une bûche ; qu'il lui en
aurait porté un coup volontairement ; qu'en un mot,
dans le fait du coup à la nuque, l'intention se serait
trouvée unie au fait criminel d'une manière aussi
inséparable que dans le fait de la ligature ; d'où l'on
doit conclure que, par sa déclaration, le jury a écarté,
dans l'un comme dans l'autre fait, la matérialité aussi
bien que l'intention coupable. »

Ceci est l'oubli formel du principe qui défend de
rechercher les motifs de la décision du jury, et aussi
de l'impossibilité réelle de les connaître. L'accusation
était basée sur un unique témoignage ; voilà une assertion bien hardie. Et même qui vous dit que les
jurés n'ont pas scindé cette déposition ? Qu'ils n'ont
pas fait la part de l'exagération produite par la peur,
puis par le ressentiment, tout en acceptant comme
vrai le fait du coup porté ? Tout cela est un secret
impénétrable, même aux jurés, puisque chacun d'eux
ignore ce qui décide ses collègues ; la seule chose
qui soit certaine, qui soit livrée par le jury au public,
c'est le verdict de non-culpabilité, et vouloir pénétrer
dans la conscience des jurés pour expliquer sa
formation, ne peut jamais conduire qu'à un résultat
illégal et arbitraire,

« Attendu que décider le contraire et isoler dans le verdict du jury le fait du coup à la nuque de celui de la ligature pour arriver à dire que si, pour ce dernier fait, la matérialité et la criminalité ont été effacées, la matérialité reste dans le premier, qui peut dès lors servir d'élément à une demande en dommages-intérêts, ce serait créer une distinction que le jury n'a ni faite ni pu faire, interpréter son verdict pour lui donner un sens contraire à celui qui en ressort, et méconnaître ou s'exposer à méconnaître l'autorité de la chose jugée. »

« Créer une distinction que le jury n'a ni faite ni pu faire, » c'est le même argument que nous avons déjà examiné ci-dessus... « Interpréter son verdict pour lui donner un sens contraire à celui qui en ressort. » Quel est le sens qui « *ressort* » d'un verdict négatif? Le sens normal, ordinaire, c'est la négation de la culpabilité seulement et une incertitude complète sur la matérialité. Si parfois les circonstances sont telles qu'il faille y avoir la négation de cette dernière aussi, ce n'est jamais que sous la pression, sous la contrainte même du bon sens. Mais de quel côté est « l'*interprétation?* » Dans ce dernier cas évidemment : puisqu'alors on en tire, avec raison sans doute, mais enfin on en tire autre chose que ce qui est expressément décidé par le jury.

Le dernier motif: « méconnaître... » indique bien le côté faible du système adopté par le tribunal de Grenoble ; car il est obligé d'ajouter : « méconnaître, ou *s'exposer à méconnaître* l'autorité de la chose jugée. » Or, s'il est un principe admis en cette matière, c'est assurément celui-ci : qu'il ne suffit

pas, pour lier le juge civil, *qu'il soit possible* que le
juge criminel ait décidé un point litigieux ; il faut
qu'il soit sûr qu'il a été décidé : le juge civil n'est
pas tenu de respecter ce que le verdict contient *peut-
être*, mais uniquement ce qu'il contient *nécessairement*. S'il était besoin d'une preuve, on la trouverait dans le principe même de l'art. 358 : si l'accusé
a été acquitté, il n'est pas sûr que ce soit parce que
le jury a cru qu'il n'avait pas commis le fait à lui
imputé, mais c'est peut-être là, et en pratique c'est
ce qui arrive le plus souvent, le motif de l'acquittement : la Cour d'assises, en le condamnant à des
dommages-intérêts, n'est donc nullement certaine
de ne pas contredire l'opinion de la majorité des
jurés, mais comme de cette opinion non exprimée
et toute secrète ne saurait résulter un conflit entre
les deux pouvoirs, le législateur ne s'est pas, et
avec raison, arrêté à cet inconvénient.

« Attendu, en effet, que si la Cour d'assises,
en vertu de l'art. 358 du Code d'instruction criminelle, et les tribunaux civils saisis par action principale, peuvent condamner à des dommages envers
la partie civile l'individu acquitté par le jury, ce n'est
que dans le cas où le verdict du jury laisse subsister
un fait matériel dont l'accusé serait l'auteur et qui
pourrait lui être imputé à faute ; en d'autres termes,
lorsque la déclaration de non-culpabilité n'exclut
pas nécessairement l'idée d'un fait dont l'accusé aurait à répondre envers la partie civile, en telle sorte
que la recherche ou la preuve de ce fait ne puisse
pas aboutir à une contradiction entre ce qui a été
jugé au criminel et ce qui serait jugé au civil ; que

c'est là un principe certain, incontestable, établi par la jurisprudence de la Cour de cassation. »

On ne conteste pas que le véritable motif de la compétence accordée par l'art. 358 à la Cour d'assises ne soit l'incertitude laissée par le verdict sur le fait matériel; mais nous ferons remarquer que la traduction *en d'autres termes* donnée par le tribunal de Grenoble est peu satisfaisante, car qu'est-ce qui a été « jugé au criminel » ? Voilà le seul point qui fasse difficulté.

« Qu'on ne saurait admettre, en effet, que dans toutes les espèces soumises au jury, le fait matériel survive à la déclaration de non-culpabilité et puisse devenir le fondement d'une condamnation à des dommages;

» Qu'il est facile de concevoir, au contraire, des espèces d'une nature telle que le jury ne puisse écarter la criminalité sans reconnaître par là que le fait matériel n'est pas imputable à l'accusé ;

» Que celle qui a été soumise au jury des Bouches-du-Rhône appartient à cette catégorie, puisqu'il est évident que le prétendu coup et les violences qui l'ont suivi ne pouvaient pas exister sans intention coupable, et que dès lors le verdict du jury a écarté le fait tout entier, et par conséquent tous les éléments qui le constituaient; qu'on doit du moins présumer qu'il les a écartés tous, alors que la réponse du jury, étant indivisible, s'applique à tous avec le sens qu'elle a, unique, nécessaire, incontestable ;

» D'où il suit qu'admettre que le fait matériel du coup a survécu à la déclaration de non-culpabilité serait admettre une chose en contradiction avec cette déclaration, ce qui ne peut pas être; d'où la conséquence aussi que la demande de Maurice Roux doit être rejetée. »

Nous avons déjà indiqué le seul point de cette suite de déductions dont nous doutions : il n'est pas *évident* pour nous que « le prétendu coup et les violences qui l'ont suivi ne pouvaient pas exister sans intention coupable, » ou mieux il ne nous paraît pas évident que le jury n'ait pas *pu*, dans sa conscience, rejeter les violences et admettre un coup donné sans intention coupable; auquel cas, on devrait conclure qu'il n'a nullement écarté la matérialité du fait. La divergence ne tient donc qu'à un point très-douteux en lui-même, et qui n'est que l'appréciation de l'espèce litigieuse. Pour les principes, ils sont formulés dans ce jugement avec l'exactitude et la clarté les plus grandes qui aient été, à notre connaissance, portées jusqu'ici dans une matière encore bien obscure.

Seconde hypothèse. La Cour de cassation casse tout arrêt de Cour d'assises qui, d'après les circonstances de la cause, lui paraît avoir affirmé la culpabilité niée par le verdict, ou, si on l'aime mieux, avoir reproduit le fait sous le rapport de la criminalité. Mais ce n'est pas à dire pour cela que la Cour devra prendre soin de le considérer comme s'étant produit sans intention aucune. La limite, à cet égard, quoique encore bien indécise, ressortira de la comparaison des divers arrêts rendus par la Cour suprême.

Il est clair d'abord qu'un témoin dont la déposition dans une affaire civile a fait l'objet d'une accusation de faux témoignage et qui a été acquitté de ce crime, peut encore, au civil, voir cette même déposition combattue par tous les moyens légaux (1).

Un domestique accusé et acquitté de vol peut être condamné à la restitution de tous objets mobiliers qu'il paraîtra au juge civil avoir détournés (2).

Un comptable acquitté de l'accusation d'avoir soustrait des objets confiés à sa garde a été avec raison condamné à restituer les mêmes objets disparus (3).

On avait accusé des employés des douanes de s'être laissé corrompre par un contribuable, et ce dernier de les avoir corrompus. Tous ayant été déclarés non coupables, l'administration poursuivit au civil le contribuable et obtint contre lui la confiscation des marchandises dont le passage frauduleux avait causé les poursuites criminelles (4).

Un individu, accusé d'avoir supposé un chargement de valeur sur un navire assuré, de l'avoir fait perdre, et commis ainsi le crime de banqueroute frauduleuse, avait été déclaré non coupable. Ce qui n'empêcha pas d'admettre l'assureur à prouver ensuite que le chargement avait été faussement supposé (5).

Il est admis aussi qu'un concordat peut être légitimement refusé par le tribunal de commerce à un

(1) Aff. Gapais, Rennes, 9 mai 1844 (D., v° *Chose jugée*, n° 560).

(2) Aff. Bosc, Toulouse, 13 déc. 1824 (D., v°. *Chose jugée*, n° 565).

(3) Ord. cons. d'Etat (Collet), 16 déc. 1835.

(4) Aff. Deshaies, C. cass., 4 fév. 1824 (D., v° *Douanes*). Voir aussi une aff.. Janet, C. cass., 21 déc. 1831 (D., v° *Douanes*).

(5) Aff. Botrelle, 15 mai 1823, C. cass. (D., v° *Chose jugée*).

failli acquitté de banqueroute frauduleuse. « Attendu
......qu'en effet il serait possible que certains faits
allégués n'eussent pas été jugés capables d'entraîner
une condamnation par la Cour d'assises, et qu'ils n'en
demeurassent pas moins coupables dans la conscience
des juges de commerce (1). »

Pareillement, de ce qu'un individu a été poursuivi
comme complice de banqueroute frauduleuse pour
avoir traité avec le failli connaissant sa position, et
a été déclaré non-coupable, il ne résulte pas qu'on
ne puisse poursuivre au civil la nullité de cet acte
pour fraude au préjudice des créanciers (2).

Les motifs de ces divers arrêts, et généralement de
tous ceux rendus sur la matière, présentent la plus
grande diversité, et si les résultats se rencontrent
de façon à former un système, ce n'est pas l'effet de
l'application d'une même théorie, mais bien de la
vérité instinctivement sentie. Il existe entre eux deux
classes bien tranchées, les uns niant en principe l'autorité de toute décision criminelle au civil, et les
autres se bornant à interpréter la décision criminelle
et à la limiter aux seuls points qu'elle résout positivement. Voici un arrêt qui cumule, bien inutilement,
les deux genres de preuves, et nous paraît mériter
l'analyse.

Un sieur Berton avait été accusé d'avoir incendié
sa propre maison et acquitté. Comme il demandait
ensuite à la compagnie d'assurances l'indemnité de
son sinistre, celle-ci répondit ne rien devoir à Berton,

(1) Aff. G......, C. Paris, 24 mai 1832 (D., v° *Chose jugée*).
(2) Aff. Combis, Grenoble, 26 déc. 1840 (D., *loc. cit.*).

déchu du bénéfice de son contrat d'assurance par la faute qu'il aurait commise en provoquant et en occasionnant lui-même l'incendie de la maison assurée, et demanda à en faire la preuve. Berton y opposa l'exception de la chose jugée en sa faveur par le verdict de non-culpabilité, mais la Cour d'Orléans la repoussa par un arrêt dont nous avons déjà vu la première partie (ci-dessus, p. 48) et qui continue en ces termes :

« Attendu qu'il ne s'agit pas au procès d'examiner l'effet que peut produire une condamnation prononcée au criminel sur la question soumise à l'appréciation des juges civils; qu'en supposant que la partie intéressée pût invoquer devant les tribunaux civils la disposition d'un arrêt criminel qui aurait condamné comme coupable d'un crime ou d'un délit celui contre lequel elle poursuit la réparation d'un dommage à raison du fait réprimé, il ne s'ensuivrait pas que l'accusé pût se prévaloir contre la partie civile d'un arrêt d'acquittement pour s'opposer à ce que l'existence du fait sur lequel reposait l'accusation fût de nouveau prouvée;

» Attendu, au surplus, qu'en supposant que d'un verdict d'acquittement il puisse résulter, dans de certaines limites, une autorité de chose jugée qui lie le juge civil et l'oblige à rendre une décision qui ne soit pas en opposition avec la décision criminelle, en ce cas l'exception de chose jugée ne serait pas mieux fondée;

» Qu'il faut, pour que l'exception de chose jugée soit admissible, que la décision criminelle soit en *contradiction formelle* avec la demande civile ; *qu'elles soient tellement opposées, qu'il n'y ait pas possibilité de les concilier*, et c'est alors à la partie qui invoque l'exception de la chose jugée à démontrer d'une manière péremptoire cette inconciliabilité (1) ».

Voilà le vrai principe de l'interprétation des verdicts du jury, tel qu'il ressort de la nature même de la chose jugée. Ce n'est qu'une exception au grand principe d'après lequel tout juge doit décider d'après ses propres lumières et sa propre conviction. Donc il ne suffit pas, pour enlever au juge ce libre arbitre, qu'une décision antérieure vague et indéterminée puisse, interprétée dans certain sens, cacher une affirmation contradictoire de la prétention soumise au second juge. Le jury a peut-être entendu nier le fait même de l'incendie ; nous n'en savons et n'en pouvons savoir rien ; mais qu'importe ? Il ne suffit pas d'un peut-être pour enchaîner la conscience d'un juge ; et d'ailleurs, puisqu'en définitive l'autorité de la chose jugée a pour but d'assurer, au moyen de sacrifices imposés à l'intérêt privé, l'intérêt général, il est évident que ce dernier ne saurait être compromis que par des contradictions précises et formelles, non par des contradictions douteuses et latentes.

C'est surtout en matière de duel que ces principes trouvent une application facile et frappante. Le duel tombe-t-il sous l'application des art. 295, 296, 309 ? constitue-t-il un délit de droit criminel ? C'est une question très-douteuse : la Cour de cassation l'a considéré comme non prévu par le Code pénal jusqu'en 1837, et depuis cette époque, elle persiste dans l'opi-

(1) Aff. Berton, 4 déc. 1841, Orléans (S. 1842, II, 467).

nion contraire : les criminalistes sont encore en discussion ouverte. En fait, le jury acquitte presque
toujours. Mais au point de vue de la réparation
constitue-t-il un délit civil ? Oh ! bien certainement,
oui. L'homicide est patent, avoué. Il peut bien se
faire que les circonstances et une espèce de convention fassent disparaître l'intention criminelle ou au
moins l'imputabilité; mais il restera toujours à la
charge du duelliste quelque faute, un emportement
violent, un ressentiment implacable, un mépris
affecté, une morgue intraitable, enfin quelqu'une de
ces imprudences sans lesquelles le duel n'aurait pas
eu lieu, et qui suffisent pour rendre pécuniairement
responsable de toutes les suites qu'il a pu avoir. Abstraction faite de tous les motifs moraux, il y aurait
encore, ce nous semble, faute civile dans le seul fait
de s'être muni de l'arme qui a servi à la perprétation
de l'homicide, et dont le port est illicite. On nous
permettra de citer à ce sujet un arrêt de la Cour de
Liége, dont nous approuvons sans réserve la doctrine.

Un sieur Braby avait été l'objet d'une déclaration
de jury ainsi conçue. « Oui, l'accusé est l'auteur de
l'homicide, mais cet homicide n'a pas été commis
volontairement, l'accusé étant en démence au moment de l'action. » La mère et les enfants de la victime ayant formé une demande en dommages-intérêts,
Braby allégua, et avec raison l'autorité du verdict
du jury, prétendant que si lui ne pouvait, en présence
de ce verdict, soutenir n'être pas l'auteur du fait, il
était de toute justice qu'on ne pût, contre lui, scin-
der ses différentes déclarations; et qu'en les prenant

toutes, on ne pouvait lui imputer aucune espèce de faute, quelque minime qu'elle fût, un fou pouvant bien être cause de tous les malheurs possibles sans qu'aucun lui fût imputable et fût autre chose qu'un cas fortuit. Tout cela ne fut pas contesté, et l'arrêt de la Cour, longuement motivé, en fit même une exacte démonstration.

Mais les demandeurs en indemnité opposèrent que s'ils n'entendaient pas critiquer la décision criminelle, il fallait du moins réduire son autorité aux points seuls qu'elle avait décidés. Or, à quel moment se sont placés les jurés pour apprécier l'état mental de l'accusé? Exclusivement, et le verdict le dit, *au moment de l'action*. Tout ce qui a précédé ou suivi était indifférent, et sur toute circonstance antérieure ou postérieure, ne fût-ce que d'une minute, le verdict ne peut être que complétement muet. On peut donc, en dehors de lui, et sans le contredire, prouver qu'antérieurement au temps considéré, à ce moment précis, à ce *punctum temporis*, premièrement Braby n'était pas en démence, qu'il·était « culpæ capax, » secondement qu'il a commis une faute entraînant sa responsabilité civile; ou plutôt la première de ces preuves se trouvait toute faite pour les demandeurs; car avec le verdict se trouvait écartée toute présomption de démence : sauf au défendeur à prouver sa démence par d'autres moyens.

Or on demandait à prouver que Braby s'était muni d'une arme à feu dont le port était prohibé; faute légère certainement en comparaison de la gravité de l'accident survenu, mais qui n'engageait pas moins sa responsabilité pécuniaire de toutes les conséquences qu'elle pourrait entraîner. L'homicide avait eu lieu au moyen de cette arme, circonstance concomitante au fait, mais dont la preuve, loin de contredire le verdict, lui rendait hommage. Peut-être si au moment où l'accès de folie est survenu, Braby n'avait pas eu sous la main le moyen de commettre un crime, sa fureur aurait-elle eu un résultat moins funeste; peut-être aurait-on pu se rendre maître de lui. Du reste il n'était pas besoin de prouver une de ces dernières circonstances, ni même d'en alléguer quelqu'une analogue; une fois que Braby n'était pas complétement irréprochable, il était responsable de tout ce que, dans sa démence même, il pouvait occasionner de dommages : il était en faute, cela suffisait.

« Attendu, dit la Cour de Liége, que l'idée de faute présuppose la libre jouissance de la raison et du discernement; qu'ainsi il ne peut y avoir de faute dans le fait dommageable d'un homme en démence;

» Attendu cependant que, s'il était vrai, comme l'intimé (le mari de la victime) le prétend, que l'homicide de son épouse aurait eu lieu au moyen d'une arme à feu dont le port était prohibé, l'appelant (Braby) serait alors responsable du dommage qui en serait résulté, si la démence de l'appelant n'existait pas encore au moment où il se serait muni de cette arme; car, en effet, le port d'une telle arme constituerait une faute;

» Attendu que la déclaration du jury ne constate l'existence de la démence qu'au moment de l'action; qu'ainsi, pour toute autre époque, la présomption que chacun jouit de la plénitude de ses facultés naturelles doit être appliquée à l'appelant, sauf à lui la preuve contraire; mais qu'avant tout l'intimé principal doit prouver que l'homicide de son épouse a eu lieu au moyen d'une arme à feu dont le port était prohibé, puisqu'il n'a été versé au procès civil aucune pièce propre à établir ce fait. — Par ces motifs, etc. (1). »

Tout cela est parfaitement applicable au duelliste. Le verdict d'acquittement n'est pas, comme dans l'affaire Braby, exclusif de toute espèce de faute pour le moment même de l'homicide; il le serait que tout le temps antérieur resterait en dehors de la décision judiciaire, et comme il s'y trouvera toujours au moins un quasi-délit, il nous semble démontré que, tout en ayant les meilleures raisons du monde pour aller sur le terrain, on se trouve toujours, en y allant, obligé de réparer pécuniairement le mal qu'on y fera. Il est possible que les motifs allégués paraissent peu sérieux vis-à-vis de la gravité d'un duel, de la mort d'un homme peut-être ; mais ils sont légaux, et au point de vue de l'effet produit par de telles condamnations, elles sont toujours accueillies avec bonheur par l'opinion publique.

Il existe sur cette question un arrêt de la Cour de cassation dont les considérants sont remarquables : « Attendu qu'il ne résulte pas de la déclaration du jury que le fait d'homicide n'était pas constant; que dès lors la Cour d'assises pouvait et devait en apprécier les conséquences, sous le rapport des réparations civiles demandées, lors même qu'elle ne jugerait pas qu'il fût susceptible d'une disposition pénale;

(1) Aff. Braby, C. de Liége, 10 janv. 1835 (J. de B. 1835 p. 362).

que si du silence de la loi pénale on doit induire que
le duel, tout contraire qu'il soit à la religion, à la
morale et à la paix publique, n'est passible d'aucune
peine, on ne saurait en conclure que l'homicide
commis à son occasion cesse d'être dommageable (1)
parce qu'il demeure impuni, et que celui qui cause
à une épouse et à des enfants le plus grand des dommages en les privant d'un époux et d'un père cesse
d'être responsable civilement d'un fait qui n'est pas
seulement arrivé par sa négligence ou par son imprudence, mais par sa volonté préméditée (2). »

Sauvegrain avait été déclaré par le jury non coupable d'avoir porté des coups et fait des blessures à
un sieur Morin, et la Cour d'assises l'avait condamné
en dommages-intérêts par une décision où nous trouvons ce considérant :

« Que, dans l'espèce, il était constant, notamment
par déposition écrite des témoins, que, sans causes
légitimes, Sauvegrain avait porté un coup de bâton
ou autre instrument contondant sur la tête de Pierre
Morin, qui lui avait fait perdre beaucoup de sang, etc. »

C'était en 1813 ; les principes n'étaient pas encore
bien sûrs, et on crut pouvoir soutenir devant la Cour
de cassation que les art. 358, 359 et 366 C. inst.
crim. ne pouvaient recevoir d'application qu'en cas

____

(1) Il y a ici une lacune qui se supplée facilement : il n'est pas
contesté que le fait soit dommageable, mais bien qu'il soit illicite,
et ce second caractère n'est pas moins indispensable que le premier
pour qu'il puisse y avoir condamnation en réparation civile.

(2) Aff. Lelorain, C. cass., 29 juin 1827 (D., v° *Duel*); dans le
même sens : Aff. Daguerre, C. d'ass. des Basses-Pyrénées, 5 août
1837 (D., *loc. cit.*) ; Aff. Dillon, c. Gramont-Caderousse, C. cass.,
20 février 1863 (*Gaz. des trib.* 23 fév. 1863).

de jugement d'absolution. Il est tout simple, en effet, que quand les faits n'ont pas été déniés et que l'accusé n'a échappé à une condamnation criminelle que parce qu'il s'est trouvé dans un cas d'excuse légale, le juge civil accorde des dommages-intérêts sur la base du fait matériel. Mais, disait-on, il en est tout autrement en cas d'acquittement. Car le rôle de la Cour vis-à-vis du jury consiste uniquement à appliquer la loi aux faits qu'il a reconnus constants, et à arbitrer le chiffre des dommages-intérêts qui en résultent. Or, d'après le mode d'interrogation en vigueur, aucun fait n'est constaté d'une manière légale, ni attribué légalement au défendeur, et la preuve de cette dernière assertion, c'est que tout autre individu peut encore être mis en jugement pour le même fait. Si donc les juges civils accordent des dommages-intérêts, ils affirment ce que le jury n'a pas affirmé, et usurpent sur lui. Peut-être ce dernier a-t-il déclaré non coupable, quoiqu'il fût convaincu de l'existence du fait matériel et de la participation de l'accusé à ce fait; mais qu'importe, puisqu'il est possible aussi que l'acquittement ait porté sur le fait matériel, et qu'alors leur conviction serait violemment contredite par l'arrêt?

On voit qu'on tire dans ce système, du mystère légal et réel des motifs de la décision criminelle, une conséquence précisément contraire à celle que nous en avons tirée.

La Cour de cassation répondit : « Que desdits art. 358, 359 et 366 il résulte formellement que les Cours d'assises sont investies du droit de statuer sur les demandes en dommages-intérêts qui peuvent avoir été formées par la partie civile contre un accusé acquitté, conformément à la première disposition dudit art. 358 ; — Que cette première disposition dudit article se réfère nécessairement à l'art. 357 ; qu'elle suppose donc une ordonnance d'acquittement, prononcée sur une déclaration de non-culpabilité, rendue d'une manière indéterminée ainsi que le veut la loi, et qui, confondant le fait matériel avec le fait moral, ne peut pas être appliquée plus à l'un qu'à l'autre. »

Ceci est parfaitement juste : le législateur vient d'ordonner d'interroger le jury suivant ce mode, plus ou moins bon d'ailleurs : puis il détaille les conséquences de la solution affirmative ou négative donnée par le jury : il serait bien bizarre qu'il eût abandonné brusquement la suite de ses idées et entendu ne parler que du cas précisément où les dispositions qu'il vient d'ordonner ont été violées, ou tout au moins d'un verdict d'absolution, cas très-rare et tout exceptionnel (1).

« Que la déclaration du fait étant néanmoins un élément nécessaire de la délibération sur les dommages-intérêts réclamés par la partie civile, il s'ensuit qu'en accordant, dans le susdit cas d'acquittement, aux Cours d'assises, le droit de statuer sur les dommages-intérêts, la loi a nécessairement investi ces Cours du droit de prononcer sur le fait matériel, dont la décision ne peut pas être prise dans une déclaration de non-culpabilité rendue par le jury d'une manière vague et générale;...

(1) Merlin (Rép. v° *Rép. civ.*, § 7).

» Que cette déclaration (celle du verdict) laissait incertain si le jury s'était décidé d'après la moralité ou d'après la matérialité du fait de l'accusation ;...

» Que la Cour d'assises,... autorisée par la loi à prononcer sur les dommages-intérêts demandés par cette partie civile, était donc autorisée à juger d'après la conviction que lui avaient laissée les débats, etc.... (1). »

Même décision, très-bien motivée, dans un arrêt de la même Cour du 26 mai 1842 :

« Attendu que la Cour d'assises, investie par la loi du droit d'accorder des dommages-intérêts à la partie civile contre l'accusé acquitté, a nécessairement le droit de reconnaître constant, comme faute dommageable, le fait que le jury a écarté comme crime ou délit ; que ce dernier caractère exige une intention criminelle qui n'est pas nécessaire pour que la partie civile ait le droit d'obtenir la réparation du préjudice qu'elle a souffert ; que spécialement les détournements commis par le demandeur peuvent avoir été accompagnés de circonstances qui leur ont ôté le caractère de crime, sans cesser de donner ouverture à une action en restitution et dommages-intérêts (2). » Voilà nettement posée la distinction des deux fautes, criminelle et civile.

Nous la retrouvons encore dans un arrêt du 25 novembre 1831, à propos d'un commis acquitté de l'accusation d'avoir détourné des marchandises et des sommes au préjudice de son maître, et condamné civilement pour les *fautes et irrégularités de sa*

---

(1) Aff. Sauvegrain, c. Morin, 22 juillet 1843 (D., t. XI, p. 420).
(2) Aff. Hilliard, 26 mai 1842, D., t. XI, p. 421).

gestion (1); et aussi dans un autre du 11 octobre 1817 sur la fameuse affaire Rolland. Dans cette dernière, il s'agissait d'un acquittement d'homicide volontaire, et d'une condamnation civile basée sur le même homicide commis par imprudence (2).

Mais il arrivera souvent que dans cette dernière accusation, le jury n'ait pas seulement déclaré la non-culpabilité d'homicide volontaire, mais qu'il lui ait été de plus posé, comme résultant des débats, des questions modificatives de la criminalité du fait, telles que celles de coups et blessures volontaires (art. 309), homicide involontaire (art. 319), coups portés par maladresse, inattention ou inobservation des règlements (art. 320). Ainsi, un sieur Gitz, accusé d'assassinat sur la personne d'un nommé Bœsch, avait été l'objet d'une déclaration du jury établissant qu'il était bien l'auteur du fait, mais qu'il l'avait commis *involontairement et sans imprudence*. Il ne manqua pas de soutenir devant la Cour que cette déclaration non-seulement l'exonérait de toute peine, mais encore était exclusive de toute faute et par conséquent de toute réparation civile : le fait, d'après la déclaration du jury, a été involontaire, ce qui exclut toute intention, et de plus il n'est pas le résultat d'une imprudence, donc il est parfaitement légitime.

Mais pour apprécier la valeur de la réponse, il faut s'attacher à la portée de la question posée. Or, sur quels faits le jury a-t-il été interrogé? Exclusivement sur les faits criminels ou délictueux. Ainsi la

(1) Aff. Brunaud (D., t. XI, p. 421).
(2) Aff. Rolland, c. Min. pub., 11 oct. 1847 (D., *loc. cit.*).

question de volonté revenait à celle-ci. « L'accusé
» a-t-il commis l'homicide, ayant la volonté de le
» commettre? » Celle d'imprudence pouvait se traduire ainsi : « L'homicide commis est-il le résultat
» d'une imprudence telle qu'elle doive entraîner
» contre son auteur les peines portées par la loi pour
» ce fait d'imprudence? » La réponse négative à
l'une et à l'autre de ces questions fait bien de l'homicide accompli un fait licite, pénalement parlant,
un fait auquel le Code pénal n'a rien à voir, mais
n'implique pas qu'il soit, absolument et en soi, à l'abri
de toute critique; dès lors, comme la mesure n'est pas
la même pour la faute civile d'imprudence, et que pour
cette dernière, une fois qu'elle existe, quelque minime
qu'elle soit, elle entraîne obligation de réparer, il n'y
aura aucune contradiction entre les deux sentences. Si
ce résultat paraît choquant à première vue, cela tient
uniquement à ce que nous n'avons qu'un seul mot,
imprudence, pour désigner deux fautes différentes de
nature et de gravité, la faute d'imprudence, civilement
appréciée, et la faute d'imprudence criminelle, celle
de l'art. 319. Nous avons vu la même cause produire
une confusion analogue sur le sens des mots : faute,
délit et culpabilité.

C'est en ce sens qu'il a été jugé par les arrêts, d'ailleurs assez peu motivés, de la Cour d'assises qui a condamné Gitz à la réparation civile, et de la Cour de
cassation qui a maintenu cette condamnation. « At-
» tendu qu'elle n'est pas nécessairement contradic-
» toire avec la déclaration rendue par le jury (1). »

(1) Aff. Gitz, c. Min. pub., 26 mars 1848 (D., v° *Comp. crim.*
n° 606)

Du reste, nous ne savons pourquoi le jury dans cette affaire Gitz, s'était tout à fait écarté de la forme de déclaration légale. La question serait plus claire si on l'avait interrogé conformément à la loi, comme dans l'affaire Hollaender. Dans cette dernière, trois questions lui avaient été posées, celles d'homicide volontaire, de coups et blessures volontaires, et d'homicide commis involontairement par maladresse, imprudence, inattention, négligence ou inobservation des règlements, et toutes trois résolues négativement. Cependant l'allocation de dommages-intérêts fut maintenue par la Cour de cassation qui pensa :

« Que la question posée au jury, conformément à l'art. 337, comprenant le fait matériel et le fait moral, et la réponse négative qui est faite à cette question ne révélant pas les motifs de la décision du jury, il est incertain si l'accusé a été acquitté parce qu'il ne serait pas l'auteur du fait, ou parce qu'il l'aurait commis sans intention criminelle ;

» Qu'il suit de là que la déclaration de non culpabilité purge l'accusation, qu'elle éteint l'action publique et met l'accusé à l'abri de toute peine, mais qu'elle ne fait point obstacle à ce que, par rapport à l'action civile, et d'après les débats qui ont eu lieu devant elle, la Cour d'assises recherche si le fait matériel est imputable à l'accusé, et s'il porte le caractère d'une faute ou d'un quasi-délit qui rend l'accusé passible de dommages-intérêts ;

» Qu'ainsi, dans une accusation de meurtre, et sur une question d'homicide commis involontairement, par négligence ou par imprudence, question posée comme résultant des débats, la réponse néga-

tive du jury absout l'accusé du délit prévu par
l'art. 319 C. pén.; mais qu'elle n'exclut ni la participation de l'accusé au fait matériel, ni l'examen des
circonstances qui laissent à l'action son caractère de
fait dommageable, pouvant entraîner une réparation
civile; — « Que dans l'espèce, etc. (1).

Cette décision est excellente, ainsi que ses motifs :
la Cour de Paris a maintenu aussi une condamnation
en dommages-intérêts après acquittement d'homicide involontaire (2); mais par des motifs bien
différents, car elle a admis « qu'il est de principe
consacré par la jurisprudence que l'action criminelle ou correctionnelle, exercée par le ministère
public, pour la vindicte publique, quel qu'en soit
l'événement, ne peut avoir aucune influence sur
l'action civile. » De plus, il faut remarquer que dans
cette dernière affaire, l'acquittement émanait d'un
tribunal correctionnel, et devait par conséquent être
motivé. Il fallait pour qu'il fût possible au juge civil
d'allouer des dommages-intérêts, que le tribunal
correctionnel n'eût pas motivé sa décision sur la non-
existence du fait, ou la non-coopération du prévenu
à ce fait.

Fallait-il encore cette seconde condition, que le
tribunal corectionnel eût laissé indécise la question
de savoir s'il y avait eu dans l'acte quelque peu d'imprudence, en d'autres termes, qu'il ne l'eût pas déclaré entièrement légitime, et exempt de toute es-

____

(1) Aff. Hollaender, c. Nagel, 19 nov. 1841 (D., t. XI, p. 422).
(2) Aff. Bréchemin, c. Hospices, 26 janv. 1828 (D., t. VIII,
p. 474).

pèce de faute? Il semblerait bien que c'est d'une absolue nécessité, parce qu'autrement la décision civile
va déclarer l'existence d'une faute et contredire expressément la décision criminelle. Tel n'est pas pourtant l'avis de Marcadé, pour qui la décision criminelle, sur ce point, est nulle et non avenue : il y trouve
le plus grave des défauts que puisse présenter un
jugement, comme on l'a dit, *non est major defectus
quam defectus potestatis*, le défaut de compétence.
Quelle est en effet la mission des juridictions criminelles? Elle s'étend à trois points : si le fait imputé a
été commis; s'il a été commis par l'inculpé, et enfin s'il
lui est imputable *au point de vue de la loi pénale, comme
délit de droit criminel*. Dans ces limites, tout ce qu'elle
décide doit être respecté par tout le monde. Mais si elle
va plus loin, et déclare le fait complétement irrépré-
hensible, il faut distinguer si le particulier lésé s'est ou
non porté partie civile. S'il l'a fait, le juge criminel,
constitué juge civil par cette intervention, a pu parfaitement vider les deux questions par une seule déclaration. Mais si, le particulier étant resté tout à
fait hors de l'instance criminelle, le juge criminel
n'a pas réuni en lui les deux compétences, il est manifestement sorti de la sienne propre en résolvant
une question réservée au juge civil. S'il en est autrement quand il a acquitté pour non-existence du
fait ou non-coopération de l'inculpé, cela tient à ce
que ces deux questions sont essentielles à la connaissance criminelle du fait, et que de plus elles sont
communes aux deux instances. De même, dans une
espèce que nous avons vue ci-dessus, un jury avait
déclaré le fait constant et commis par l'inculpé, mais

en état de démence. Il faut dire qu'une pareille déclaration, quand le mode d'interrogation la rend
possible, doit aussi être respectée par le juge civil,
parce qu'elle est une partie intégrante et nécessaire
de la décision criminelle. En un mot, toutes les fois
que c'est en statuant sur la question de délit criminel que le juge de cette question fait, accessoirement,
périr l'action civile, il est dans son droit et sa décision ne peut être contredite : mais si c'est en sus de
sa décision propre, en dehors des éléments qu'il
doit nécessairement embrasser, qu'il s'avise de statuer sur la question civile, c'est un excès de zèle,
un abus de pouvoir qui ne peut lier personne.

Un accusé a été acquitté par le jury sur une question de coups volontaires, et condamné par la Cour
à la réparation civile, attendu qu'il est résulté des
débats la preuve d'un *coup maladroitement porté*. Y a-
t-il contradiction ? Indépendamment de la contradiction discutée plus haut, fondée sur l'indivisibilité
vraie ou prétendue des faits qualifiés par l'accusation coups et blessures volontaires, on peut soutenir
que l'arrêt contredit le verdict à un autre point de
vue, et pour ainsi dire en sens inverse. Le verdict,
de sa nature, statue sur la culpabilité, c'est-à-dire la
réunion de l'existence des faits et de l'intention criminelle. On est d'accord pour limiter la signification
du verdict négatif à l'exclusion de cette dernière,
sauf certains cas exceptionnels où, en la niant, on nie
tout. Mais encore faut-il dire que le verdict négatif
entraîne toujours nécessairement la négation de l'intention criminelle, et qu'il ne saurait donc jamais être
permis à la Cour de la reprendre et de l'affirmer
dans son arrêt.

Or, dit-on, qu'est-ce que porter maladroitement un coup? D'abord les mots : porter un coup, présentent évidemment un sens actif, ils impliquent une direction, une volonté, non-seulement dans la signification usuelle, mais encore dans leur sens légal qui nous est révélé par le Code pénal, et par cette circonstance que l'ancien article 309, dans la rédaction de 1810, les employait seuls, sans ajouter aucune expression indiquant la volonté.

Ensuite le mot maladroitement implique aussi une volonté. Faire quelque chose maladroitement, c'est la faire avec maladresse, d'une manière maladroite; c'est la faire autrement qu'on ne veut, sans habileté, sans bonheur, mais avec l'intention de la faire. Quand on dit qu'un chasseur tire maladroitement, il a bien l'intention de tirer; seulement il le fait autrement qu'il ne voudrait et n'atteint pas le but qu'il se propose. De même, on porte un coup maladroitement quand, voulant frapper, on frappe trop fort, trop dangereusement, sur des organes essentiels qu'on voulait respecter.

Cela n'est pas bien sûr, car on est encore maladroit quand voulant faire une chose on en fait une autre, quand voulant menacer du geste, on donne un coup. Du reste, nous n'insisterons pas sur une discussion toute grammaticale, parce qu'il nous semble évident que des termes de l'arrêt, tout mal choisis qu'ils soient, il n'est pas possible de faire ressortir clairement l'affirmation d'une intention criminelle.

3° Il faut d'autant moins hésiter à donner cette solution, que les Cours d'assises se trouvent placées entre deux écueils, et ceci nous amène à une troisième règle imposée à leurs arrêts par la jurisprudence de la Cour suprême. Il faut qu'ils motivent l'allocation de dommages-intérêts, que par conséquent ils établissent un délit ou quasi-délit civil, une faute tombant sous l'application de l'art. 1382. La négation de l'intention coupable, par le verdict, a fait disparaître le crime ou le délit, et il n'est pas permis de le reprendre et de l'affirmer implicitement par une condamnation civile qui y prendrait son principe. Il s'agit donc d'extraire des mêmes faits quelque chose de simplement illicite. C'est toujours possible, sauf les cas exceptionnels où les faits, une fois qu'ils existent, sont essentiellement criminels, mais c'est toujours aussi très-délicat. Il faut maintenir la matérialité des faits, écarter la criminalité et établir, à un autre titre, leur imputabilité à leur auteur. Or il arrive souvent qu'on a tellement peur de maintenir la criminalité qu'on tombe dans l'excès contraire ; que, tout en maintenant l'existence des faits, on les innocente complétement de toute faute, même civile, et que la condamnation en dommages-intérêts se trouve ne plus avoir de base.

Par exemple, une accusation de coups volontaires avait été repoussée par un verdict négatif du jury. La Cour avait incontestablement le droit de considérer le fait matériel des coups comme suffisamment constant ; mais, en les prenant pour base d'une condamnation civile, elle dit que, comme le jury, elle écartait bien l'intention criminelle, que, pour elle, elle les considérait comme actes de légitime défense. C'était aller beaucoup trop loin, plus loin que le jury n'avait pu aller et n'avait été, et l'arrêt encourut très-justement la censure de la Cour de cassation (1).

Dans une affaire analogue, la Cour suprême a cassé : « Attendu que l'arrêt attaqué a violé le principe posé dans l'art. 1382, en déclarant le fait imputable à l'agent sans avoir établi qu'il y avait faute de sa part (2). »

Plus récemment encore, un arrêt de Cour d'assises se fondait sur « un coup *qui peut être imputé à faute* (à l'accusé). » Cette forme dubitative a été critiquée avec raison, il fallait nécessairement une affirmation, on ne condamne pas sur un peut-être, mais sur une certitude. Cependant il faut bien se garder aussi d'une interprétation judaïque de certains termes pris isolément ; il faut voir l'ensemble, et dans l'espèce, comme l'arrêt ajoutait : « et des conséquences duquel il doit être responsable, » il était suffisamment clair que la rédaction avait inexactement rendu l'intention de la Cour, et que celle-ci avait entendu affirmer un coup et l'imputer à faute (3).

4° Nous ajouterons, comme quatrième règle, que la Cour d'assises doit aussi se garder, tout en écartant d'une part le crime ou le délit écarté par le verdict négatif, et en établissant d'autre part une faute chez l'acquitté, d'affirmer un fait qui soit lui-même délictueux, qui constitue un nouveau délit, en dehors de ceux soumis au jury. Par exemple, le verdict du jury a été négatif sur une question d'homicide et sur une

(1) 19 déc. 1817 (D., v° *Obligation*).
(2) 10 juill. 1862 (S. 1862, I, 278).
(3) 25 mai 1863, C. d'ass. d'Aix (*Gaz. des trib.* 27 mai 1863).

question de coups et blessures volontaires ; la Cour
pourra-t-elle baser la condamnation civile sur des
coups ou, ce qui revient au même, un coup porté par
maladresse? Oui, sans doute, elle peut admettre un
coup imputable à l'acquitté, constitutif d'une faute,
civilement appréciée; mais si elle s'est servie de ces
mots : coup porté par maladresse, elle se trouvera
avoir repris les termes mêmes de l'art. 320 C. pén.

Art. 319. Quiconque, par maladresse, imprudence,
inattention, négligence ou inobservation des règlements, aura commis involontairement un homicide, etc.

Art. 320. S'il n'est résulté du défaut d'adresse ou
de précaution que des blessures ou coups, etc.

La vie de l'homme a paru d'un trop grand prix
pour que tout ce qui la menace, même sans indice
d'intention criminelle, ne fût pas prévu et réprimé
par quelque pénalité. Des coups et blessures, sans
intention criminelle, constituent donc un fait délictueux et donnent ouverture à des peines correctionnelles.

Or la Cour d'assises, en prenant ces mots dans leur
sens large, comme signifiant la réunion des trois
magistrats et des douze jurés, a été saisie par l'arrêt
de renvoi d'un ensemble de faits desquels, dans l'opinion de la chambre d'accusation, il résulte un crime.
La Cour d'assises n'est certainement pas obligée de
partager cette appréciation; si les débats ne lui ré-
vèlent qu'un simple délit, elle reste compétente pour
le réprimer. Mais ce pour quoi elle est irrévocablement liée par l'arrêt de renvoi, c'est pour les faits
qui lui sont soumis. Elle n'en peut sortir, ni quant à

la répression pénale, ni quant à la réparation civile, et nous avons vu que la première règle imposée à l'arrêt de condamnation en dommages-intérêts était de s'appuyer sur quelqu'un des faits renvoyés à la Cour d'assises, parce que la juridiction civile de la Cour est tout exceptionnelle.

Ainsi, il faut nécessairement, quand la condamnation civile s'appuie sur un fait délictueux, que ce fait soit de ceux visés par l'arrêt de renvoi; et, dans ce cas, nous prétendons que la compétence a encore manqué à la Cour pour le constater et en tirer ses conséquences légales; nous voulons dire la Cour statuant seule, sans assistance et verdict du jury. Il n'y avait, selon nous, qu'une seule voie légale et légitime, qui était de poser au jury la question du délit de coups et blessures involontaires, prévu par l'art. 320.

Un premier point est incontestable, c'est que porter maladroitement un coup constitue un délit; celui de l'art. 311, si on entend porter avec maladresse; celui de l'art. 320, si on entend porter par maladresse : dans les deux cas, c'est une erreur si on qualifie le fait simple délit civil. Il est reconnu, du reste, que tout délit criminel supposant un fait illicite, le plus comprenant le moins, l'allocation de dommages-intérêts, dont le principe est ainsi inexactement qualifié, n'en est pas moins justifiée.

Mais il peut se faire que telle juridiction, compétente pour apprécier une simple faute, devienne imcompétente s'il s'agit d'un délit. Tel est le cas de la Cour d'assises statuant seule. Sa compétence est double; civile, elle s'étend à tous les faits de l'arrêt de renvoi, dont elle peut tirer à sa guise toute faute civile, à la seule condition de ne pas contredire le verdict; criminelle, elle se borne à appliquer la loi aux réponses que lui livre le jury. Or elle sort de l'une et de l'autre quand elle motive une condamnation civile sur un fait délictueux.

Il suffit, pour le prouver, de démontrer que le jury a compétence pour apprécier les faits renvoyés sous le rapport de la criminalité, à tous les points de vue sans exception qui peuvent résulter des débats. Il doit d'abord être interrogé sur les circonstances aggravantes et les excuses qui peuvent augmenter ou même supprimer la criminalité. Il peut ensuite l'être sur toute circonstance mise en lumière par les débats, à cette seule condition qu'elle se rattache aux faits de l'arrêt de renvoi, qu'ils modifient, dans un sens ou dans un autre, ou simplement dont ils dépendent. Les débats amènent certaines variations dans l'aspect criminel des faits, développent certains éléments, en font rentrer d'autres dans l'ombre. Au moyen de la position des questions subsidiaires, on suit toutes ces transformations de l'accusation.

Il est vrai que cela n'est écrit dans aucun texte de loi, mais une jurisprudence incontestée a fait sortir ce principe d'une saine interprétation de l'art. 338 C. inst. crim. Il est vrai encore que la Cour a un pouvoir discrétionnaire pour la position des questions subsidiaires : on fait remarquer que si elle peut les poser, elle n'y est pas obligée. Mais il est dans la nature des choses que la défense ou le ministère public ne puissent à leur gré faire poser des questions inutiles, dangereuses peut-être pour la manifestation de la vérité. Il y a lieu d'apprécier si réellement les questions subsidiaires proposées résultent des débats, et cette appréciation rentre naturellement dans le domaine de la Cour. Mais il n'en faut pas conclure que la Cour puisse arbitrairement, quand il s'agit de constater un délit ressortant des débats, poser ou ne pas poser la question au jury. Si elle ne pose pas la question, le délit est écarté, définitivement écarté ; la Cour peut ne pas poser de question subsidiaire, s'il ne lui paraît pas que le délit qui en fait l'objet ressorte des débats ; mais elle ne peut tenir le délit en quelque sorte en réserve pour en faire la base d'une condamnation civile.

La compétence du jury est en effet exclusive de celle de la Cour : il suffit que le jury puisse apprécier tout délit résultant de l'acte d'accusation ou des débats, pour que la Cour ne puisse pas apprécier cette même question. On ne comprendrait pas, en effet, qu'une juridiction quelconque pût, à son gré, faire juger une question par une autre ou la juger elle-même. Un tel pouvoir donnerait lieu aux plus graves abus, et ce serait troubler violemment l'ordre des juridictions que d'attribuer à une autorité quelconque une question de compétence qui, dans une bonne organisation judiciaire, doit être résolue, avant même qu'elle ne se présente, par le législateur lui-même.

Personne ne s'avisera de soutenir que quand un homme est renvoyé devant la Cour d'assises sous une accusation de meurtre, la Cour puisse, de son chef et sans consulter le jury, constater le crime de coups et blessures volontaires, et condamner en conséquence à la réparation civile. Comment pourrait-elle donc le faire, s'il ne s'agissait que du délit de coups et blessures involontaires ? Dans l'un et l'autre

cas, on ne peut admettre que la Cour d'assises renferme deux juridictions rivales, ayant toutes deux
mission de constater et d'affirmer un fait criminel ou
délictueux. Vainement alléguerait-on que l'une en
tire comme conséquence une peine afflictive, l'autre
une condamnation pécuniaire : un antagonisme fâcheux n'en résulterait pas moins de la seule affirmation du crime ou du délit.

Cette doctrine est-elle la négation de la jurisprudence aujourd'hui si bien établie d'après laquelle le
prévenu acquitté au criminel peut être repris au correctionnel pour le même fait? Nullement : la question est tout autre. Si le prévenu acquitté de crime
peut être repris pour délit, c'est à la condition que le
délit soit soumis à la juridiction compétente, qui
est alors évidemment le tribunal correctionnel ; mais
ici il s'agit précisément de savoir si la Cour, toute
seule, est compétente, s'il n'y aurait pas eu lieu
d'user précisément du bénéfice de cette jurisprudence pour porter la question du délit, non soumise
au jury, devant le tribunal correctionnel chargé d'en
tirer toutes les conséquences, tant au point de vue
de la répression qu'à celui de la réparation civile.

5° Une cinquième règle est la sanction de toutes les
autres : c'est la nécessité pour le juge civil de motiver
sa décision avec un soin tout spécial. Il ne suffit pas
qu'en réalité il n'y ait aucune contradiction, il est soumis à l'obligation d'établir lui-même, dans ses motifs,
qu'il ne heurte pas la décision criminelle. La raison
juridique est qu'autrement la Cour de cassation qui
prend les faits tels que les exposent les arrêts à elle

soumis, ne pourrait exercer son droit de contrôle : elle se trouverait en présence de deux décisions dont la première, de sa nature, ne peut être motivée, et dont l'autre n'expliquerait qu'elle-même : il serait donc impossible à la Cour de se rendre compte de l'étendue de la première, et par conséquent de juger en connaissance de cause si elle est contredite par la seconde.

D'ailleurs, la conciliation, quelquefois impossible, est presque toujours difficile à trouver. Si on laissait au public le soin de la chercher, on aurait souvent tous les inconvénients d'une contradiction réelle, encore qu'elle n'existât pas ; et il importe d'éviter même l'apparence d'un conflit.

Il ne suffirait pas que le juge civil protestât de son intention de respecter la décision criminelle : une simple assertion ne saurait faciliter le travail de la Cour de cassation ; la contradiction, niée en termes généraux, peut résulter de la constatation même des faits.

Il ne suffirait même pas qu'il constatât en termes généraux que le verdict laisse ouverture à la constatation d'un délit civil : il faut aller plus loin, car tout verdict ne laisse pas cette possibilité, et il faut montrer comment le verdict dont il s'agit, à raison des circonstances particulières, n'exclut pas la matérialité même des faits, ni une faute quelconque.

Un arrêt de Cour d'assises dans une affaire d'homicide volontaire et de coups et blessures volontaires, avait condamné l'accusé acquitté par le verdict :

« Attendu que s'il résulte de la déclation du jury qu'Armand n'est pas coupable d'avoir volontairement porté des coups ni fait des blessures à Maurice Roux, cette solution n'exclut pas l'existence maté-

rielle du fait, mais seulement sa criminalité. » L'arrêt a été avec raison cassé pour défaut de motifs :
« Attendu que cet arrêt (l'arrêt de la Cour d'assises) est soumis à l'obligation d'établir dans les termes les plus explicites et les plus précis, qu'il n'existe aucune contradiction entre ce qui a été jugé au criminel et ce qui a été jugé au civil ;

» Qu'il ne suffit pas d'énoncer, comme le fait l'arrêt attaqué, que la déclaration de non-culpabilité n'exclut pas l'existence matérielle du fait, mais seulement sa criminalité, puisque cette déclaration de non-culpabilité étant indéterminée et pouvant porter aussi bien sur le fait matériel que sur le fait moral, il demeure incertain si c'est l'intention criminelle, ou si c'est l'existence du fait qui a été écartée ;..........

» Que cette explication était d'autant plus nécessaire, que les réponses du jury et l'arrêt de condamnation civile portaient sur un seul et même fait, et que dès lors, avant de s'en saisir, l'arrêt devait constater d'une manière expresse que la déclaration du jury, en proclamant Armand non coupable, n'avait pas exclu sa participation matérielle aussi bien que sa participation morale au fait qui lui est imputé ;...

........, D'où suit une violation expresse de l'art. 7 de la loi du 20 avril 1810, etc. (1). »

Il arrive fréquemment, dans la pratique, qu'après un verdict négatif sur une accusation de faux principal il s'élève encore des contestations sur l'exécution

(1) Cass. 7 mai 1864 (*Gaz. des trib.*, 15 mai 1864).

de l'acte argué de faux. Le faux étant toujours puni de peines afflictives, il résulte du mode d'interrogation suivi aujourd'hui pour le jury, qu'il n'y a qu'une seule décision portant tout à la fois sur tous les éléments de la culpabilité de l'accusé. Si le verdict affirmatif suppose résolue affirmativement la question de la fausseté de la pièce, le verdict négatif n'en établit pas la sincérité.

Il est évident d'abord que l'acte qui s'est trouvé faire l'objet de l'accusation peut être attaqué et annulé au civil pour un autre grief, tels que dol, violence, surprise, ou encore faute de cause, ou fausse cause.

Une signature surprise à l'inattention de l'obligé constitue un délit civil et une question réservée aux juridictions civiles. Le jury n'ayant pu y toucher, sans sortir de ses attributions, le procès civil reste entier et l'obligation peut être annulée pour cause de dol (1).

Dans une affaire soumise en 1813 à la Cour de cassation, il s'agissait d'une contre-lettre souscrite par Roux, acquéreur d'un domaine national, par laquelle il s'engageait à remettre ledit domaine à un sieur Capereau contre remboursement du prix d'achat ; sur l'action civile intentée en exécution de cette contre-lettre, les héritiers Roux avaient méconnu la signature de leur auteur et triomphé en première instance. Avant l'appel interjeté, une poursuite en faux principal dirigée contre Capereau père et fils, puis contre le fils seul par suite du décès du père, et à laquelle restent étrangers les héritiers Roux, aboutit

(1) Aff. Cariot, c. Lemoucheux, Cass. 19 fév. 1842 (D. t. VIII, p. 465).

à une déclaration négative du jury. Capereau fils ayant alors prétendu imposer aux héritiers Roux la reconnaissance de la signature, on lui répondit par ces quatre moyens : 1° que le jugement criminel ne pouvait être opposé à des particuliers qui ne s'étaient pas portés parties civiles; ce premier dénué de tout fondement, et d'ailleurs inutile en présence des suivants; 2° qu'il n'avait pas été jugé que l'acte fût vrai, mais seulement qu'il n'existait pas de preuves suffisantes que Capereau fût coupable de l'avoir falsifié ; il est évident, en effet, qu'on aurait encore pu sans contradiction accuser et condamner toute autre personne pour falsification de ce même acte : à plus forte raison pouvait-on le juger faux au civil; 3° qu'à supposer que la contre–lettre ne fût pas fausse, elle était nulle comme obtenue au moyen de manœuvres frauduleuses; 4° qu'enfin elle était encore nulle pour vice de forme, comme n'ayant pas été faite en double. L'arrêt de la Cour rejette la fin de non-recevoir proposée par tous les moyens, excepté le dernier dont on ne trouve nulle trace, et le pourvoi contre l'arrêt, par une disposition assez bizarre, au lieu d'être admis pour défaut de motifs et de décision sur ce point, fut rejeté par cette considération que l'acte étant synallagmatique, aurait dû être fait en double (1).

Les mêmes principes ressortent d'un arrêt de la même Cour sur une affaire assez compliquée que nous retrouverons ci-après (2). Nous signalerons seulement l'objection présentée par le procureur général.

(1) Aff. Capereau, c. Roux, Cass., 8 sept. 1813 (D. *loc. cit.*).
(2) Aff. Reynier, c. Michel, Cass., 29 mars 1817 (D., v° *Chose jugée*, n° 559).

Il y a eu, disait-il, lors de la poursuite en faux, aveu de la partie qui a prétendu être étrangère à l'acte argué de faux. Elle a affirmé n'avoir été pour rien dans l'acte : comment pourrait-on ensuite l'admettre à soutenir que son consentement a été vicié par une cause quelconque? Il y a certainement là une contradiction, puisque soutenir avoir été trompé, violenté, c'est admettre implicitement qu'on a signé. Mais on n'a jamais admis facilement ces renonciations tacites à se servir de certaines exceptions ; par suite de cette juste faveur qu'on a toujours montrée pour le défendeur, on a considéré qu'il était facile de se tromper sur l'exception à opposer à une demande ; les lois romaines (1) et l'unanimité des auteurs (2) ont toujours autorisé à invoquer le dol, la violence, les vices de forme, etc., après avoir invoqué l'exception de faux.

Mais *quid* si après une procédure en faux principal on persiste au civil à arguer l'acte de faux? Pour parler d'abord des actes sous seing privé, la dénégation de la partie à laquelle on les oppose au civil se traduit par une demande en faux incident, ou par une demande en vérification d'écriture. Quelle que soit la forme, il est évident que le débat est encore possible sur ce terrain : car l'acquittement au criminel ne suppose nécessairement que l'insuffisance des preuves du crime de faux, tandis que pour valoir au civil il faut que le titre soit incontestablement

(1) L. 47, D. *De her. petit*; L. 14, C. *De inoff. test.*

(2) Despeisses, Tr. des crimes (part. 1, tit. II, sect. 2, art. 9); Rousseaud de Lacombe, Jur. civ. (v° *Faux*); Serpillon (*Quest. de droit*); Toullier (t. VIII); Merlin (*Quest. de dr.*, v° *Faux*); Dalloz (v° *Chose jugée*, n° 358).

reconnu émaner de celui à qui on l'oppose ou de son auteur : on comprend facilement qu'autre chose est prouver que telle personne a falsifié un acte, autre chose en établir la sincérité. Si les questions en jeu sont différentes, la position des parties n'est pas non plus la même : au criminel, l'accusé était défendeur et pouvait se borner à repousser les allégations élevées contre lui ; si le ministère public n'a pas produit de charges suffisantes, ce n'est pas une raison pour que l'acquitté, lorsqu'il se porte demandeur au civil et prend par là sur lui le fardeau de la preuve, soit plus heureux qu'on ne l'a été contre lui.

On a prétendu distinguer entre le cas où c'est le bénéficiaire direct et primitif de l'acte qui a été accusé et acquitté de faux, et celui où ce serait un tiers porteur. On peut se trouver avoir entre les mains une lettre de change fausse, être accusé faussement de l'avoir fabriquée ou falsifiée ; il est évident que le verdict d'acquittement ne statuera nullement sur la sincérité de la lettre ; puisque le faux peut être attribué, et même avec plus de vraisemblance, à l'un des endosseurs ou au preneur. Mais si c'est précisément ce preneur qui se trouve l'avoir encore entre les mains, on ne peut supposer que si l'acte est faux, ce ne soit pas lui qui l'ait fabriqué : *is fecit cui prodest,* et en sens inverse, comme sa coopération est évidente, s'il est acquitté, c'est que l'acte n'est point faux. Et même il pourrait arriver qu'il s'agît d'un acte synallagmatique, et que l'accusé reconnût y avoir coopéré, auquel cas la seule question que le jury se serait posée était évidemment celle-ci : l'acte est-il faux?

Mais quand même, en fait, les débats auraient uniquement porté sur ce point, rien ne nous révélerait légalement la pensée intime du jury, qui peut-être n'a tenu aucun compte de l'aveu de l'accusé, et on a des exemples assez nombreux d'accusés acquittés malgré leurs aveux. Peu importe qu'une telle hypothèse soit plus ou moins vraisemblable : il suffit qu'elle soit possible pour qu'ou doive interpréter le verdict dans le sens normal et ordinaire, d'après lequel il ne s'applique qu'à la personne et à la culpabilité seule.

La réponse à la première distinction est analogue : s'il est difficile de comprendre que ce ne soit pas le preneur bénéficiaire immédiat et unique de la lettre de change qui l'ait falsifiée, cela n'est pas impossible; car un tiers peut avoir eu intérêt à la fabriquer, soit pour nuire au tiré, soit pour se faire payer du tireur son débiteur insolvable; même elle peut être l'œuvre d'un fou ou d'un enfant. Sans doute ce sont là des suppositions extraordinaires, et qui, dans tel ou tel cas, peuvent ne trouver aucune application. Mais encore une fois elles sont toujours possibles et rien ne nous dit que le jury n'en ait pas admis une. D'où il faut conclure que l'écriture d'un acte sous seing privé peut toujours être méconnue et que l'inscription en faux incident doit toujours être admise sans qu'on puisse tirer aucune fin de non-recevoir d'un verdict négatif du jury.

Ainsi fut-il jugé dès le 21 messidor an IX (1), et depuis le principe a été confirmé par de nombreux

<hr>

(1) Aff. Godier, c. Terray (D., v° *Chose jugée*, n° 557); Réquisitoire de Merlin (Quest. de dr., v° *Faux*, § 6).

arrêts dont les-uns ont admis la vérification au civil de quittances (1), les ont rejetées de l'instance civile (2), dont les autres ont annulé, comme n'émanant pas du testateur, des testaments olographes qui avaient antérieurement été la base d'une poursuite en faux criminel (3), et d'un verdict négatif. Il est bien entendu que nous ne parlons ici que de verdicts rendus dans la forme ordinaire de l'art. 337.

Faut-il aller jusqu'à dire que l'acquitté puisse être condamné par la Cour ou un tribunal civil à des dommages-intérêts envers la partie à laquelle l'acte argué de faux préjudicierait ? Spécialement, l'individu accusé d'avoir fabriqué un testament olographe au profit d'un tiers peut-il, après un verdict négatif, être condamné en dommages-intérêts envers les héritiers légitimes du prétendu testateur ? Le verdict négatif n'ayant statué que sur la personne, et encore sur la culpabilité de la personne et non sur sa coopération au fait matériel de la falsification, il pourra être reconnu par le juge civil une faute, une imprudence quelconque suffisante pour engager la responsabilité pécuniaire. Mais la raison de douter se tire précisément du vague du verdict, qu'on pourrait à à la rigueur interpréter dans un sens exclusif de la

(1) Aff. Rigoulet, C. de Riom, 4 août 1814 (D. *loc. cit.*) ; aff. Capereau, c. Roux, C. de Toulouse, 12 avril 1812 ; premier moyen d'appel (D. *loc. cit.*).

(2) Aff. Leloup, c. Baconnière, Cass, 29 juin 1820 (D. t. VIII, p. 468).

(3) Aff. Nobili, c. Renucci, C. de Bastia, 15 mai 1833 (D. v° *Chose jugée*) ; aff. Rivière, c. Guyet, Cass., 27 mars 1839 (D. *loc. cit.*) ; aff. Lefebvre, c. de Milleville, Cass., 10 fév. 1840 (D. *loc. cit.*) ; aff. Lafarge, Cass., 27 mai 1840 (D. v° *Faux incident*) ; etc. Les motifs sont des plus variés.

matérialité des faits. Or, a dit Merlin, il faut distinguer le cas où c'est l'acquitté lui-même qui vient poursuivre au civil l'exécution de l'acte argué de faux, et celui où on vient l'invoquer contre lui. Dans le premier cas, aucun doute n'est possible : il est demandeur, il doit prouver sa demande, et la prouver clairement, le doute s'interprète contre lui, *in dubio pro reo respondendum*. Dans le second cas, au contraire, il est encore au criminel, comme il était défendeur, et cette même maxime se retourne contre son adversaire, qui devrait alors subir l'interprétation à lui défavorable du verdict, et être déclaré non recevable dans sa demande.

Mais on peut observer avec raison que cette dernière conséquence n'est pas justifiée : la maxime invoquée est sans contredit aussi générale que possible, parce qu'elle naît de la nature même des instances judiciaires, et elle doit être appliquée toutes les fois que le doute existe sur la preuve des faits allégués par le demandeur. Mais, dans notre espèce, quel est le point douteux? Il ne s'agit pas de peser et de comparer les divers moyens par lesquels on justifie la demande en réparation et ceux par lesquels on la repousse : il s'agit de savoir si la demande, justifiée ou non, est recevable, ou si elle ne doit pas être repoussée à priori, et sans examen. La question est donc de savoir si la pièce a été vérifiée dans l'instance criminelle, s'il y a chose jugée ou non : elle ne s'agite pas entre le demandeur et un défendeur, mais entre le demandeur et un arrêt préexistant, qui enlèverait au juge de la seconde instance sa libre appréciation. Or le droit commun étant l'indépen-

dance de tout juge, et la chose jugée n'étant que
l'exception, il n'est pas difficile de démontrer que
dans le doute, il faut encore incliner pour celui qui
se trouve demandeur au civil, et par conséquent ne
permettre à personne d'interpréter à sa guise un
verdict négatif pour en faire sortir autre chose que ce
qui s'y trouve nécessairement décidé (1).

Enfin, Merlin avait avancé une quatrième distinction entre les actes sous seing privé et les actes
authentiques. Les premiers devant, pour former
titre au civil, être prouvés émaner de l'obligé, une
décision criminelle d'acquittement ne fournit naturellement d'exception contre eux que si, portée par
des juges à ce compétents, elle est conçue dans des
termes qui impliquent nécessairement sa sincérité, et
dans l'organisation actuelle de nos juridictions criminelles, une pareille décision ne peut se produire. Les
actes authentiques, au contraire, faisant foi par eux-
mêmes, et ne pouvant être écartés que par l'inscription en faux, il semble qu'une fois qu'ils ont subi
l'épreuve d'une poursuite en faux principal, ils soient
vérifiés, et aux termes de l'art. 214 C. pr., il n'y a
plus ouverture à inscription de faux contre une pièce
qui a été vérifiée, soit avec le demandeur, soit avec
le défendeur en faux, sur une poursuite de faux principal ou incident. L'acte sous seing privé ne vaut
que quand il est prouvé sincère : l'acte authentique
est réputé sincère et fait foi de tout son contenu, tant
qu'il n'est pas prouvé faux. Or cette preuve ne résulte
pas d'une décision criminelle d'après laquelle il n'est

(1) Aff. Combe, Cass., 20 juin 1846 (D. P. 46. I. 283).

pas constant que l'acte soit faux, et le doute qu'elle produit ne peut annihiler la force probante propre et inhérente à l'acte (1).

Cependant une telle force ne va pas sans restrictions, et elle en comporte deux, qui sont les deux poursuites en faux, criminel et civil. La seconde est encore ouverte après l'exercice infructueux de la première; tel est le principe auquel l'art. 214 porte exception pour le cas où la pièce a été vérifiée à l'occasion de la poursuite en faux criminel.

Or quand cette vérification a-t-elle eu lieu? Qu'il s'agisse d'actes sous seing privé ou d'actes authentiques, elle ne peut évidemment résulter que d'une décision formelle et particulière sur la pièce objet de la poursuite. Dans une instance en faux incident, le litige porte directement sur la pièce, et sur la pièce seule, comme si elle s'était falsifiée elle-même; la décision à intervenir tranche nécessairement la question, et cela explique pourquoi, après une décision négative sur une inscription de faux incident, il n'y ait plus lieu à poursuites en faux principal.

Dans l'instance publique, au contraire, la question posée au juge criminel est complexe : on instruit à la fois contre la pièce et contre telle personne déterminée.

Les exceptions ou défenses à opposer à l'inscription de faux incident se réduisent toutes à celle-ci, que l'acte est sincère.

Celles à opposer à l'accusation de faux criminel comprennent trois chefs : l'accusé peut prétendre, ou

(1) Merlin, Rép., v° *non bis in idem*, n° 46, et réquisitoire dans l'affaire Douhault, c. Champignelle, Rép., v° *Chose jugée*, n° 45.

que l'acte n'est point faux, ou que lui n'y a pas coopéré, ou enfin qu'il y a coopéré sans intention criminelle. Par exemple, le fait matériel du faux pourrait
être constant et avoué : s'il est l'œuvre d'un enfant
ou d'un fou, il ne pourra y avoir lieu d'appliquer les
peines du faux. Quel que soit du reste le motif de
l'acquittement, si, dans une instance de cette nature,
il faut toujours que la personne soit jugée, la pièce
ne sera jamais appréciée qu'implicitement, par suite
de la condamnation de l'accusé, ou encore en cas
d'acquittement si une disposition expresse statue sur
la pièce. Une pareille vérification ne peut résulter
d'un verdict du jury, et y fût-elle formulée, elle ne
pourrait valoir, comme étant hors de la mission et de
la compétence de la Cour d'assises. La question n'est
donc possible que dans le cas où la poursuite criminelle est arrêtée dès son début par un arrêt de non-
lieu, qui dans ses motifs peut s'appuyer sur cette
raison péremptoire que l'acte n'est pas faux (1). Si
nous écartons cette hypothèse, nous pouvons mettre
en présence le verdict du jury, portant que telle
personne n'est pas coupable d'avoir falsifié un acte,
et le jugement civil, portant que ce même acte a été
falsifié; ils ne se rencontreront pas, et il ne pourra y
avoir de contradiction entre eux, du moins de contradiction exprimée, la seule qui soit à considérer; et
cela qu'il s'agisse d'actes authentiques ou non (2).

Cette doctrine a été consacrée par l'arrêt de la

______

(1) Ci-après, section V, § II.

(2) Dalloz (v° *Chose jugée*, n° 469); Mangin (t. II, p. 386); L
Sellyer (n° 2493); Bourguignon (Jur. crim. art. 404, n° 4).

Cour de cassation du 12 juillet 1825, rendu à propos d'un testament authentique, objet d'une accusation de faux terminée par un verdict négatif rendu dans la forme ordinaire, et contre lequel les héritiers prétendaient s'inscrire en faux. L'inscription fut admise, malgré l'opposition des légataires : « Attendu...... que cette vérification (celle de l'art. 214 C. pr.) ne peut résulter que d'un jugement et d'un arrêt qui prononce expressément sur la vérité ou la fausseté de la pièce; — Que, dans le procès criminel la question proposée au jury, et sur laquelle il a répondu négativement, portait : « Est-il coupable (l'accusé), d'avoir frauduleusement dénaturé la substance ou les circonstances du testament, notamment......? » question qui a dû être posée ainsi, s'agissant du faux déterminé par l'art. 146 C. pén.;— Que cette déclaration du jury : Non, l'accusé n'est pas coupable, ne prononçant rien expressément sur le point de savoir si les énonciations du testament dont il s'agit étaient ou non fausses, il en résulte que ce testament n'a pas été vérifié par l'arrêt de la Cour d'assises qui a prononcé l'acquittement du notaire et sa mise en liberté; que, par conséquent, cette pièce a pu être l'objet d'une décision sur l'attaque en nullité et en faux incident, etc. »(1). On remarquera que dans cette espèce, le notaire accusé de faux n'était

(1) Aff. Vigneron et cons., c. H. Desprez, Cass., 12 juill. 1825 (D., v° *Faux incident*, n° 67); même décision, C. de Liége, 2 janv. 1838 (J. de B. 1838, n° 146); Mangin (id. belge, p. 386); voir aussi aff. Donhault, c. Champignelles, Cass., 30 avril 1807 (D. v° *Chose jugée*, n° 545); aff. Glassier, c. Bouniol, Cass., 24 avril 1819; aff. Lecomte, c. Baussen, Cass., 12 août 1834; aff. C...., c. H. Babin,

pas partie dans l'instance civile : ici cette circonstance est indifférente, parce qu'on trouve dans la valeur propre et intrinsèque de la décision criminelle une raison péremptoire d'admettre l'inscription de faux incident. Si cette inactitude quant à la pièce n'existait pas, c'est-à-dire si la décision criminelle statuait positivement sur la sincérité ou la fausseté de la pièce, alors s'élèverait cette autre question de savoir si la décision criminelle rendue pour ou contre le notaire serait opposable à l'obligé ou au bénéficiaire demandeur en faux incident, question qui a été exposée ci-dessus.

Section V.

Des décisions des juridictions d'instruction.

Préliminaire indispensable de l'instance définitive qui doit fixer le sort de l'inculpé, la décision de la juridiction d'instruction n'est qu'une garantie contre des poursuites non suffisamment motivées, et ses résultats, tout relatifs et subordonnés à des événements ultérieurs, ne sauraient que par exception influer sur l'action civile. D'abord, dans tous les cas où la chambre du conseil autrefois, le juge d'instruction aujourd'hui, et la chambre des mises en accusation renvoient devant une juridiction de

Cass., 20 avril 1837 (D., v° *Chose jugée,* n° 589); et surtout aff. Gorlay, c. Fourmentin, Cass., 24 nov. 1824 (D., v° *Chose jugée,* n° 591); dans lesquelles les circonstances sont fort diverses, mais dont les motifs de décision sont en général favorables à cette doctrine.

jugement, ce n'est qu'une simple indication de compétence qui, quant au fond de l'affaire, ne lie absolument personne. Il arrivera alors nécessairement de deux choses l'une : ou bien l'affaire, ayant passé par toutes ses phases normales, aboutira à une décision quelconque d'une juridiction de jugement, et ce sera alors cette décision qu'il faudra consulter pour régler le sort du particulier lésé, selon toutes les distinctions que nous venons de parcourir; ou bien l'affaire, pour une raison ou pour une autre, traînera en longueur, la prescription s'accomplira et il n'y aura plus à espérer de décision criminelle définitive, après dix ans écoulés, s'il y avait renvoi devant une Cour d'assises, après trois ans, si c'était devant un tribunal correctionnel. Mangin (t. II, n° 391); Legraverend (t. I, p. 88).

Quel sera l'effet sur l'action civile, de ce provisoire dont on ne peut plus sortir ? D'abord le particulier lésé pourra encore parfaitement demander à être indemnisé des mêmes faits, base de l'arrêt ou de l'ordonnance de renvoi, car il a été décidé qu'il y avait suffisante raison de croire qu'ils avaient été commis et qu'ils étaient imputables à l'inculpé; et sous ce rapport le préjugé, s'il en existait un, serait plutôt en faveur de la victime que contre elle. Mais ne pourra-t-on lui opposer que son action civile et prescrite avec en même temps que l'action publique ? Elle répondra que son action en réparation ne dérive ni d'un crime, ni d'un délit, que la décision criminelle n'en établit que la possibilité, la probabilité, mais qu'il y a loin de là à une preuve complète, qui est encore à faire. Ainsi la présomption résultant de l'arrêt ou de l'ordonnance de renvoi ne peut être invoquée au civil, ni par le demandeur, ni par le défendeur.

S'il est jugé qu'il n'y a lieu à suivre, il faudra chercher dans les motifs la cause déterminante de la décision. On pourra alors la faire rentrer dans une des quatre catégories suivantes :

1° Il est déclaré n'y avoir lieu à suivre, parce qu'on n'a pu trouver dans les faits, dires, témoignages et aveux produits contre l'accusé, un commencement de preuve suffisante des trois ou de l'un des trois éléments de la culpabilité, existence du fait, imputabilité à l'accusé et intention criminelle. Ce sera le non-lieu « faute de preuve. »

2° Il est déclaré n'y avoir lieu à suivre, parce qu'on a trouvé dans ces mêmes éléments la preuve décisive, soit que le fait imputé n'a jamais été commis, soit qu'il l'a été par un autre que l'accusé, soit que l'accusé, tout en étant l'auteur, est complétement irréprochable, pénalement parlant. Nous pourrons l'appeler le « non-lieu sur preuve contraire. »

3° L'arrêt ou l'ordonnance de non-lieu peuvent s'appuyer sur ce que le fait imputé, à supposer qu'il fût prouvé, ne constituerait ni crime ni délit, mais un fait indifférent quant à la loi pénale. Ce serait le non-lieu « pour non-criminalité du fait. »

4° Enfin il peut être motivé sur ce qu'il se serait écoulé depuis le fait un temps suffisant pour éteindre l'action publique, sur ce qu'elle serait impossible comme ayant été déjà exercées ou comme anéantie par une amnistie. C'est le non-lieu « pour prescription, chose jugée, amnistie, etc. »

I.

Il n'y a dans la première hypothèse qu'une seule question résolue, et c'est celle-ci : y a-t-il, dans l'état actuel de l'instruction, raison suffisante de croire l'inculpé coupable de tel crime ou de tel délit ? De la réponse négative à cette question on ne peut rien conclure sur l'existence des faits, ni sur leur culpabilité, ni même sur leur probabilité à telle ou telle époque postérieure, car la survenance de nouvelles charges peut à chaque instant tout remettre en question, et l'art. 247 range dans cette catégorie de nouvelles charges toutes « déclarations de témoins, pièces et procès-verbaux qui n'ayant pu être soumis à l'examen de la Cour, sont cependant de nature, soit à fortifier les preuves que la Cour aurait trouvées trop faibles, soit à donner aux faits de nouveaux développements utiles à la manifestation de la vérité. » Cela résulte du reste évidemment de l'art. 246 qui donne comme effet d'une pareille déclaration que, « le prévenu..... ne pourra plus y être traduit (devant la Cour d'assises) à raison du même fait, à moins qu'il ne survienne de nouvelles charges. » Rien n'est donc *définitivement* décidé, et nous avons plus haut fait de cette circonstance la première des conditions de l'autorité d'une décision criminelle. Il est du reste parfaitement clair que, comme le dit Mangin, t. II, n° 438, « quelques effets que l'on veuille attacher aux ordonnances des chambres du conseil et aux arrêts des chambres d'accusation portant qu'il n'y a lieu à suivre, ces effets ne pouvant assurément être plus étendus que ceux des arrêts et jugements définitifs. »

L'action civile reste donc entière, quand même le particulier lésé se serait porté partie civile. Si en effet la décision criminelle n'a point d'autorité, cela tient à ce que, prise en elle-même, elle n'est ni formelle, ni irrévocable : ce sont là des raisons qui lui sont inhérentes, et pour ainsi dire intrinsèques ; aucune circonstance ne peut lui enlever ces caractères, et elle devra toujours laisser l'action civile intacte, quand même la partie lésée se serait constituée partie civile.

Peu importe aussi que l'action de la juridiction d'instruction ait été sollicitée par le ministère public agissant de sa seule initiative, ou agissant sur la plainte et la dénonciation de la partie lésée. Dans tous les cas, c'est le ministère public qui prend légalement l'initiative et la responsabilité des poursuites, car c'est lui seul qui en a le droit. Tout ce qui précède son action ne vaut que pour éclairer sa conscience et il est seule et souverain juge de l'opportunité de son action.

Seulement, comme de droit commun les questions civiles appartiennent aux tribunaux civils, ce seront eux qui devront prononcer sur la demande de la partie lésée. Le législateur a cru bon d'étendre quelquefois le domaine de la juridiction criminelle par plusieurs raisons dont la principale est qu'une seule instance pouvant satisfaire les deux intérêts public et privé, entraînera toujours moins de difficultés, de lenteurs et de frais que deux instances séparées. Mais lorsque l'action privée cesse d'être l'accessoire d'une action publique, elle revient à ses juges naturels.

Il est vrai que ceci n'est pas absolu, car lorsque l'action publique ne s'éteint que par une déclaration négative du jury, la compétence de la Cour d'assises se prolonge encore au delà de l'acquittement. Mais cette disposition, qui n'est du reste qu'une innovation de notre Code d'inst. crim., est doublement exceptionnelle ; elle se justifie facilement par cette considération que la Cour vient d'avoir sous les yeux les débats les plus complets et les plus solennels qu'il est possible ; qu'il serait fort coûteux, fort difficile et même souvent dangereux de les renouveler devant une juridiction civile, et que la Cour d'assises est d'ailleurs, par sa composition, aussi capable que tout autre d'apprécier la question de réparation civile. Ces motifs s'appliquent en partie aux instances correctionnelles, et pourtant en cas d'acquittement nul ne doute que le tribunal correctionnel ne devienne absolument incompétent sur la question civile accessoire. A plus forte raison, quand la juridiction criminelle se trouve arrêtée dès l'origine par une décision de non-lieu, n'y a-t-il même plus de prétexte à une prorogation de compétence.

La jurisprudence a depuis longtemps confirmé cette doctrine, mais par des motifs bien peu assurés et qu'il serait même parfois dangereux d'admettre. Ainssi sur une question de coups portés à un enfant, sur une demande en réparation intentée après une ordonance de non-lieu de la chambre du conseil, la Cour de Pau avait écarté une fin de non-recevoir tirée de cette ordonnance, par cette raison que les demandeurs (au civil) ne s'étant portés parties civiles ni lors de leur plainte, ni sur les poursuites intentées ensuite par le ministère public, l'ordonnance ne leur était pas opposable. C'était admettre la même fin de non-recevoir en cas de constitution de partie civile, et la Cour de cassation ne rejeta pas suffisamment cette consé- quence nécessaire en déclarant par un arrêt de rejet, inattaquable du reste dans son dispositif : « que l'au- torité de la chose jugée n'a pas été violée.. ... parce que, d'une part, ledit arrêt (celui de la chambre des mises en accusation) rendu sans partie civile, n'a statué que sur un fait portant les caractères de crime et de délit ; — Que d'autre part, l'action intentée contre l'inculpé porte uniquement sur un quasi-dé- lit de la nature de ceux indiqués par les art. 1383 et 1384 C. civ. etc. (1). »

La Cour de Bordeaux donne ce motif incontes- table : « qu'il peut fort bien n'y avoir pas de charges assez graves pour motiver une condamnation cor- porelle, mais s'en trouver pourtant de suffisantes pour motiver, au civil, une condamnation à des dom- mages-intérêts (2). »

Des créanciers avaient passé avec leur débiteur failli un traité sur le vu d'un bilan infidèle : une ordonnance de la chambre de conseil n'avait pas cru cette infidélité suffisante pour motiver une pour- suite en banqueroute frauduleuse. Etait-ce à dire que le traité ne pût être annulé comme passé sur

____

(1) Aff. C..., c. Bourdette, C. cass., 10 avril 1822 (D., t. VIII, p. 478),

(2) Aff. Bonnaud, c. Gassard. C. Bordeaux, 22 août 1837 (D. *loc. cit.*)

fausse cause par le juge civil ? Il a été jugé avec raison que les créanciers pouvaient encore l'attaquer de ce chef (1).

En matière de faillite, l'ordonnance de non-lieu qui met obstacle à toute poursuite en banqueroute frauduleuse ou simple, ne s'oppose pas à ce que les créanciers s'appuient sur les mêmes faits de dol et de fraude pour écarter un concordat. On s'étonne de trouver une décision contraire (2); car, comme l'a dit avec raison la Cour de Toulouse, outre que l'ordonnance ne constitue pas une chose irréfragablement jugée, il est lors de doute que, lorsque « le ministère public défère aux tribunaux de répression un commerçant failli, il présuppose qu'il est coupable du crime ou du délit prévu par les chap. I et II du tit. IV du livre III C. com. tandis que l'opposition des créanciers à l'homologation du concordat peut se fonder sur la simple inconduite du failli (art. 526 C. com.); la poursuite et la demande diffèrent donc dans leur causes; impossible dès lors de repousser la seconde, en s'appuyant sur la décision qu'aurait reçue la première (3).

Il avait été jugé, en l'an XIII, qu'une ordonnance de non-lieu sur une plainte en soustraction d'objets dépendant d'une succession, mettait obstacle à ce qu'on demandât à prouver au civil que ces objets, s'ils n'avaient été volés, étaient pourtant en la pos-

(1) Aff. Delaroche, c. Perrin, C. cass., 8 août 1827 (D. *loc. cit.*).

(2) Aff. Valescure, C. Nîmes, 18 mai 1813 (D. v° *Faillite*).

(3) Aff. Sayet, C. Toulouse, 13 mars 1829; voyez aussi aff. Ardant, C. Paris, 22 mars 1838 (D. v° *Chose jugée*, n° 587).

session des inculpés, qui en devaient la restitution (2). Le contraire a été jugé par un arrêt, très-
peu explicite d'ailleurs, de la Cour de cassation (3),
et est admis aujourd'hui sans difficulté.

II.

Mais il arrivera souvent que la juridiction d'instruction décide formellement, dans un sens contraire
à l'accusation, un des éléments de la culpabilité,
en affirmant, soit que le fait n'existe pas, soit qu'il a
été commis par un autre que par l'inculpé. Accor-
dera-t-on à ces décisions force de chose jugée et
refusera-t-on en conséquence toute réparation civile ?
On pourrait invoquer ici les considérations morales
qui suffisent à quelques auteurs pour admettre l'autorité de la chose jugée au criminel sur le civil, avec
d'autant plus de raison qu'il faut une certitude bien
claire et une conviction bien entière aux magistrats
de la juridiction d'instruction pour arrêter ainsi
l'instance dès ses débuts et ne laisser même pas se
produire des débats contradictoires. Il y a là certainement quelque chose de plus probant encore qu'un
acquittement après débat contradictoire, et permettre à la juridiction civile d'affirmer le contraire,
c'est lui permettre de lutter contre ce qui ressort
avec une évidence irrésistible de la décision de non-
lieu.

(1) Aff. Plouin, T. Paris, 3 niv. an XIII (D., v° *Chose jugée*,
n° 588).
(2) Aff. Bernoux, C. cass., 14 août 1844 (D., *loc. cit.*).

Mais il est facile de répondre que si, dans la première hypothèse, nous avons refusé l'autorité de chose jugée aux décisions de non-lieu, c'est en nous appuyant sur un triple motif :

1° Que la décision ne s'appliquait qu'à la criminalité et laissait entière la question de la matérialité des faits ;

2° Que même sur la question de criminalité, elle ne présentait aucun résultat formel ;

3° Que du reste elle n'était pas définitive et irrévocable.

Or, dans notre hypothèse actuelle, s'il se trouve résolue et formellement résolue une question intéressant l'instance civile, cette solution n'en est pas moins entachée d'un caractère provisoire incompatible avec toute autorité de chose jugée. Cela tient à la nature même de la mission des juridictions d'instruction. Quelque expressément qu'elles se prononcent sur l'un des éléments constitutifs du délit, elles ne le nient pas absolument, mais seulement eu égard à l'état présent des charges relevées par l'instruction ; de même qu'en l'affirmant elles ne sauraient imposer leur appréciation à une juridiction de jugement ; la mesure de leur compétence, la portée de leur réponse est donnée exactement par la question qu'elles sont chargées de résoudre. Le législateur les a placées comme à l'entrée de toute instance criminelle ou correctionnelle pour apprécier si l'instruction est parvenue à réunir assez d'éléments pour qu'il y ait probabilité de constater le délit et d'en désigner à la vindicte publique le véritable auteur.

Le dispositif de leur décision n'est donc, en réalité, que la solution affirmative ou négative de cette question, et comme il est nécessaire pour toute juridiction quelconque qui autrement n'aurait pas de raison d'être, il jouit de l'autorité de la chose jugée, autant que le comporte sa nature et son étendue. Elle consiste en ce que l'inculpé ne peut plus, à raison des mêmes faits, être traduit devant la Cour d'assises ou le tribunal correctionnel. Mais elle ne fournira cette fin de non-recevoir qu'à celui-là même qui en a été l'objet, et pendant le temps seulement où il ne s'élèvera pas contre lui de nouvelles charges. S'il en survient, elles constitueront, en s'ajoutant aux anciennes, un nouvel état de l'instruction auquel ne s'appliquera plus l'ancienne décision ; la même juridiction pourra en rendre une nouvelle, qui répondra à la nouvelle question résultant de la survenance des nouvelles charges ; et toutes deux pourront se concilier entre-elles, en raison de leur caractère éminemment relatif et provisoire.

Que si, pour justifier cette décision relative et provisoire, le juge d'instruction ou la chambre des mises en accusation ont affirmé un fait absolu et perpétuel, tel que la non-existence du délit ou du crime, on ne saurait prendre cette affirmation pour une vérité légalement reconnue, car elle s'est produite en dehors de leur compétence. Ou, pour être plus précis, ces magistrats ont bien eu le droit de motiver leur sentence comme leur conscience le leur commandait, mais ce qui leur était impossible, c'était de donner à la sentence qu'ils étaient appelés à porter un caractère, une valeur absolue. Ils n'avaient pas mission de juger ce point, et dès lors sa solution ne doit être prise que comme un simple motif, sans influence sur le dispositif, et incapable par lui-même de toute autorité de chose jugée (1).

Seulement il est bien clair que dans ce cas le particulier lésé ne pourra porter son action que devant le tribunal civil, par suite de ce principe déjà exposé que c'est là la compétence normale et régulière, et que celle des tribunaux criminels, tout exceptionnelle, se réduit rigoureusement aux cas où l'action civile se présente comme accessoire d'une action publique.

On objectera qu'aux termes de l'art. 3, ce n'est qu'une décision *définitive* qui lève le sursis dont est frappée l'action civile. Donc si une décision de non-lieu n'est pas définitive, l'action civile va se trouver indéfiniment suspendue; elle ne pourra être reprise que dans le cas très-rare de survenance de nouvelles charges, et même, toutes les fois que les poursuites criminelles seront tout d'abord reconnues dénuées de tout fondement, l'action civile se trouvera suspendue jusqu'à ce que la prescription s'ensuive, c'est-à-dire véritablement supprimée.

Ces conséquences, complétement inadmissibles, résulteraient en effet du système que nous adoptons si la raison n'indiquait pas qu'il faut distinguer deux sens du mot *définitif*. Quand nous disons qu'une décision de non-lieu n'est pas définitive, nous prenons ce mot dans son sens précis, rigoureux, entendant qu'elle n'est pas irrévocable, im-

______

(1) Du moins, tant que les motifs sont *de fait* : s'ils sont *de droit*, il en est autrement. Voici ci-après, § III.

muable, que ce n'est peut-être pas le dernier mot
de la justice criminelle sur l'affaire. Quand au contraire l'art. 3 a suspendu l'action civile jusqu'à ce
qu'il fût statué définitivement, il a entendu le mot
dans son sens usuel, large, c'est-à-dire qu'il s'agit là
de toute décision qui vide le fond, et qui n'est plus
susceptible d'opposition ni de pourvoi en cassation.
Bien que ce ne soit pas là le sens exact et scientifique de
l'expression, tout le monde l'a toujours compris ainsi.

Trois arrêts ont contrairement, à notre système, attaché l'autorité de la chose jugée à des décisions
d'instruction niant la participation de l'inculpé au
crime, et tous trois rendus en matière de faux, et
en conséquence de la disposition spéciale de l'art. 214,
C. pr., ont, au sentiment de Mangin (1), commis
une double erreur.

Le premier remonte à l'an VII : un procès-verbal
dressé par des agents des douanes, constatait l'im-
portation en fraude de marchandises anglaises : inscription en faux incident par les prévenus, à laquelle
il est sursis pour attendre l'événement d'une accusation criminelle de faux contre les employés. Le
jury d'accusation déclare qu'il n'y a lieu à suivre, et
sur l'instance en faux incident reprise, le procès-
verbal est annulé. La décision de non-lieu étant ici
non motivée, on n'est que plus surpris de voir l'arrêt
annulant le procès-verbal cassé par le tribunal de
cassation, par les motifs qui suivent : « Attendu que
dans l'espèce, le jury ayant déclaré qu'il n'y avait
lieu à accusation sur la plainte en faux contre les

(1) T. II, n° 349.

signataires du procès-verbal de saisie, cette déclaration légale anéantissait toute idée de faux, et qu'il n'appartenait plus au tribunal de la faire revivre dans le jugement qu'il avait à rendre ; que c'est néanmoins au mépris de cette décision irréfragable que le tribunal criminel s'est rendu juge du même faux, qu'il en a jugé l'existence et qu'il a fait revivre un délit sur lequel le jury avait prononcé par une déclaration négative (1).

Un sieur Anglade avait porté une plainte en faux contre Deshoulières à raison d'un bail à rente perpétuelle dont ce dernier voulait se prévaloir contre lui, et un arrêt de la Cour spéciale avait déclaré n'y avoir lieu, faute de preuves, à suivre cette instruction criminelle. Postérieurement, Anglade omettant de payer la rente, Deshoulières demande à rentrer en possession des héritages. Sur l'appel d'une décision de première instance, Anglade s'inscrit en faux incident contre le même bail, et il est déclaré non recevable par la Cour de Riom, le 4 juillet : « Attendu qu'Anglade a pris, d'abord et sans succès, pour raison des actes dont s'agit, la voie correctionnelle contre Deshoulières, et ultérieurement la voie de poursuite en faux principal contre le bail à rente ; qu'Anglade a pris cette voie pour en profiter ; que, par arrêt de la Cour de justice criminelle, après des auditions de témoins indiqués par Anglade, et une vérification provoquée par elle, il a été statué qu'il n'y avait lieu à continuer de poursuivre sur le faux

(1) Aff. Douanes, c. Vandelinck et Beck, Cass., 19 mess an VII D., t. VIII, p. 479).

principal, sauf aux parties toutes actions civiles contre lesdits actes. »

Pourvoi et arrêt de rejet :

« Attendu que l'arrêt attaqué fait mention, et qu'il n'est pas contesté que les pièces qui ont fait l'objet de la demande en faux incident dont la Cour de Riom a été saisie, avaient été vérifiées avec Anglade sur la plainte en faux principal, rendue par lui antérieurement contre les mêmes pièces et actes; qu'ainsi il ne pouvait y avoir ouverture au faux incident, d'après l'art. 214 C. pr.; — Attendu, d'ailleurs, qu'en matière de faux incident, les Cours, en appréciant les faits et les circonstances qui servent de base à cette réclamation incidente, usent d'un pouvoir qui est spécialement dans leurs attributions; qu'ainsi l'arrêt attaqué, en rejetant la demande en faux incident formée par Anglade, n'a contrevenu à aucune loi (1).

Un ordre avait été ouvert sur le prix des biens d'un sieur Roux, et un nommé Glassier y avait été colloqué en ordre utile pour le montant d'une lettre de change souscrite à son profit par Roux, et que de plus ce dernier avait été par jugement du tribunal de commerce condamné à payer. Un créancier colloqué postérieurement rend plainte en faux criminel contre Glassier, prétendant que la lettre de change actuellement présentée et admise n'est pas la même que celle sur laquelle a statué le tribunal de commerce, et qu'elle a subi diverses altérations, relatives notamment à sa date et à son exigibilité, destinées à la

_____

(1) Aff. Anglade, c. Deshoulières, Cass., 4 mars 1817 (D., *Chose jugée*, n° 589).

14

rendre propre à son nouveau rôle. La chambre des mises en accusation déclare n'y avoir lieu à suivre; mais d'autre part, sur l'instance civile reprise, la Cour de Montpellier, le 5 février 1817, déclare la lettre de change fausse ou du moins altérée, en ayant soin de faire remarquer « que si Glassier a été déchargé de toute prévention à raison de ces altérations, il n'en est pas moins vrai qu'elles sont l'ouvrage de tout autre; » en conséquence, annule la collocation. Cet arrêt fut cassé, le 21 avril 1819, pour ce motif, que le jugement du tribunal de commerce avait acquis l'autorité de la chose jugée :

« Attendu que l'autorité de la chose jugée ne permet pas de soumettre à une nouvelle discussion les titres qui ont servi de base aux jugements qui ont acquis cette autorité (1);

» Attendu d'ailleurs que l'accusation de faux dirigée contre Glassier, à raison de la lettre de change qu'il présente comme le titre de sa créance, a été rejetée par arrêt de la Cour royale de Montpellier, chambre des mises en accusation, du 7 janvier 1817; que dès lors il n'existait aucun motif légitime pour annuler l'inscription hypothécaire du sieur Glassier, etc. (2). »

On peut objecter à la doctrine de ces arrêts :

1° Que la mission et par suite la compétence des juridictions criminelles se réduit à juger si l'inculpé est coupable, et non pas si la pièce est sincère;

2° Que les décisions criminelles intervenues étaient essentiellement provisoires. — Ce dernier point n'est

(1) Mais était-ce bien le même titre ?
(2) Aff. Glassier, c. Bonniol, Cass. 21 avril 1819 (D., *loc. cit.*).

du reste nullement discuté et même il n'en est pas
fait mention.

Même silence à cet égard dans deux décisions plus
récentes, rendues sur des espèces analogues, et que
nous croyons préférables. Un notaire, contre lequel
des poursuites en faux criminel avaient été dirigées à
l'occasion d'un testament qu'il avait reçu, est l'objet
d'un arrêt de non-lieu ainsi conçu :

« Attendu que la testatrice était, lors de son testa-
» ment, saine d'esprit; que le testament a été écrit
» conformément à la volonté de la testatrice, qui a
» été sainement manifestée; qu'il ne résulte de la
» procédure aucun élément qui puisse faire consi-
» dérer que le notaire instrumentaire eût dénaturé
» ou cherché à dénaturer la volonté de la testatrice
» pour la disposition de ses biens. » Le légataire
universel éleva alors la prétention de tirer de là une
fin de non-recevoir contre une demande en faux incident, formée auparavant par les héritiers légitimes
contre le même testament. Rejetée en première
instance, par ce motif que les héritiers légitimes
étaient restés étrangers à l'instance en faux principal,
cette fin de non-recevoir fut encore rejetée en appel,
parce qu'il résulte de la combinaison des art. 3
C. inst. crim., 239 et 240 C. pr. civ., que l'exercice
de l'action civile peut être repris lorsqu'il a été statué
au criminel; que les arrêts de non-lieu rendus par
la chambre des mises en accusation n'ont point le
caractère immuable d'arrêts définitifs, puisqu'aux
termes de l'art. 246 C. inst. crim., ils tombent devant
la production de nouvelles charges. La C. de cassation, en rejetant le pourvoi contre cet arrêt, ne parle

pas de ce dernier motif; elle se borne à constater :
« que, dans le procès extraordinaire sur la plainte
en faux principal par le ministère public contre le notaire, il ne s'agissait que de la culpabilité de cet officier ministériel, tandis que dans l'instance jugée par
l'arrêt attaqué, il s'agissait d'une inscription de faux
incident contre la pièce produite dans un procès
civil; qu'ainsi *dans le premier procès c'était la personne
qui était compromise*, tandis que *dans le second il
s'agissait de la fausseté de la pièce;* d'où il suit que le
renvoi de l'accusation prononcé en faveur du notaire
ne faisait aucunement obstacle, après ce renvoi, à ce
qu'il fût statué sur la vérité ou fausseté matérielle
des énonciations contenues dans le testament... pour
en prononcer la nullité ou le maintien, etc. (1). »

Une obligation passée au profit d'un notaire devant
un autre notaire qui avait prêté son ministère par
complaisance avait donné lieu à des poursuites de
faux criminel contre le notaire bénéficiaire, termi-
nées par une ordonnance de non-lieu, et sur la
poursuite en faux incident reprise sur cette ordonnance, la Cour de Bordeaux rejeta l'acte attaqué :

« Attendu.. .... que C....... (le notaire créancier) a présenté l'acte du 12 avril, écrit en entier de
sa main, et tout prêt au notaire Ferbos qui l'a reçu,
sans que le sieur Babin (le prétendu débiteur) fût
présent, sans que ce dernier se soit volontairement
obligé en vertu du même acte, sans que les conditions
essentielles pour la validité des actes notariés aient

____

(1) Aff. Lecomte c. Baussan, Cass., 12 août 1834 (D., v° *Chose
jugée*, n° 589).

été remplies ; — Attendu.............. qu'en un mot les faits, circonstances et preuves que l'information fournit, établissent non-seulement que le caractère d'authenticité n'a pas été donné à l'écrit du 12 avril, mais que cet écrit a été fabriqué par le sieur C., etc. » C'est pourtant en matière d'actes authentiques que cette distinction entre l'inculpé et la pièce présente quelque difficulté : on pourrait dire que le devoir de l'officier ministériel étant précisément de veiller à la sincérité des actes qu'il reçoit et de ne déléguer à personne ce soin, dès qu'une de ses minutes se trouve altérée, il est nécessairement coupable, sauf le cas de démence. Il est certain qu'il n'est alors jamais irré-prochable; mais il peut ne pas être coupable du crime de faux commis, comme le démontre péremptoirement notre espèce, dans laquelle les poursuites criminelles avaient été dirigées contre un autre que le notaire instrumentant.

Le pourvoi contre cet arrêt de la Cour de Bordeaux fut rejeté par des motifs analogues à ceux des précé-dents arrêts de rejet (1). Voici une autre décision de la chambre des requêtes, qui a restreint formellement l'autorité de l'arrêt de non-lieu à son dispositif seul, laissant de côté les motifs. Une délibération de la Compagnie des mines de Montrelais avait fait l'objet de poursuites criminelles pour faux, et l'arrêt de non-lieu intervenu avait écarté toute idée de faux dans sa matérialité même. On voulut en tirer une exception de chose jugée contre toute demande en faux incident, et on se pourvut contre les décisions qui rejetaient

(1) Aff. C....., c. Babin, Cass., 20 avril 1837) D *loc. cit.*).

la fin de non-recevoir en invoquant les mêmes raisons que ci-dessus, les art. 214 C. p. civ. et 1350, 1351, C. civ. etc. Intervint un arrêt de rejet remarquable :

« Attendu que l'arrêt rendu par la chambre des mises en accusation de la Cour royale de Rennes, le 20 nov. 1838, SE BORNE DANS SON DISPOSITIF (1) (en confirmant l'ordonnance de la chambre du conseil du tribunal de Nantes, du 31 août précédent) à déclarer qu'il n'y avait pas lieu à suivre contre les prévenus ;

» Qu'une pareille décision qui ne s'appliquait qu'aux personnes, ET QUI N'ÉTAIT DÉFINITIVE QU'AUTANT QU'IL NE SURVIENDRAIT PAS DE CHARGES NOUVELLES, ne pouvait être un obstacle à ce que le défendeur éventuel attaquât par la voie de faux incident civil la délibération, etc. »

III

Si la décision de non-lieu est basée sur ce que le fait imputé, à supposer qu'il fût prouvé, ne constituerait ni crime ni délit prévu par la loi pénale, on se trouve, quant à l'action publique, dans une situation identique à celle où, au civil, des faits qu'on demande à prouver ont été déclarés *non pertinents*. Une pareille déclaration coupe court à toute preuve, au criminel comme au civil, puisqu'elle serait désormais inutile et sans objet. Le ministère public a demandé à faire la

---

(1) Il vaudrait mieux : Attendu que l'arrêt...... n'a l'autorité de la chose jugée que dans son dispositif, qui se borne......; ou : Attendu que les motifs (de fait) donnés par l'arrêt......; ou encore : que tel et tel motifs donnés par l'arrêt ...... ne peuvent changer la valeur du dispositif qui, par suite de la compétence toute limitée de la chambre qui l'a rendu, n'a pu que déclarer......, etc

preuve de certains faits pour ensuite conclure aux peines d'un délit ou d'un crime ; on lui répond que la fît-il, elle ne conduirait pas au résultat qu'il cherche. Qu'importe dès lors qu'il y ait déjà un commencement de la preuve sollicitée ? Qu'importe le plus ou le moins de probabilité révelé par l'état actuel des charges ? Qu'importe que de nouvelles charges viennent ensuite augmenter cette probabilité, en faire presque une certitude (1) ? Elle est inutile, cela suffit pour la rendre impossible. Aussi l'action publique est-elle alors définitivement éteinte par la décision de non-lieu.

Le caractère provisoire, que nous avons attribué aux décisions de non-lieu, tient à ce qu'elles répondent à l'état actuel, essentiellement relatif et provisoire, de l'instruction : nous avons admis que même en motivant leur décision sur un fait absolu et permanent, comme la non-existence du fait, ou son imputabilité à un autre qu'à l'inculpé, le dispositif n'en resterait pas moins transitoire, comme la situation à laquelle il répond.

Mais la mission des juridictions d'instruction est double : elles n'ont pas seulement à vérifier si l'état de l'instruction permet de recourir à des débats publics, si le délit paraît assez probable ; mais aussi s'il n'y a pas quelque raison de droit qui s'oppose à ce qu'on recherche ou qu'on punisse le délit, fût-il d'ailleurs prouvé ; la prescription, par exemple, la chose

(1) *Quid* si les nouvelles charges viennent changer le caractère même du fait incriminé ? Si elles prouvent l'existence d'un des éléments nécessaires d'un délit, dont l'absence a amené la décision de non-lieu ? Ces questions sont en dehors de notre sujet. Voir Mangin, qui les a toutes parfaitement traitées (t. II, n° 394).

jugée, l'amnistie forment autant d'exceptions péremptoires à toutes poursuites, et aussi le cas dont nous
nous occupons en ce moment, où le fait relevé contre
l'inculpé ne constitue aucun délit criminel.

Or, quand on trouve dans un arrêt une pareille
affirmation *de droit*, il est clair qu'on ne peut pas la
rattacher à tel ou tel état de l'instruction plus ou
moins avancée, à tel ou tel ensemble de preuves plus
ou moins complet ; indépendante des charges actuellement produites, elle s'attaque au droit même de
poursuite et l'anéantit dans son principe. Ainsi elle
est, par sa nature même, absolue et perpétuelle, et si
elle émane d'une juridiction compétente et en dernier ressort (1), il faudra, sous peine de faire de cette
juridiction un rouage inutile, lui donner une autorité
de chose jugée définitivement et irrévocablement.

Donc, toutes les fois que la décision de non-lieu
sera motivée en droit, elle devra être respectée même
par le juge civil, et il y aura lieu de rechercher ce
qu'elle aura formellement décidé, ce à quoi elle s'appliquera précisément, pour réprimer et casser tout
ce qui en serait la contradiction.

Que le particulier lésé soit resté ou non étranger à la
poursuite criminelle, il ne pourra évidemment plus
continuer une instance devenue tout à fait et pour toujours impossible devant le tribunal criminel, et devra
se réfugier devant les juridictions civiles. Mais là il joui-
ra, et les juges jouiront d'une liberté complète pour
poser et pour apprécier la question de réparation civile.

Ce qui a été décidé, c'est exclusivement la question

____

(1) Sauf le cas de cassation.

criminelle : or, il est évident que de ce qu'il n'y a pas délit criminel, il ne résulte nullement qu'il n'y ait pas délit civil, et un simple quasi-délit suffit pour autoriser une condamnation en dommages-intérêts. Il n'y aurait contradiction que si le juge civil motivait sa décision sur un fait qui serait la reproduction même de l'accusation primitive dans tous ses éléments, *eventus cum consilio*, et n'avait pas le soin d'en ôter l'intention criminelle.

Il a été jugé en ce sens qu'une ordonnance de non-lieu pouvait bien décider qu'un article de journal ne présentait pas les caractères auxquels se reconnaît le délit criminel de calomnie, et éteindre ainsi, non-seulement toute action publique, mais même l'action civile qui s'appuierait pour obtenir des dommages-intérêts sur le même fait dans tous ses caractères de délit criminel. Mais rien n'empêche que les juges civils ne reconnaissent que ce même article, d'abord a été préjudiciable, et ensuite qu'il s'est produit avec une certaine volonté de nuire, qui n'est pas la volonté criminelle accompagnant le délit de calomnie, mais qui suffit largement pour constituer un acte illicite et dont réparation soit due (1).

Voici une espèce assez intéressante où se trouvent réunies nos deux dernières hypothèses. Un testament mystique avait dépouillé de leur part légale les héritiers légitimes d'un sieur Gorlay. Sur la plainte en faux criminel portée par la veuve Fourmentin, héritière de la ligne paternelle, contre le notaire rédacteur comme auteur principal et quelques-uns des légataires comme complices, et sur la poursuite du

(1) Bruxelles, 31 mai 1834 (Mangin; éd. belge, p. 400).

ministère public, ordonnance de la chambre du conseil qui dit n'y avoir lieu à suivre par ces motifs :

« En ce qui touche le testament, considérant que, quoiqu'il ait été écrit hors la présence du testateur, il ne paraît pas avoir été écrit contre le gré et les intentions du sieur Gorlay, puisque, lors des deux lectures qui lui en ont été faites par le notaire, le sieur Gorlay, loin de manifester son désaveu, a donné au contraire son approbation à chacune des dispositions y contenues ;

» Qu'il n'appartient pas aux juges saisis de la plainte de faux de statuer sur l'incapacité alléguée, et résultant des art. 978 et 979 C. civ., non plus que sur les autres prétendues irrégularités qui peuvent rendre le testament nul, mais non pas faux ;

» En ce qui touche la suscription du 5 septembre, considérant que, si le testateur n'a pas prononcé spontanément et textuellement la formule de présentation de son testament, il en a dit la plus essentielle : ceci est mon testament, et satisfait aux autres formalités, en répondant affirmativement ou négativement aux interpellations du notaire ;

» Que, si le notaire a constaté que le testateur avait présenté un papier, en disant que le contenu en icelui était son testament, en date de ce jour, il n'a fait que revêtir de la forme légale la volonté du testateur, manifestée par les réponses aux questions qu'il lui avait adressées ;

» Que si cet acte annonce qu'il a été fait de suite et sans divertir à aucun autre acte, rien ne prouve le contraire ; que les différentes circonstances qui l'ont précédé y sont entièrement étrangères ; que

d'ailleurs les juges actuels ne sont pas appelés à
décider cette contestation purement civile;

» Que, dès lors, ni le testament ni l'acte de suscription du 5 décembre 1821 ne présentent les caractères du faux; que si l'un ou l'autre de ces deux
actes présente des irrégularités ou des nullités ,
c'est aux tribunaux civils à en connaître;

» Disons qu'il n'y a lieu à suivre, sauf aux parties
à se pourvoir ainsi qu'elles aviseront. »

Sur l'opposition à cette ordonnance par la même
veuve Fourmentin, comme partie civile, arrêt de la
chambre des mises en accusation qui confirme:

« Attendu qu'en admettant que l'acte de suscription n'énonçât pas très-exactement les faits tels qu'ils
se sont passés, il n'en résulterait pas un faux punissable d'après la loi pénale , si d'ailleurs il était
prouvé que l'officier public n'a pas agi frauduleusement;

» Que les circonstances dont cette affaire est environnée, et les précautions employées par le notaire
pour s'assurer des intentions du testateur et manifester ses volontés aux témoins, repoussent toute
idée de culpabilité;

» Que, puisqu'il n'y a pas de crime, il ne peut y
avoir de complices; au surplus, réserve aux parties
le droit de se pourvoir devant qui elles aviseront. »

La veuve Fourmentin ayant voulu ensuite s'inscrire
en faux incident, il fut soutenu par les légataires et
les exécuteurs testamentaires qu'elle était non recevable à le faire, et le tribunal de la Seine admit la fin
de non-recevoir par un jugement du 15 février 1823,
ainsi conçu :

« Attendu que la veuve Fourmentin s'est rendue
partie civile sur les plaintes à fin d'inscription de
faux principal, tant contre le testament mystique du
sieur Gorlay et l'acte de suscription du 5 sept. 1821
que contre les auteurs et complices des faits qui, selon
elle, caractérisaient les faux ; et que sur ces plaintes,
suivies d'une instruction très-étendue, dans le cours
de laquelle les pièces arguées de faux ont été mises
sous les yeux des témoins et des prévenus, il est intervenu en la chambre du conseil, le 11 juin dernier,
une ordonnance ainsi conçue, etc. ;

» Attendu que si la Cour royale, en statuant, par
son arrêt du 9 juillet dernier, sur l'opposition de la
veuve Fourmentin, et en adoptant implicitement les
motifs des premiers juges, en a ajouté un autre absolument hypothétique, elle n'en a pas moins confirmé
purement et simplement l'ordonnance du 11 juin
précédent ; en sorte que l'ordonnance et l'arrêt sont
tellement identifiés, qu'ils doivent être considérés
comme un seul et même jugement ; en sorte qu'il demeure pour constant que le procès a été fait simultané-
ment tant aux pièces arguées de faux qu'aux prétendus
auteurs ou complices du crime signalé ; et qu'ainsi le
cas exceptionnel prévu par l'art. 214 C. pr. civ. est
arrivé, c'est-à-dire que les pièces contre lesquelles on
propose une inscription de faux incident civil ont été
vérifiées à l'occasion d'une inscription de faux principal, et qu'il est intervenu jugement sur le fondement de ces pièces comme véritables ; d'où il résulte,
ainsi que des faits et circonstances de la cause, qu'on
ne peut admettre l'inscription de faux incident civil
proposée par la veuve Fourmentin, sans violer ou-

vertement les dispositions de l'art. 214 C. pr. civ.,
ainsi que la maxime *non bis in idem*, et les principes
de droit qui ne permettent pas de reprendre la voie
civile, quand on a épuisé la voie criminelle, pour
raison du même fait, etc. »

Reprenons successivement chacun de ces arguments. Nous croyons d'abord avoir démontré que la
circonstance que la demanderesse en faux incident
avait figuré comme partie civile au procès criminel, et avait même usé du droit d'opposition de
l'art. 135 C. inst. crim., était complétement indifférente, parce que d'une part si la décision, en elle-
même, présentait les caractères de certitude, d'irrévocabilité, etc., nécessaires pour qu'elle fît autorité,
elle était opposable à tout particulier, partie civile
ou non; et que d'autre part, si elle ne les présentait
pas, le fait d'avoir été partie civile ne pouvait ni les
lui donner, ce qui est évident, ni entraîner une
déchéance quelconque devant la justice civile.

Cette dernière affirmation nous amène à un autre
argument, qu'on peut formuler par l'ancien adage :
electa una via, non datur recursus ad alteram.
Toullier a parfaitement démontré qu'ainsi formulée,
cette règle était inadmissible et ses conséquences
inacceptables (1).

La maxime *non bis in idem* s'entend plus spécialement de deux actions criminelles successives; prise
comme expression de l'autorité de la chose jugée
en général, elle est dans l'espèce complétement
inapplicable. Car de deux choses l'une : ou la chambre

____

(1) T. X, n° 170 et suiv.

des mises en accusation a jugé en fait, ou elle a jugé en droit.

Selon le point de départ qu'on admettra, on arrivera toujours à l'une ou à l'autre de ces conclusions, qui peuvent se défendre toutes deux. Si nous partons en effet de cette idée, que le ministère public avait demandé à prouver que le notaire et les légataires étaient auteurs et complices d'un faux, que pour arriver à cette preuve, et en montrer un commencement déjà acquis, suffisant pour qu'on pût raisonnablement attendre le surplus des débats publics, il a établi les faits relevés dans l'ordonnance, la non-prononciation de la formule de la présentation, la non-conformité des constatations de l'acte avec les faits réels, etc., nous serons amenés à traduire ainsi la décision de non-lieu : non, ce commencement de preuve n'est pas suffisant, l'instruction n'est pas assez avancée, il n'y a pas encore actuellement assez de charges réunies contre les inculpés pour passer outre au débat public. Ce qui constitue une décision en fait, relative et transitoire, manquant par conséquent d'une condition essentielle de la chose jugée.

Que si au contraire nous considérons que le ministère public avait demandé à prouver les inexactitudes ci-dessus reprises, prétendant qu'il en résultait le crime de faux, la réponse de la chambre d'accusation se comprend ainsi : Non, en admettant comme vraies ces inexactitudes, elles ne constitueraient pas le crime de faux, et dès lors, quelque triomphants que puissent être les moyens de preuve, il n'y a pas lieu de l'admettre. Décision en droit, irrévocable, mais ne préjugeant pas la question civile.

On ne peut donc s'appuyer que sur la disposition spéciale de l'art. 214 : « Les pièces avaient-elles été *vérifiées* à l'occasion de la poursuite en faux principal? » Là est le nœud de la difficulté, et pour la résoudre il faut rechercher dans les termes de l'arrêt de la chambre des mises en accusation si elle a entendu dire positivement que la pièce n'était pas fausse. Le tribunal civil a plutôt interrogé sur ce point l'ordonnance de la chambre du conseil que l'arrêt; mais il est manifeste que le premier document, en l'absence de toute adoption de motifs, ne peut valoir que comme moyen d'interprétation des motifs du second, s'ils se trouvent ambigus.

L'arrêt a écarté évidemment toute idée de crime : « puisqu'il n'y a pas de crime, il ne peut y avoir de complices, » et en a donné deux motifs. Le premier : « Attendu qu'en admettant que l'acte de suscription n'énonçât pas très-exactement les faits tels qu'ils se sont passés, etc., » commence par admettre comme prouvées les inexactitudes relevées contre la sincérité de l'acte, et les qualifier indirectement de légères (*très-exactement*). Elles avaient été énumérées dans l'ordonnance de non-lieu et là appréciées une première fois, comme des *irrégularités*, des *nullités* de la compétence des tribunaux civils, mais ne donnant ni au testament ni à l'acte de suscription le caractère de *faux*. C'était bien là *vérifier les pièces*, et l'inscription de faux incident serait évidemment non recevable, si c'était cette ordonnance qui devait nous servir de règle, ou même si l'arrêt confirmatif ne nous paraît pas avoir assez clairement adopté le système contraire.

Quelle est donc la conséquence que l'arrêt tire de ces inexactitudes? Est-ce qu'il n'en résulte pas un faux? Non pas : c'est qu'il n'en résulte pas un faux *punissable d'après la loi pénale*, à une condition, *si d'ailleurs il était prouvé que l'officier public n'a pas agi frauduleusement*. Déclaration qui revient exactement à dire que les faits relevés ne sont pas de ceux qui présupposent nécessairement l'intention de commettre un crime, que l'on peut parfaitement séparer leur matérialité de leur criminalité. C'était évident, dira-t-on, et inutile à dire. Non pas; car nous avons vu ci-dessus que parfois les deux choses étaient inséparables, et qu'on pouvait souvent susciter sur ce point de très-sérieuses difficultés; et puis, la Cour n'était-elle pas tout à fait dans son rôle? Quelle question lui était soumise? Y a-t-il des indices suffisants de culpabilité? Elle aurait pu trancher la question d'un mot en répondant : non, car tout repousse la présomption d'intention criminelle. Elle a pris une voie plus longue, mais aussi plus logique, examinant d'abord les faits, et posant en principe qu'on pourrait les avoir prouvés sans qu'il en résultât aucune culpabilité du notaire. Cela était essentiel à dire, parce qu'autrement il serait impossible de motiver le non-lieu en droit : on pourrait bien dire qu'il n'y a pas assez de preuves réunies, ni d'assez convaincantes, qu'il faut donc surseoir jusqu'à nouvelles charges; mais on ne pourrait anéantir définitivement l'action publique en disant que les faits sont, pénalement parlant, irréprochables. Il faut, pour cela, quand on prévoit une contestation sur ce point, commencer par déclarer que le fait matériel des inexactitudes étant prouvé, il faudrait encore, pour mener l'accusation jusqu'au bout, prouver l'intention criminelle qui n'en ressortirait pas suffisamment.

La Cour, en prenant les faits, ne les a donc pas considérés en eux-mêmes, mais seulement au point de vue qui rentrait dans sa mission, à celui de l'application de la loi pénale. Elle le dit elle-même expressément, *punissable d'après la loi pénale;* et le second motif qu'elle donne en est encore une preuve. Le tribunal y voit une adjonction inutile; il nous paraît au contraire être indispensable et se coordonner très-bien avec le premier dont il est la suite nécessaire. La Cour vient de dire qu'il n'y a pas de *crime de faux si d'ailleurs il n'y a pas intention criminelle;* il reste à éliminer cette intention criminelle, et c'est ce qu'elle fait en ces termes : « Que les circonstances dont cette affaire est environnée, et les précautions multipliées employées par le notaire pour s'assurer des intentions du testateur et manifester ses volontés aux témoins, repoussent toute idée de culpabilité (1). Il n'y a là rien d'*absolument hypothétique;* c'est aussi formel que possible. Ce qui est nié, c'est l'intention criminelle, dont l'absence supprime pour toujours l'action publique, le *faux criminel*, et laisse ouverture à l'action privée, au faux matériel.

Ainsi a pensé la Cour de Paris, qui s'est bornée,

(1) Le dernier mot est bien exact, mais pas assez précis : l'idée à exprimer est évidente, il vaudrait mieux dire : « *tout soupçon d'intention criminelle.* »

pour tout motif, à constater que, d'après les termes de l'arrêt, la pièce n'avait pas été *vérifiée*, et, après elle la Cour de cassation, qui a développé ainsi ce dernier point :

« Qu'en effet l'arrêt de la chambre des mises en accusation de la même Cour royale de Paris, loin de vérifier la pièce dont s'agit, n'a confirmé l'ordonnance des premiers juges, portant qu'il n'y avait lieu à suivre, que par la raison qu'en admettant que l'acte de suscription du 5 sept. 1821 n'énonçât pas très-exactement les faits tels qu'ils s'étaient passés, il n'en résultait pas un faux punissable d'après les dispositions de la loi pénale, étant d'ailleurs prouvé que l'officier public n'avait pas agi frauduleusement ; — En effet, point de peine sans crime, et point de crime sans fraude ;

» Qu'ainsi, dans l'espèce particulière, c'est l'homme seul qui a été jugé au criminel, tandis que c'est la pièce et la pièce seule qui doit être jugée au civil....., etc. (1). »

IV

Lorsque la juridiction d'instruction, ayant classé le fait imputé parmi les crimes, les délits, ou les contraventions, a déclaré que dix, trois ou un an se sont écoulés sans poursuites, elle éteint ainsi défi-

_____

(1) Aff. Gorlay, c. Fourmentin, Cass. 24 nov. 1824 (D. v° *Chose jugée*, n° 592).

nitivement l'action publique. On trouve donc, dans cette décision, l'irrévocabilité nécessaire à la chose jugée, et nous tiendrons pour vérité tout ce qui s'y trouvera formellement décidé. Or, l'action civile née d'un fait délictueux, se prescrivant par le même laps de temps que l'action publique née du même fait, il semble tout d'abord que l'action civile doive, absolument, et sans distinction, se trouver anéantie dans son principe.

Merlin fait, à ce propos, la distinction suivante : il admet que si le particulier lésé a figuré comme partie civile dans les poursuites criminelles, l'action civile se trouve éteinte ; car, dit-il, c'est alors contre cette partie aussi bien que contre le ministère public que la prescription est jugée acquise. Si, au contraire, il n'y a pas eu constitution de partie civile, il pense qu'on ne pourra jamais opposer la décision de non-lieu au particulier lésé, parce qu'il n'y aurait plus lieu alors à cette fiction de la représentation de tout particulier intéressé, même tiers, par le ministère public.

Nous n'admettons ni l'une ni l'autre de ces deux solutions, qui nous paraissent trop absolues. D'abord, pour la première, il est évident que si le particulier lésé est en instance devant la juridiction d'instruction, ce n'est pas pour y faire statuer sur le bien fondé, ni même sur la recevabilité de sa demande ; c'est simplement comme auxiliaire du ministère public, dans le seul but d'appuyer l'instance publique, et d'arriver indirectement par la suite à faire statuer sur sa propre demande civile par la justice répressive, ce qui fera une économie de frais et de temps. Le seul point qui, quant à lui, est en jeu pour le moment, c'est une question de compétence. Lors donc que la juridiction d'instruction répond par une fin de non-recevoir tirée de la prescription, c'est de la prescription de l'action publique qu'il s'agit, non de la prescription de l'action civile. Le plus souvent, il est vrai, les deux prescriptions se seront accomplies concurremment et écherront en même temps : mais il n'en sera pas toujours ainsi, parce que l'une pourra avoir été interrompue par des actes qui auront laissé l'autre courir.

Pour la seconde, elle n'est que la reproduction de l'erreur avancée par Merlin pour toutes les décisions d'insruction en général, qui a été abandonnée et réfutée par lui-même.

Il n'y a donc d'autre distinction à faire que celle-ci : le point de départ de la prescription de l'action publique et de celle de l'action civile est dans le fait délictueux qui est leur source commune. S'il y a incertitude sur la date du délit ou sur sa durée (la prescription ne partant que de l'acte final), elle est levée par la décision de la juridiction d'instruction, qui est en cela dans son domaine propre; elle décide ce point souverainement, définitivement, et tout intéressé, partie civile ou non, tout juge doit s'abstenir de la contredire.

Pour le laps de temps de la prescription, il rentre aussi dans son attribution de le déterminer : elle le fixe, par voie de conséquence, en classant le fait incriminé parmi les contraventions, ou les délits les crimes, et exerce par là, sur l'action civile, sa légitime influence.

Mais la prescription de l'action civile s'est-elle accomplie? Ici s'arrête la compétence de la justice répressive : elle ne sait d'ailleurs s'il n'est pas intervenu quelque événement qui, laissant courir la prescription de l'action publique, a interrompu celle de l'action privée. Car si, les officiers du ministère public agissant toujours, dans leurs actes d'instruction et de poursuite, au nom de tout intéressé, l'interruption de la prescription de l'action publique entraîne à sa suite l'interruption de celle de l'action privée, la réciproque n'est pas vraie. Le particulier lésé par un délit a deux voies pour en poursuivre la réparation : il peut porter tout simplement sa demande devant le tribunal civil, et une fois qu'il l'a fait, *semel inclusæ judicio*......; il ne peut plus être question de prescription; car en supposant même que le sursis de l'art. 3 vienne retarder la solution et la retarder au delà du terme de la prescription, il n'y aurait à en tenir compte, comme d'un retard venant de la loi même.

S'il veut suivre la voie criminelle, il faut qu'il se plaigne au magistrat compétent, dans les formes des art. 51 et 63 C. instr. crim. Le magistrat ne sera pas obligé d'agir en conséquence, mais, quoi qu'il arrive, le particulier lésé aura fait tout ce qui dépendait de lui pour saisir de la question de réparation civile la juridiction criminelle. Sans doute il avait à sa disposition un moyen bien plus sûr et plus direct de faire statuer sur son action civile, c'était de la porter devant les tribunaux civils, où il était sûr de trouver des juges compétents. Mais la loi lui proposant deux voies, qui ont l'une et l'autre leurs avantages et leurs inconvénients, il peut entrer à son gré dans l'une ou dans l'autre, et dèsqu'il a, dans l'une d'elles, accompli, en ce qui le concerne, les actes que lui prescrit la loi, son action est conservée, et la prescription ne recommencera à courir contre elle que du jour de sa plainte.

Ceci ne laisse pas quede présenter quelque difficultéen ce qui concerne les matières correctionnelle et de police, dans lesquelles, en raison de leur peu de gravité ordinaire, il est permis à un simple particulier de porter diréctement, sans attendre le bon plaisir de qui que ce soit, la question de réparation civile d'un délit ou d'une contravention devant la juridiction de jugement. On pourrait en conclure que tant que la victime du délit ou de la contravention n'a pas usé de ce moyen décisif de saisir la justice criminelle, elle n'a rien fait pour introduire sa demande ni par conséquent pour la conserver (1). Mais on répond que si la loi a ouvert deux voies pour introduire la demande au criminel, elle n'a certes pas entendu que l'une des deux fût une superfluité et même un danger : si elle a organisé, en face de la citation directe, la plainte au juge d'instruction, au procureur impérial ou à l'un de ses aúxiliaires, c'est évidemment pour donner un choix; toutes les deux sont légales, et si, par sa nature, la seconde n'aboutit pas nécessairement à un jugement, le particulier qui l'a choisie et qui a fait tout ce que la loi lui indiquait, n'en a pas moins conservé son action. La plainte réunie à la déclaration de se constituer partie civile

(1) Favart de Langlade, Rép., t. IV, q. 428.

est véritablement une demande, une introduction d'action ; et, comme le dit Legraverend, puisqu'aux termes de la loi la citation directe tient lieu de plainte, la plainte à son tour, réunie à la déclaration de se constituer partie civile, n'équivaut-elle pas à la citation pour l'interruption de la prescription (1)?

Qu'il s'agisse donc d'un crime, d'un délit ou d'une contravention, la plainte, en forme, de la victime, même quand elle n'est suivie d'aucune décision judiciaire, interrompt la prescription de l'action civile ; comme elle laisse courir celle de l'action publique, il peut se faire que cette dernière soit accomplie sans que la première le soit, et une décision de non-lieu pour prescription, quelque formelle et irrévocable qu'elle soit, n'est pas nécessairement extinctive de l'action civile.

———

Si l'ordonnance ou l'arrêt de non-lieu s'appuient sur ce qu'il aurait antérieurement été déjà statué sur les mêmes faits, la distinction à faire est encore bien plus saillante : car ce sur quoi il a été statué, c'est l'action publique, et la juridiction d'instruction n'a à s'occuper que de celle-là ; il est évident que l'action civile en réparation peut être restée tout à fait en dehors, et ne doit pas être écartée par l'exception de chose jugée.

———

En temps ordinaire, l'intérêt public réclame l'exé-

(1) Mangin, t. II, nᵒ 365 ; Legraverend, t. I, r.ᵒ 24.

cution des lois, aussi stricte, aussi complète que possible; des circonstances exceptionnelles exigent au
contraire parfois que certains méfaits restent cou-
verts du voile de l'oubli, et une sage politique a souvent conseillé aux chefs des États la concession de
lettres d'abolition générale, d'amnisties, c'est-à-dire
d'actes de la puissance souveraine par lesquels, pour
nous servir de la définition du nouveau Denisart (1),
« le prince défend de faire ou de continuer aucunes
» poursuites, ou d'exécuter des condamnations
» contre plusieurs personnes coupables, désignées
» seulement par le genre de délit qu'elles ont
» commis. »

Un acte de cette nature ne va pas sans entraîner
beaucoup de questions délicates pour reconnaître les
actions publiques qui tombent sous ses dispositions.
Mais quand une juridiction d'instruction a reconnu
que le droit de poursuivre les faits dénoncés au criminel a été supprimé dans son principe par une amnistie, pourra-t-on demander la réparation civile de
ces mêmes faits? En d'autres termes, l'amnistie
laisse-t-elle subsister les actions civiles résultant des
faits amnistiés?

En fait, l'amnistie est un acte tellement grave,
tellement en dehors des prévisions ordinaires, que
le plus souvent elle statue elle-même formellement
sur cette question. Les amnisties des 25 mars 1810,
23 et 26 avril 1814, 20 octobre 1820, etc. c'est-
à-dire la presque totalité des plus récentes contenaient des réserves expresses par lesquelles les ac-

(1) T. I, p. 557.

tions civiles étaient conservées. Au contraire, celle du 12 août 1793 abolissait en même temps les actions publiques et les actions privées.

En l'absence d'une de ces décisions formelles, les actions civiles subsistent-elles? On peut prétendre que non (1), en remontant jusqu'à la cause même qui nécessite et légitime l'amnistie. Qu'a-t-on voulu éviter? Des débats dangereux pour la paix publique par les souvenirs qu'ils perpétueraient, les scandales qu'ils constateraient, les haines qu'ils exaspéreraient les divisions intestines, les conflits, les mouvements populaires qu'ils susciteraient; tous ces inconvénients se retrouveraient certainement dans l'exercice des actions civiles connexes aux délits amnistiés, puisqu'il serait nécessaire de fouiller et de mettre en lumière exactement les mêmes faits. L'amnistie n'atteindrait donc pas le but élevé qu'elle poursuit si elle se laissait arrêter par des considérations d'intérêts privés qui pourront être, il est vrai, inéquitablement lésés, mais qui doivent céder devant la considération supérieure de la raison d'État qui a dicté l'amnistie.

C'est ainsi, dit Legraverend, qu'on l'entendait dans l'ancien droit. Il existe un arrêt du parlement de Paris qui a jugé en ce sens le 8 mars 1659. Et toutes les amnisties qui se sont succédé au milieu des événements de la révolution ont été ainsi comprises et exécutées.

On ne saurait invoquer avec beaucoup d'autorité les interprétations de temps aussi agités, où des cir-

____

(1) Legraverend (t. IV, n° 374).

constances critiques diminuaient beaucoup le respect
de la propriété et la protection due par la loi aux intérêts privés. Il suffit d'opposer les exemples qui se
sont produits depuis, et toujours en sens contraire.

Il est certain que l'exercice des actions privées
peut présenter des dangers de même nature que
celui des actions publiques, mais à un moindre
degré. Qu'on constate et qu'on prouve un fait délictueux pour en punir l'auteur dans son corps, dans
sa fortune au profit de l'Etat, ou dans sa fortune au
profit d'un autre particulier, cette distinction, parfois
peu sensible aux masses, est de nature à diminuer
leurs agitations, non à les supprimer.

Du reste, ce n'est pas là précisément que gît la solution de la question posée. Il n'est pas contesté que
le législateur ne puisse rencontrer des circonstances
telles que les actions privées même, constitueraient
un danger social et les supprimer par un acte de sa
volonté toute-puissante, comme a fait le législateur
de 1793. On a pourtant voulu trouver une limite à
son domaine dans l'art. 2 du C. civ. Le fait délictueux et dommageable s'étant produit sous l'empire d'une loi qui en accorde réparation civile à la
victime, on en a conclu que le droit à cette réparation est entré, dès le moment du délit, dans le
patrimoine de cette dernière, et constitue à son profit un de ces droits acquis protégés par la loi elle-
même contre l'effet rétroactif de toute loi postérieure.
Cela serait incontestable, si l'art. 2 était une règle
imposée au législateur lui-même, un principe consti-
tutionnel. Mais il est unanimement reconnu aujour-

d'hui qu'il ne constitue qu'une loi ordinaire (1), soumise comme toute autre aux retours de la volonté législative, et on a des exemples de lois expressément rétroactives (2).

Mais si le législateur a pu le faire, il ne faut pas lui prêter légèrement l'intention de faire un acte aussi grave; quand il s'agit d'interpréter son silence, il faut appliquer les règles ordinaires d'interprétation, et l'une des plus importantes est de restreindre dans leurs termes exprès les dispositions exceptionnelles, « *odiosa.* » L'extinction des actions privées serait une véritable expropriation; tout le monde s'accorde à reconnaître qu'il ne saurait y avoir lieu de la présumer, et c'est ici qu'il y a lieu de répéter cette belle maxime des anciens criminalistes (3) : « *Princeps*

(1) M. Demolombe (t. I, n° 67).

(2) Voici pourtant un arrêt de la Cour de cassation qui semble contraire à ce système. Une amnistie du 26 sept. 1830 couvrait toutes les contraventions de police antérieures au 27 juill. de la même année. Sur une contestation ayant pour objet la réparation civile d'une de ces contraventions, la Cour de cassation rejeta le pourvoi en ces termes : « Vu l'ordonnance du 26 sept. dernier, » portant amnistie pour toutes les contraventions en matière de » simple police, commises antérieurement au 27 juill. dernier; » attendu que si, d'après les dispositions des art. 1 et 2 de cette » ordonnance, le prévenu ne peut être condamné à l'amende en- » courue pour sa contravetion, l'amnistie ne peut, *dans aucuns cas,* » porter préjudice aux particuliers, communes et établissements pu- » blics, relativement aux dommages-intérêts et dépens qui pour- » raient leur être alloués par les tribunaux. » Cass. 21 oct. 1830 (S. 31, 1, 307). Cette décision est-elle aussi générale, aussi absolue que ses termes le semblent comporter ? Cela est douteux. En tout cas, faite incidemment, et sans que sa solution soit essentielle à celle de la question litigieuse soumise à la Cour, elle ne peut avoir l'importance de ses décisions ordinaires.

(3) V. Mangin (t. II, n° 644).

rescripta sua concedendo, non præsumitur nocere cui-
quam velle; nec aliena commoda lædere, cum ad
communem utilitatem sit genitus. »

Ainsi a jugé souvent la Cour de cassation, et nous trouvons notamment un arrêt du 8 février 1817, (S. 17, I, 253) où elle pose en principe : « Que s'il en était résulté (d'un meurtre couvert par une amnistie) un préjudice vis-à-vis des particuliers, ce préjudice n'aurait point modifié le caractère (politique) du délit, et n'aurait produit d'autre effet que de donner ouverture à des réparations civiles. »

Paris. — Imprimerie de E. Donnaud, rue Cassette, 9.

POSITIONS

DROIT ROMAIN.

I. La loi 7, D., *De exceptione rei judicatæ,* peut s'expliquer avec une très-légère correction de texte.

II. Après avoir intenté une revendication en indiquant une cause spéciale, on peut encore revendiquer le même objet en alléguant une autre cause, cette dernière existât-elle déjà lors du premier procès.

III. La loi 9, D., *De exceptione rei judicatæ,* prévoit deux hypothèses différentes, relativement à des formes de procédure. Dans la première, le demandeur ne peut combattre l'exception *rei judicatæ* qu'au moyen d'une réplique, tandis que dans la seconde, il n'a pas besoin de recourir à ce moyen.

IV. Le créancier gagiste est-il représenté par son débiteur dans les jugements intervenus entre ce dernier et un tiers postérieurement à la constitution du gage? Il faut distinguer si le créancier a connu ou non l'existence du procès.

16

V. La contradiction entre la loi 49, § 1, *Ad senatus-consultum Trebellianum,* et la loi 2, *De exceptione rei judicatæ,* n'est qu'apparente.

VI. L'exception *rei judicatæ* devait être insérée dans les actions de bonne foi.

VII. Le jugement qui donne gain de cause au défendeur véritablement obligé laisse subsister une obligation naturelle.

VIII. Le simple pacte produit aussi une obligation naturelle.

IX. L'hypothèque du fisc n'était pas privilégiée.

X. Lorsque le propriétaire d'une chose hypothéquée a *non domino* devenait l'héritier du débiteur, Paul refusait au créancier l'action hypothécaire utile. Mais cette opinion n'avait pas prévalu.

XI. La règle : *Prior tempore, potior jure,* s'appliquait à deux hypothèques successivement constituées sur les biens à venir.

XII. La loi 33, D., *Locati conducti,* laquelle met à la charge du vendeur les risques qui ont fait périr la chose avant la tradition, est inconciliable avec la doctrine professée par la généralité des jurisconsultes et consacrée législativement par Justinien.

XIII. Dans le contrat *do ut des,* les risques de la chose étaient supportés par le débiteur suivant Celsus (L. 16, D., *De condict. causa*); par le créancier au contraire selon Paul (L. 5, § 1,

D., *Præscriptis verbis*) : ces deux textes sont inconciliables.

DROIT FRANÇAIS.

I. La distinction que fait le droit romain entre les actions réelles et les actions personnelles au point de vue de la chose jugée, n'est pas applicable dans notre droit, quand bien même l'exploit d'ajournement ne contiendrait pas l'exposé de la demande, et que la nullité résultant de cette omission eût été couverte.

II. La prétendue règle : *Electa una via, non datur recursus ad alteram*, est inadmissible.

III. La chose jugée contre le débiteur ne peut être opposée aux créanciers hypothécaires dont le titre est antérieur à l'instance.

IV. La chose jugée contre le débiteur principal ne peut être opposée à la caution.

V. Le jugement rendu pour ou contre la caution sur des moyens communs, ne profite ni ne nuit au débiteur principal.

VI. Le jugement rendu pour ou contre le débiteur solidaire, sur des moyens communs, ne nuit pas à ses codébiteurs, et ne leur profite que jusqu'à concurrence de sa part.

VII. Lorsque deux actions séparées à leur origine, ayant même objet et fondées sur des causes différentes, se trouvent réunies sur la même tête par adltion d'hérédité, le rejet de l'une ne saurait produire l'exception de chose jugée contre l'autre.

VIII. Le jugement passé en force de chose jugée qui condamne un successible en qualité d'héritier pur et simple ne profite, conformément au droit commun, qu'à ceux qui ont été parties dans l'instance.

IX. L'héritier saisi qui a gardé le silence pendant trente ans se trouve, par l'effet de la prescription, irrévocablement considéré comme acceptant.

X. Le vice de précarité est un vice absolu.

XI. On peut, sans transcription, prescrire par dix à vingt ans.

XII. Le dernier acquéreur qui veut enlever aux créanciers hypothécaires de tous les précédents vendeurs le droit de s'inscrire, est obligé de faire transcrire tous les contrats de vente antérieurs.

XIII. Les tiers auxquels l'article 1338 défend d'opposer la ratification sont les cessionnaires de l'action en nullité.

XIV. Lorsqu'un transport, fait au moment où la créance cédée est encore libre de toute opposition entre les mains du débiteur, n'est signifié à ce dernier ou accepté par lui qu'après une première saisie-arrêt et avant une seconde, le montant de la créance doit, à notre avis, être distribué entre les deux opposants et le cessionnaire ainsi qu'il suit. Le premier opposant prendra la somme qui lui aurait été attribuée si, la cession n'étant qu'une simple opposition, il y avait eu distribution au marc le franc entre les trois copartageants. Le cessionnaire prendra la somme qui lui serait revenue dans l'hypothèse où, lui-même étant simple opposant, et abstraction faite de la seconde saisie-arrêt, il y aurait eu distribution au marc le franc entre lui et le premier opposant. Le second opposant prendra le reste de la créance.

DROIT ADMINISTRATIF.

I. Le conseil de préfecture est compétent pour statuer sur l'indemnité quand des travaux d'utilité publique causent aux propriétaires des dommages permanents.

II. Pour que le fermier ait droit à une indemnité en cas d'expropriation pour cause d'utilité publique, il n'est pas nécessaire que son bail ait date certaine.

DROIT COMMERCIAL.

I. L'escompte devrait être assimilé au prêt à intérêt.

II. Il en est de même du change.

***

DROIT PÉNAL.

I. Le Code pénal, dans ses art. 66, 67 et 69, ne s'occupe pas des contraventions de police.

II. On a jugé à tort que la loi du 24 mai 1834 était spéciale et dès lors exclusive de l'application de l'art. 100 du Code pénal.

***

DROIT DES GENS.

I. Le jugement rendu par un tribunal étranger a-t-il autorité de chose jugée en France? Il faut distinguer s'il est rendu pour ou contre un Français.

II. Les sociétés anonymes étrangères, quoique régulièrement constituées selon la législation du pays où elles se sont formées, ne peuvent ester en justice devant les tribunaux français, si elles n'ont pas été autorisées en France par le gouvernement.

HISTOIRE DU DROIT.

La noblesse française a une origine germanique.

Vu par le président de la thèse,
CH. GIRAUD.

Vu par le doyen de la faculté,
C.-A. PELLAT.

Permis d'imprimer,
Le Vice-Recteur.
A. MOURRIER.

Paris. — E. DONNAUD, Imprimeur de la Cour imp. et des Trib , rue Cassette, 9.